Basics Öffentliches Recht

Die Musterklausuren

für die Scheine

April 1998

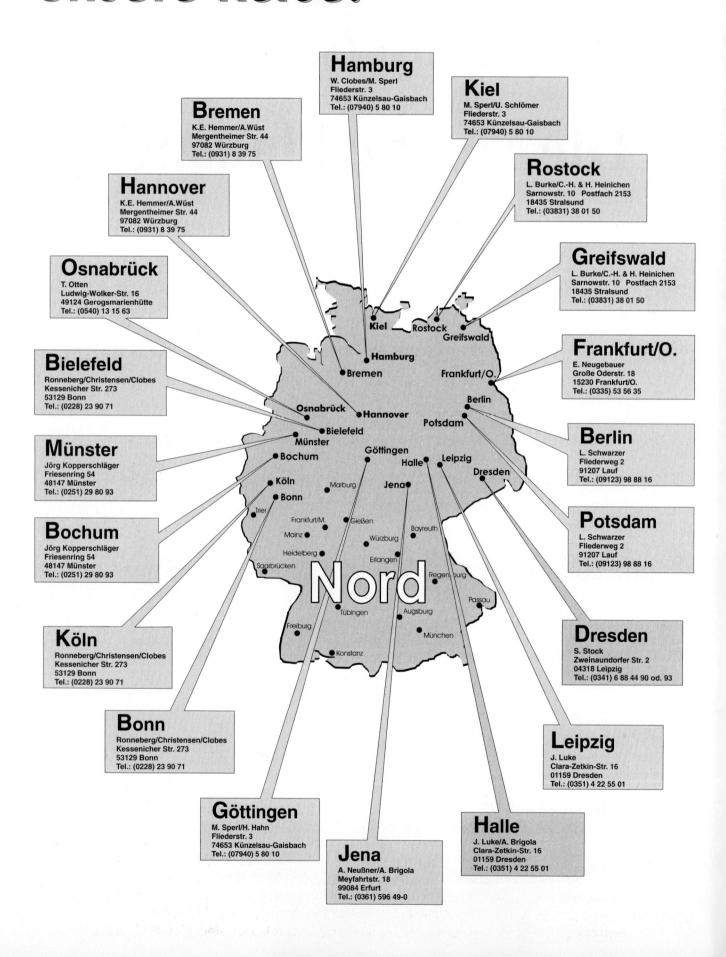

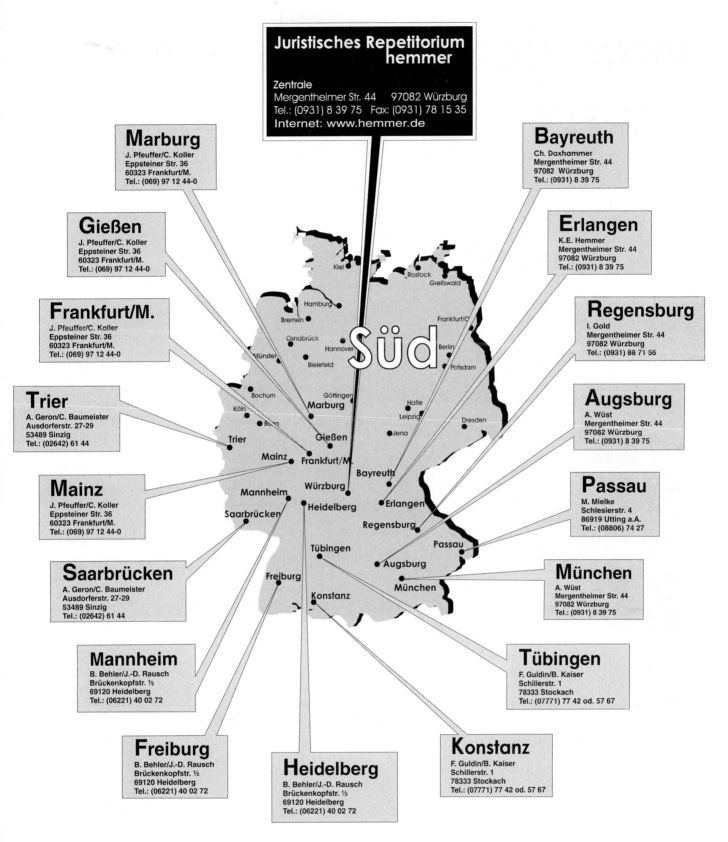

Informationen über Assessorkurse:

Bayern: RA I. Gold, Mergentheimer Str. 44, 97082 Würzburg; Tel.: (0931) 88 71 56
Baden-Württemberg: RA F. Guldin, Schillerstr. 1, 78333 Stockach; Tel.: (07771) 77 42
RA'e Behler/Rausch, Brückenkopfstr. ½, 69120 Heidelberg; Tel.: (06221) 40 02 72
Hessen: RA J. Pfeuffer, Eppsteiner Str. 36, 60323 Frankfurt; Tel.: (069) 97 12 44-0
Rheinland-Pfalz: RA J. Pfeuffer, Eppsteiner Str. 36, 60323 Frankfurt; Tel.: (069) 97 12 44-0
RA. A. Geron, Ausdorferstr. 27-29, 63489 Sinzig; Tel.: (02642) 6144
Nordrhein-Westfalen: A. Ronneberg, Kessenicher Str. 273, 53129 Bonn; Tel.: (0228) 23 90 71
Thüringen: RA A. Neußner, Meyfartstr. 18, 99084 Erfurt; Tel.: (0361) 596 49-0
Sachsen: RA J. Luke, Clara-Zetkin-Str. 16, 01159 Dresden; Tel.: (0351) 4 22 55 01
Mecklenburg-Vorp.: RA M. Henjes, Sarnowstr. 10, 18435 Stralsund; Tel.: (03831) 378 40
Hamburg: U. Koblenz, Fliederstr. 3, 74653 Künzelsau-Geisbach; Tel.: (07940) 5 80 10

hemmer-Skripten

Plz	Ort	Name	Straße
16278	Angermünde	Schmook Buchhandlung, Ehm. Welk	Rosenstr. 3
86150	Augsburg	Buchhandlung Pustet	Karolinenstr. 12
86150	Augsburg	Kittel+Krüger Taschenbuchhandlung	Im Färbergässchen 1
86150	Augsburg	Schlossersche Buchhandlung	Annastr. 20
33014	Bad Driburg	Buchhandlung Bettine Saabel	Lange Str. 86
96047	Bamberg	Görresbücher Universitätsbuchhandlung	Lange Str. 24
96047	Bamberg	Wissenschaftliche Buchhandlung Willi Schmidt	Schützenstr. 1
95444	Bayreuth	Buchhandlung Gondrom	Maxstr. 18
95444	Bayreuth	Markgrafen-Buchhdlung Inh. R.-J. Geilenkirchen	Maximilianstr. 32
95445	Bayreuth	Charivari, Inh. M. Ebersberger	Hussengutstr. 47
95447	Bayreuth	Uni-Buchladen Peter Kohler	Emil-Warburg-Weg 28
51465	Bergisch-Gladbach	Buchhandlung Potthoff	Am Alten Pastorat 5
10117	Berlin	Akademische Buchhandlung Am Gendarmenmarkt	Markgrafenstr. 39
10117	Berlin	Schweitzer Sortiment Mitte	Französische Str. 13
10178	Berlin	Berliner Universitätsbuchhandlung am Alex GmbH	Spandauer Str. 2
10623	Berlin	Buchhandlung Kiepert KG	Hardenbergstr. 4-5
10719	Berlin	Schweitzer Sortiment Berlin	Meinekestr. 24
10785	Berlin	Fachbuchhandlung Struppe & Winckler	Potsdamer Str. 103
12277	Berlin	Hugendubel	Buckower Chaussee 116
13187	Berlin	Buchhandlungen im Kietz GmbH	Breite Str. 29
14193	Berlin	Georg Westermann Buchhandlung	Flinsberger Platz 3
14195	Berlin-Dahlem	Fachbuchhandlung Struppe & Winckler	U-Bahnhof Thielplatz
14195	Berlin-Dahlem	Kiepert a.d. Freien Universität	Garystr. 46
13505	Berlin-Konradshöhe	Bücherstube Jutta Winckelmann	Falkenplatz 9a
10117	Berlin-Mitte	Kiepert an der Humboldt-Universität	Georgenstr. 2
33602	Bielefeld	Fachbuchhandlung Struppe & Winckler	Friedrich-Verleger-Str. 7
33615	Bielefeld	Buchhandlung Luce Benedikt Luce	Universitätsstr. 25
44801	Bochum	Universitätsbuchhandlungen Schaten GmbH	Querenburger Höhe 221/222
53111	Bonn	Book Company	Nordstr. 104
53113	Bonn	Behrendt Buchhandlung	Am Hof 5a
53113	Bonn	Bouvier Fachbuchhandlung	Am Hof 32
53113	Bonn	Bouvier Juridicum	Nassestr. 1
38100	Braunschweig	Johannes Neumeyer, Inh. M. Zieger	Bohlweg 26a
38114	Braunschweig	Bernhard Thalacker GmbH & Co KG	Hamburger Str. 277
28195	Bremen	Buchhandlung Kamloth: Recht * Wirtschaft * Steuern	Ostertorstr. 25-29
28359	Bremen	Universitätsbuchhandlung Bremen	Bibliothekstr. 3
96450	Coburg	Buchhandlung Gondrom	Spitalgasse 21
96450	Coburg	Buchhandlung Riemann	Am Markt 9
08451	Crimmitschau	Behles Buchhandlung	Markt 8
64283	Darmstadt	Fachbuch Gebicke	Mathildenplatz 11
94469	Deggendorf	Buchhandlung A. Högn, Inh. Hermann Högn	Pfleggasse 1
06847	Dessau	Fachbuchhandlung Hein & Sohn	Elisabethstr. 16b
44145	Dortmund	Litfass - Der Buchladen	Münsterstr. 107
44137	Dortmund	Buchhandlung C.L. Krüger	Westenhellweg 9
01069	Dresden	Buchhandlung Technische Universität	Rugestr. 6-10
01187	Dresden	Goethe Buchhandlung Teubing GmbH	Westendstr. 3
40001	Düsseldorf	Buchhandlung Antiquariat Stern-Verlag Janssen & Co	Friedrichstr. 24-26
40211	Düsseldorf	Buchhandlung Sack	Klosterstr. 22
40549	Düsseldorf	Goethe Buchhandlung Teubig GmbH	Willstätterstr. 15
99801	Eisenach	Karlsbuchhandlung & Verlagsgesellschaft mbH	Karlsstr. 22
38875	Elbingerode	Bücher & Schreibwaren, Th. Schreiber	Rohrbachstr. 5
99084	Erfurt	Buchhandlung Peterknecht	Lange Brücke 57
99084	Erfurt	Haus des Buches Carl Habel GmbH	Juri-Gagarin-Ring 35

im Fachbuchhandel

Plz	Ort	Name	Straße
91054	Erlangen	Mencke-Blaesing Universitätsbuchhandlungen	Universitätsstr. 16
91054	Erlangen	Rudolf Merkel Universitätsbuchhandlung GmbH & Co.	Untere Karlstr. 9-11
91054	Erlangen	Universitätsbuchhandlung Theodor Krische	Krankenhausstr. 6
60311	Frankfurt/M.	Buchhandlung an der Paulskirche, Erich Richter GmbH	Kornmarkt 3
60318	Frankfurt/M.	Nibelungen-Buchhandlung Arno Juhre	Spohrstr. 41
60388	Frankfurt/M.	Bücherstube Berger	Marktstr. 15
60313	Frankfurt/M.	Hugendubel Buchhandlung	Steinweg 12
60313	Frankfurt/M.	Juristische Fach- und Versandbuchhandlung Rolf Kerst	Klingerstr. 23
60316	Frankfurt/M.	Juristische Fachbuchhandlung Hermann Sack	Günthersburgallee 1
60325	Frankfurt/M.	Universitätsbuchhandlung Bockenheimer Bücherwarte GmbH	Bockenheimer Landstr. 127
60486	Frankfurt/M.	Buchhandlung Th. Hector GmbH	Gräfstr. 77
15230	Frankfurt/O.	Ulrich von Hutten, Inh. Robert Kiepert	Logenstr. 8
79098	Freiburg i.Br.	Buchhandlung Rombach GmbH & Co Handelshaus KG	Bertoldstr. 10
79098	Freiburg i.Br.	Walthari Buchhandlung GmbH	Bertoldstr. 28
36037	Fulda	Buchhandlung Joseph Uptmoor	Friedrichstr. 20
07545	Gera	Kanitz'sche Buchhandlung, Inh. Hennies und Zinkeisen	Markt 3
35390	Gießen	Ferber'sche Universitätsbuchhandlung	Seltersweg 83
35390	Gießen	Kurt Holderer Universitätsbuchhandlung	Neuenweg 4
35390	Gießen	Ricker'sche Universitätsbuchhandlung	Ludwigsplatz 12-13
99867	Gotha	Buchhandlung Rudi Euchler, Inh. Manfred Seyfarth	Waltershäuser Str. 10
37073	Göttingen	Deuerlich'sche Buchhandlung	Weender Str. 33
37073	Göttingen	Robert Peppmüller Buchhandlung und Antiquariat	Barfüßerstr. 11
37079	Göttingen	Ottiger-Hogrefe GmbH Buchhandlung	Robert-Bosch-Str. 25
17489	Greifswald	Rats- & Universitätsbuchhandlung	Lange Str. 77
17489	Greifswald	Unibuchhandlung Gustav Weiland Nachfolger GmbH	Markt 5
03172	Guben	Buchhandlung Pohland	Frankfurter Str. 21
57627	Hachenburg	Buchhandlung Schmitt, Inh. F. & H.Schmitt	Wilhelmstr. 27
06108	Halle	J.F. Lehmanns	Universitätsring 7
06108	Halle	Unibuch Dausien	Universitätsring 9-10
20095	Hamburg	J.F. Lehmanns	Hermannstr. 17
20095	Hamburg	Thalia-Fachbuchhandlung Erich Könnecke	Hermannstr. 18
20146	Hamburg	Mauke W. Söhne Buchhandlung	Schlüterstr. 12
20146	Hamburg	Reuter & Klöckner Buchhandlung	Schlüterstr. 44
22415	Hamburg	Buchhandlung Uta Selck	Langenhorner Markt 2a
63450	Hanau	Albertis Hofbuchhandlung, Inh. Jürgen Borisch	Langstr. 47
30159	Hannover	Buchhandlung Schmorl uv Seefeld	Bahnhofstr. 14
30159	Hannover	Decius Fachbuchhandlung GmbH	Marktstr. 52
30167	Hannover	Uni-Buchhandlung Witte	Königsworther Str. 4/6
69115	Heidelberg	Universitätsbuchhandlung Gustav Braun KG	Sofienstr. 3
69117	Heidelberg	Universitätsbuchhandlung Kurt Ziehank	Universitätsplatz 12
37308	Heilbad-Heiligenstadt	Eichsfelder Bücherstube Karin Pradler	Wilhelmstr. 69
74072	Heilbronn	Buchhandlung Zimmermann, Inh. Gisela Preiß-Syhre	Wilhelmstr. 32
38350	Helmstedt	Paul Fröhlich's Buchhandlung	Papenberg 7
95028	Hof	Buchhandlung Gondrom	Altstadt 43
55743	Idar-Oberstein	Carl Schmidt & Co., Inh. Erika Schwarz	Hauptstr. 82
89966	Inning	Buchhandlung Lichtstrahl	Hauptstr. 1a
58636	Iserlohn	Buchhandlung Alfred Potthoff	Wermingser Str. 41
07743	Jena	Buchhandlung Thomas Mann	Eichplatz 1
07743	Jena	Jenaer Universitätsbuchhandlung	Schlossgasse 3-4
76133	Karlsruhe	Fa. Hermann Karl Sack GmbH, Bücher für Rechtswissenschaft	Karlstr. 3-5
76133	Karlsruhe	Metzler'sche Buchhandlung W. Hoffmann	Karlstr. 13
76137	Karlsruhe	Buchhandlung Mende Stammhaus	Karlstr. 76
34117	Kassel	A.Freyschmidt's Buchhandlung, Inh. Dr. Hans Eberhar	Obere Königsstr. 23

hemmer-Skripten

Plz	Ort	Name	Straße
34127	Kassel	Buchhandlung a.d. Hochschule, Joachim Fischlein Gmb	Holländische Str. 22
24100	Kiel	Universitätsbuchhandlung Mühlau	Holtenauer Str. 116
24105	Kiel	Dawartz Universitätsbuchhandlung	Holtenauer Str. 114
24118	Kiel	Brunswiker Universitätsbuchhandlung	Olshausenstr. 1
24118	Kiel	Campus Buchhandlung GmbH	Leibnizstr. 4
38486	Kloetze	Buchhandlung Metzing	Breite Str. 2a
50676	Köln	Vereinigte Universitäts- und Fachbuchhandlung	Rubensstr. 1
50859	Köln	Deutscher Ärzte-Verlag DAEV Versandbuchhandlung	Dieselstr. 2
50937	Köln	Fachbuchhandlung Deubner - Die Bücherpost	Universitätsstr. 20
50937	Köln	Universitätsbuchhandlung Witsch	Universitätsstr. 18
50968	Köln	Verlag Dr. Otto Schmidt KG	Unter den Ulmen 96-98
78462	Konstanz	Buchhandlung Gess GmbH	Kanzleistr. 5
78462	Konstanz	Buchhandlung Söhnen-Meder	Paradiesstr. 3
84028	Landshut	Bücher Pustet	Altstadt 28
69181	Leimen	Leimener Buchhandlung	St. Illgener Str. 1
04107	Leipzig	Fachbuchhandlung Sack für Recht/Wirtschaft/Steuern	Harkortstr. 7
09212	Limbach-Oberfrohna	Buchhandlung Ragna Schöne	Johannisplatz 3
32584	Löhne	Buchhandlung Dehne	Lübbecker Str. 11
23552	Lübeck	Buchhandlung Weiland	Fleischhauerstr. 20
39104	Magdeburg	Buchhandlung Erich Weinert	Ernst-Reuter-Allee 23-27
55116	Mainz	Fachbuchhandlung Scherell & Mundt	Kaiser-Friedrich-Str. 6
55122	Mainz	Johannes Gutenberg Buchhandlung	Saarstr. 21
68161	Mannheim	Fachbuch Leydorf - Erhard G. Leydorf KG	L 3,1 gegenüber d. Schloss
68161	Mannheim	Prinz Medienvertriebs GmbH & Co. KG	T1, 1-3
35037	Marburg	Unibuchhandlung Elwert N.G.	Reitgasse 7-9
35037	Marburg	Zeckey`s Buchhandlung für Jura, Volks- u. Betriebswirtschaft	Rudolphsplatz-Passage
25704	Meldorf	Buchhandlung A. Evers	Marklstr. 2
88605	Meßkirch	J. Schönebeck Buchhandlung	Conradin-Kreutzer-Str. 10
95213	Münchberg	Buchhandlung Schlegel, Inh. I. Kredewahn	Kulmbacher Str. 24
80295	München	Fachbuchhandlung für Recht Schweitzer Sortiment	Lenbachplatz 1
80331	München	Hugendubel München - Filiale Marienplatz 2	Marienplatz 2
80335	München	Hugendubel München - Filiale Nymphenburger Straße	Nymphenburger Str. 25
80335	München	Hugendubel München - Filiale Stachus	Karlsplatz 11/12
80469	München	Max & Milian Buchladen & Versand GmbH	Ickstattstr. 2
80539	München	Akademische Buchhandlung	Veterinärstr. 1
80799	München	Hueber Universitätsbuchhandlung	Amalienstr. 75-79
80799	München	Theologische Fachbuchhandl. Chr. Kaiser GmbH	Schellingstr. 3
80799	München	Universitätsbuchhandlung Heinrich Frank	Schellingstr. 3
80993	München	Hugendubel im OEZ	Riesstr. 59
48143	Münster	Coppenrath & Boeser Universitätsbuchhandlung GmbH	Bäckergasse 3
48143	Münster	Poertgen Herder Haus der Bücher	Salzstr. 56
48143	Münster	Universitätsbuchhandlung Krüper	Frauenstr. 42
63263	Neu-Isenburg	Buchhandlung Carl Habel	Hermesstr. 4
90403	Nürnberg	Universitäts-Buchhandlung Büttner & Co.	Adlerstr. 10-12
90419	Nürnberg	Buchhandlung in Johannis	Johannisstr. 87
90429	Nürnberg	Jakob Zeiser & A.M.Ress Juristische Fachbuchhandlung	Fürther Str. 102
99885	Ohrdruf/Thüringen	Jochens Bücherstube, Dipl. Paed. J. Knebel	Marktstr. 10
74613	Öhringen	Hohenlohe'sche Buchhandlung Rau Gmbh	Bahnhofstr. 16
49074	Osnabrück	Buchhandlung H. Th. Wenner GmbH & Co	Große Str. 69
49074	Osnabrück	Buchhandlung Jonscher GmbH	Domhof 6B
49074	Osnabrück	Dieter Heide Buchhandlung	Osterberger Reihe 2-8
67697	Otterberg	Buchhandlung Engel-Ernst	Hauptstr. 59
94032	Passau	Akademische Buchhandlung Nickel & Neuefeind GmbH	Exerzierplatz 10

im Fachbuchhandel

Plz	Ort	Name	Straße
94032	Passau	Buchhandlung Friedrich Pustet GmbH	Kleiner Exerzierplatz 4
31224	Peine	Gillmeister: Bücher * Bürobedarf * Galerie	Breite Str. 8
31228	Peine-Vöhrum	Vöhrumer Bücherstube	Kirchvordener Str. 5
14467	Potsdam	Alexander von Humboldt Buchhandlung GmbH	Am Kanal 47
14467	Potsdam	Schweitzer Sortiment Potsdam	Friedrich-Ebert-Str. 117
14482	Potsdam	Becker's Buchhandlung	Breitscheid/Ecke Bebelstr.
14482	Potsdam	Bücher in Bewegung, Foyer der Mensa	Park Babelsberg 16
01896	Pulsnitz	Bücherstube Zeiger, Inh. Steffi Zeiger	Robert-Koch-Str. 38
78315	Radolfzell	Buchhandlung am Obertor, Georg Harder	Obertorstr. 7
88212	Ravensburg	Buchhandlung De Jure	Marienplatz 11
93047	Regensburg	Bücher Pustet	Gesandtenstr. 6-8
93047	Regensburg	Bücherkiste Prasch	Obere Bachgasse 14
93047	Regensburg	Georg Pfaffelhuber Fachbuchhandlung	Ludwigstr. 6
93047	Regensburg	Hugendubel Buchhandlung	Wahlenstr. 17
53424	Remagen	Buchhandlung am Annakloster, Rosmarie Feuser	Marktstr. 34
18055	Rostock	Fachbuchhandlung GrundGeyer	Kröpeliner Str. 53
18055	Rostock	Uni-Buchhandlung Weiland	Kröpeliner Str. 80
18055	Rostock	Universitätsbuchhandlung im Fünfgiebelhaus	Pädagogienstr. 20
66111	Saarbrücken	Bock & Seip GmbH Buchhandlung	Futterstr. 2
66119	Saarbrücken	Juristisches Antiquariat & Buchhandlung -Jura GmbH	Talstr. 58
33189	Schlangen	Buchhandlung Heinrich Fleege	Ortsmitte 17
98574	Schmalkalden	Buchhaus Uslar	Salzbrücke 8
91106	Schwabach	Buchhandlung Kreutzer am Markt	Königsplatz 14
73525	Schwäbisch Gmünd	Buchhandlung Schmidt	Ledergasse 2
16303	Schwedt	Buchhandlung Gondrom im Oder-Center	Landgrabenpark 1
57080	Siegen-Eiserfeld	Lehr- und Lernmittel, H. Bottenberg GmbH	Eiserfelder Str. 294
70173	Stuttgart	Buchhaus Wittwer	Königstr. 30
70173	Stuttgart	Hoser's Buchhandlung	Charlottenplatz 17
70176	Stuttgart	Karl Leitermeier KG Verlag	Silberburgstr. 126
70178	Stuttgart	Fachbuchhandlung Karl Krämer	Rotebühlstr. 40
70182	Stuttgart	Versandbuchhandlung Hans Martin	Sitzenburgstr. 9
54290	Trier	Akademische Buchhandlung Interbook GmbH	Fleischstr. 62
54296	Trier	Buchhandlung Stephanus	Im Treff 23
72074	Tübingen	Buchhandlung Hugo Frick GmbH	Nauklerstr. 7
89073	Ulm	Buch-Kerler	Platzgasse 26
68519	Viernheim	Buchhandlung Schwarz auf Weiß	Rathausstr. 45
92648	Vohenstrauß	Buchhandlung Rupprecht	Bahnhofstr. 2
49134	Wallenhorst	Schlüsselbuchhandlung, Inh. R. Wittenmayer	Alter Pyer Kirchweg 15
88250	Weingarten	Martinus-Buchhandlung	Kirchplatz 4
85185	Wiesbaden	Hertie -Buchabteilung-	Schwalbacher Str. 8
23966	Wismar	Buchhandlung Weiland	Hinter dem Rathaus 21
06886	Wittenberg	Buchhandlung Gondrom	Markt 23
97070	Würzburg	Buchhandlung Neuer Weg	Sanderstr. 33-35
97070	Würzburg	Ferdinand Schöningh Buchhandlung	Franziskanerplatz 4
97070	Würzburg	Hugendubel - Die Welt der Bücher	Schmalzmarkt 12
07937	Zeulenroda	Bücherstube Zeulenroda, Inh. Hans-Peter Arnold	Dr. Gebler-Platz 5
CH4001	Basel/Schweiz	Olymp & Hades Buchhandlung	Gerberstr. 67

Der Jahreskurs
Juristisches Repetitorium
hemmer

gegründet 1976 in Würzburg

Würzburg • Erlangen • Bayreuth • Regensburg • München • Passau • Augsburg
Frankfurt/M. • Bochum • Konstanz • Heidelberg • Freiburg • Mainz • Berlin • Bonn
Köln • Göttingen • Tübingen • Münster • Hamburg • Osnabrück • Gießen
Potsdam • Hannover • Kiel • Dresden • Marburg • Trier • Jena • Leipzig
Saarbrücken • Bremen • Halle • Rostock • Greifswald • Frankfurt/O. • Bielefeld

Unsere Jahreskurse beginnen jeweils im Frühjahr und/oder Herbst.

Skriptenpaket im Preis integriert:*
Bereits mit Anmeldung 12 Skripten nach Wahl vorab.

(*mit Ausnahme der Städte Bonn, Köln, Heidelberg, Freiburg)

EXAMENSTYPISCH • ANSPRUCHSVOLL • UMFASSEND

Gewinnen Sie mit der "HEMMER-METHODE"!

Wer in vier Jahren sein Studium erfolgreich abschließen will, kann sich einen Irrtum im Hinblick auf Examensvorbereitung und Ausbildungsmaterial nicht leisten!

Stellen Sie frühzeitig die Weichen richtig. Trainieren Sie unter professioneller Anleitung das, was Sie im Examen erwartet.

> *Ihr Ziel: Sie wollen ein gutes Examen.*

Dazu hat Ihre Ausbildung den Ansprüchen des Examens zu entsprechen. Um das Examen sicher zu erreichen, müssen Sie wissen, mit welchem Anforderungsprofil Sie im Examen zu rechnen haben.

Die Kunst, eine gute Examensklausur zu schreiben, setzt voraus:

- **Problembewußtsein**

Problembewußtsein

„Problem erkannt, Gefahr gebannt". Ein zentraler Punkt ist das Prinzip, an authentischen Examensproblemen zu lernen. Anders als im wirklichen Leben gilt: „Probleme schaffen, nicht wegschaffen".

- **Juristisches Denken**

Juristisches Denken

Dazu gehört die Fähigkeit,

⇒ komplexe Sachverhalte in ihre Bestandteile zu zerlegen (assoziative Textauswertung),
⇒ die notwendigen rechtlichen Erörterungen anzuschließen,
⇒ Einzelprobleme zueinander in Beziehung zu setzen,
⇒ zu einer schlüssigen Klausurlösung zu verbinden und
⇒ durch ständiges Training wiederkehrende examenstypische Konstellationen zu erfassen.

Grundlegende Fehler werden so vermieden.

- **Abstraktionsvermögen**

Abstraktionsvermögen

Die Gesetzessprache ist abstrakt. Der Fall ist konkret. Nur wer über das notwendige Abstraktionsvermögen verfügt, ist in der Lage, die für die Fallösung erforderliche Transformationsleistung zu erbringen. Diese Fähigkeit wird geschult durch methodisches Lernen.

- **Sprachsensibilität**

Sprachsensibilität

Damit einhergehend ist Genauigkeit und Klarheit in der Darstellung, Plausibilität und Überzeugungskraft erforderlich.

Was macht das Juristische Repetitorium Hemmer so erfolgreich?

In allen drei Rechtsgebieten gilt: Examenstypisches, umfassendes und anspruchsvolles Lernsystem

1. Kein Lernen am einfachen Fall

Grundfall geht an Examensrealität vorbei

Hüten Sie sich vor Übervereinfachung beim Lernen! Unterfordern Sie sich nicht. Die Theorie des einfachen Grundfalles nimmt zwar als psychologischer Aspekt die Angst vor Fallösungen, die Examensreife kann aber so nicht erlangt werden. Es fehlt die Einbindung des gelernten Teilwissens in den Kontext des großen Falls. Ein vernetztes Lernen findet nicht statt. Außerdem: Für den Grundfall brauchen Sie kein Repetitorium. Sie finden ihn in jedem Lehrbuch. Die Methode der Reduzierung juristischer Sachverhalte auf den einfachen Grundfall bzw. das Schema entspricht weder in der Klausur noch in der Hausarbeit der Examensrealität. Sie müssen sich folglich das notwendige Anwendungswissen für das Examen selbst aneignen. Schablonenhaftes Denken ist im Examen gefährlich. Viele lernen nur nach dem Prinzip "Aufschieben und Hinauszögern" von zu erledigenden Aufgaben. Dies erweist sich als Form der Selbstsabotage. Wer sich überwiegend mit Grundfällen und dem Auswendiglernen von Meinungen beschäftigt, dem fehlt am Schluß die Zeit, Examenstypik einzutrainieren.

2. Kein Lernen am Rechtsprechungsfall mit Literaturmeinung

Zwar ermöglicht dies, Einzelprobleme leichter als durch Lehrbücher zu erlernen, es fehlt aber eine den Examensarbeiten entsprechende Vielschichtigkeit.

Rechtsprechungsfall entspricht nicht der Vielschichtigkeit des Examensfalls

Außerdem besteht die Gefahr des Informationsinfarkts. Viel Wissen garantiert noch lange nicht, auch im Examen gut abzuschneiden. Maßgeblich ist die Situationsgebundenheit des Lernens. Wer sich examenstypisch am großen Fall Problemlösungskompetenz unter Anleitung erarbeitet, reduziert die Informationsmenge auf das Wesentliche. Durch richtiges Lernen mit einem ausgesuchten, am Examen orientierten Fallmaterial verschaffen Sie sich mehr Freizeit. Nur wer richtig lernt, erspart sich auch Zeit. Weniger ist häufig mehr!

Die Examensklausuren und noch mehr die Hausarbeiten sind so konstruiert, daß die notwendige Notendifferenzierung ermöglicht wird. Die Examensrealität ist damit in der Regel anders als der einfache Rechtsprechungsfall. Examensfälle sind anspruchsvoll.

3. „HEMMER-METHODE": Lernen am examenstypischen „großen" Fall

Wir orientieren uns am Niveau von Examensklausuren, weil sich gezeigt hat, daß traditionelle Lehr- und Lernkonzepte den Anforderungen des Examens nicht entsprechen. Der Examensfall und damit der große Fall ist eine konstruierte Realität, auf die es sich einzustellen gilt.

Examen ist eine konstruierte Realität

Die "HEMMER-METHODE" ist eine neue Lernform und holt die Lernenden aus ihrer Passivität heraus. Mit gezielten, anwendungsorientierten Tips unterstützen wir vor allem die wichtige Sachverhaltsaufbereitung und damit Ihre Examensvorbereitung.

Jura ist ein Sprachspiel!

Denken Sie daran, Jura ist ein Spiel und zuallererst ein *Sprachspiel*, auch im Examen. Es kommt auf den richtigen Gebrauch der Worte an. Lernen Sie mit uns einen genauen und reflektierten Umgang mit der juristischen Sprache. Dies heißt immer auch, genau denken zu lernen. Profitieren Sie dabei von unserem Erfahrungswissen. Die juristische Sprache ist erlernbar. Wie Sie sie sinnvoll erlernen, erfahren Sie in unseren Kursen.

Statt reinem Faktenwissen erhalten Sie Strategie- und Prozeßwissen. "Schach dem Examen!".

Spaß mit der Arbeit am Sachverhalt.

Die genaue Arbeit am Sachverhalt bringt Spaß und hat sich als sehr effizient für das juristische Verständnis von Fallkonstellationen herausgestellt. Dabei ist zu beachten, daß die juristische Sprache eine Kunstsprache ist. Wichtig wird damit die Transformation: So erklärt der Laie in der Regel in der Klausur nicht: „Ich fechte an, ich trete zurück", sondern „Ich will vom Vertrag los".

Lernen Sie, den Sachverhalt richtig zu lesen. Steigern Sie Ihre Leseaufmerksamkeit. Gehen Sie deshalb gründlich und liebevoll mit dem Sachverhalt um, und verlieren Sie sich dabei nicht in Einzelheiten. Letztlich geht es um die Wahrnehmungsfähigkeit: Was ist im Sachverhalt des Examensfalles angelegt und wie gehe ich damit um ("Schlüssel-Schloß- Prinzip"). Der Sachverhalt gibt die Problemfelder vor. Entgehen Sie der Gefahr, daß Sie "ein Weihnachtsgedicht zu Ostern vortragen".

Trainieren von denselben Lerninhalten in verschiedenen Anwendungssituationen

Juristerei setzt eine gewisse Beweglichkeit voraus, d.h. jeder Fall ist anders, manchmal nur in Nuancen. Akzeptieren Sie: Jeder Fall hat einen experimentellen Charakter. Trainieren Sie Ihr bisheriges Wissen an neuen Problemfeldern. Dies verhindert, daß das Gelernte auf einen bestimmten Kontext fixiert wird. Trainieren Sie, dieselben Lerninhalte in verschiedene Anwendungssituationen einzubetten und aus unterschiedlichen Blickwinkeln zu betrachten. Denn wer einen Problemkreis von mehreren Seiten her kennt, kann damit auch flexibler umgehen. Verbessern Sie damit Ihre Transferleistung. Über das normale additive Wissen hinaus vermitteln wir sog. metabegriffliches Wissen, d.h. bereichsübergreifendes Wissen.

modellhaftes Lernen

Modellhaftes Lernen schafft Differenzierungsvermögen, ermöglicht Einschätzungen und fördert den Prozeß der Entscheidungsfindung. Seien Sie kritisch gegenüber Ihren Ersteinschätzungen. Eine gewisse Veränderungsbereitschaft gehört zum Lernprozeß. Überprüfen Sie Ihr Wertungssystem auch im Hinblick auf das Ergebnis des Falles.

Hüten Sie sich vor zu starkem Routinedenken und damit vor automatisierten Mustern. Fragen Sie sich stets, ob Sie mit Ihren Annahmen den Fall weiterlösen können oder ob Sie in eine Sackgasse geraten.

Assoziationsmethode als erste "Herangehensweise" – Hypothesenbildung

Mit der Assoziationsmethode lehren wir in unseren mündlichen Kursen, wie Sie die zentralen Probleme des Falles angehen und ausdeuten. Dabei wird die Bedeutung nahezu aller Worte untersucht. Durch frühe Hypothesenbildung werden alle für die Fallösung möglichen Problemkonstellationen durchgespielt. Die spätere gezielte Selektion führt dazu, daß die für den konkreten Sachverhalt abwegigen Varianten ausscheiden (Prinzip der Retardation bzw. der negativen Evidenz). Die übriggebliebenen Hypothesen bestimmen die Lösungsstrategie.

wichtigste Arbeitsphase = Problemaufriß

Die erste Stunde, der Problemaufriß, ist die wichtigste Stunde. Es werden die Weichen für die spätere Niederschrift gestellt. Wenn Sie die Klausur richtig erfassen (den "roten Faden" / die "main street"), sind Sie zumindest auf der sicheren Seite und schreiben nicht an der Klausur vorbei.

4. Ersteller als „imaginärer" Gegner

Dialog mit dem Klausurersteller

Der Ersteller des Examensfalles hat auf verschiedene Problemkreise und ihre Verbindung geachtet. Der Ersteller als Ihr "imaginärer Gegner" hat, um Notendifferenzierungen zu ermöglichen, verschiedene Problemfelder unterschiedlicher Schwierigkeit versteckt. Der Fall ist vom Ersteller als kleines Kunstwerk gewollt. Diesen Ersteller muß der Student als imaginären Gegner bei seiner Fallösung berücksichtigen. Er muß also versuchen, sich in die Gedankengänge, Annahmen und Ideen des Erstellers hineinzudenken und dessen Lösungsvorstellung wie im Dialog möglichst nahe zu kommen. Je ideenreicher Ihre Ausbildung verläuft, desto mehr Möglichkeiten erkennen Sie im Sachverhalt. Die Chance, eine gute Klausur zu schreiben, wird größer.

bestmöglicher Konsens

Wir fragen daher konsequent bei der Fallösung:
- *Was will der Ersteller des Falles ("Sound")?*
- *Welcher "rote Faden" liegt der Klausur zugrunde ("main-street")?*
- *Welche Fallen gilt es zu erkennen?*
- *Wie wird bestmöglicher Konsens mit dem Korrektor erreicht?*

Die Fallösung wird dann nicht durch falsches Schablonendenken geprägt, vielmehr zeigen Sie, daß Sie gelernt haben, mit den juristischen Begriffen umzugehen, daß es nicht nur auswendig gelernte Begriffe sind, sondern daß Sie sich darüber im klaren sind, daß der Begriff immer erst in der konkreten Anwendung seine Bedeutung gewinnt.

Unterfordern Sie sich nicht

Lernen Sie nicht auf zu schwachem Niveau. Zwar ist "der Einäugige unter den Blinden König". Die Einäugigkeit rächt sich aber spätestens im Examen. Ziel jeden guten Unterrichts muß eine realistische Selbsteinschätzung der Hörer sein.

problemorientiertes Lernen, unterstützt durch Experten

Wichtig ist, mit der Assoziationsmethode im richtigen sozialen Kontext zu lernen, denn gemeinsames Lernen in Gruppen ist nicht nur motivierend, sondern auch effektiv. Nehmen Sie an einer Atmosphäre teil, wo Sie sinnvoll Erfahrungsaustausch, Meinungsvielfalt und Kontakt mit Experten erfahren. Maßgeblich ist die gezielte Unterstützung. Wir geben das Niveau vor. Achten Sie stets darauf, daß die Lernsituation anwendungsbezogen bleibt und der Vielschichtigkeit des Examens entspricht. Unser Repetitorium spricht den Juristen an, der sich am Prädikatsexamen orientiert. Insoweit profitieren Sie auch vom Interesse und Wissensstand der anderen Kursteilnehmer.

Gefahr bei Kleingruppen

Hüten Sie sich vor sog. "Kleingruppen". Dort besteht die Gefahr, daß Schwache und Nichtmotivierte den Unterricht allzusehr mitbestimmen: "Der Schwächste bestimmt das Niveau!" Wichtig ist doch für Sie, auf welchem Niveau (was und wie) die Auseinandersetzung mit der Juristerei stattfindet. Wer nur auf vier Punkte lernt, landet leicht bei drei Punkten!

Soviel ist klar: <u>Wie</u> Sie lernen, beeinflußt Ihr Examen. Weniger bekannt ist, daß das Fehlen bestimmter Informationen das Examen verschlechtert.

Glauben Sie an die eigene Entwicklungsfähigkeit, schöpfen Sie ihr Potential aus.

5. Spezielle Ausrichtung auf Examenstypik

im Trend des Examens

Dies hat weiterhin den Vorteil, daß wir voll im Trend des Examens liegen. Die Thematik der Examensfälle ist bei uns auffällig häufig vorher im Kurs behandelt worden. Auch in Zukunft ist damit zu rechnen, daß wir mit Ihnen innerhalb unseres Kurses die Themen durchsprechen, die in den nächsten Prüfungsterminen zu erwarten sind.

6. „Gebrauchsanweisung"

Expertenkniffe

Vertrauen Sie auf unsere Expertenkniffe. Die "**HEMMER-METHODE**" setzt richtungsweisende Maßstäbe und ist Gebrauchsanweisung für Ihr Examen.

Der Erfolg gibt uns recht!

Examensergebnisse

Die Examenstermine zeigen, daß **unsere Kursteilnehmer** überdurchschnittlich abschneiden; z.B. Würzburg, Ergebnisse Frühjahr 1995: Die sechs Besten des Termins in Würzburg, alle "**Freischüßler**": **Schnitt von 13,39** Punkten! Von 1980 bis 1996 in 32 Terminen insgesamt zehn mit der Note "sehr gut", neun von uns. Darunter mehrfach die Landesbesten, z.B. mit **15,08** (Achtsemester). Sieben davon waren langjährige Mitarbeiter. Von 1991-1996 sechs mal "sehr gut", 41 mal gut. Bereits in unserem ersten Durchgang in Berlin, Göttingen und Konstanz (**später 14,5**) die Landesbesten mit "sehr gut". Auch in Freiburg, Bayreuth, Köln, Regensburg (**15,54; 14,0**), Erlangen (**15,4; 15,0; 14,4**), Gießen (**15,5**), Hamburg (**14,5**), München (**14,25; 14,04; 14,04; 14,00**), Frühjahr 1997 (1 termin!): 36 mal über Neun: 2x sehr gut, 14x gut, 20x vollbefriedigend. Köln (2x), Bonn, und Heidelberg "sehr gut".

Augsburg: Frühjahr '95, Landesbester mit **15,25** Punkten (**Achtsemester !**). Wenn Siebtsemester mit **13,7; 13,7; 12,8; 12,3;** (Würzburg) und bereits im ersten "Freischuß 91 I" vier **Siebtsemester** einen Schnitt von **12,01** Punkten (Augsburg) erzielten, spricht dies für ein richtiges methodisches Vorgehen. Sie konnten sich in der Kürze der Zeit nur auf uns verlassen. Häufig erreichen unsere Kursteilnehmer die Note "gut" und "vollbefriedigend". Lernen auf ein Prädikatsexamen zahlt sich eben aus.

Ziel: solides Prädikatsexamen

Lassen Sie sich aber nicht von diesen "Supernoten" verschrecken. Denn unsere Hauptaufgabe sehen wir nicht darin, nur Spitzennoten zu produzieren: Wir streben ein solides Prädikatsexamen an. So erreichten z.B. schon im ersten Durchgang unsere Kursteilnehmer in Leipzig (Termin 1994 II) bereits nach dem Schriftlichen einen Schnitt von 8,6 Punkten, wobei der Gesamtdurchschnitt aller Kandidaten nur 5,46 Punkte betrug (Quelle: Fachschaft Jura Leipzig, »Der kleine Advokat«, April 1995). Aber am allerwichtigsten für uns ist: Unsere Durchfallquote ist äußerst gering! Regelmäßiges Training an examenstypischem Material zahlt sich also aus.

Spitzennoten von Mitarbeitern

Dies zeigt sich auch z.B. bei unseren Verantwortlichen: In jedem Rechtsgebiet arbeiteten Juristen mit, die ihr Examen mit "sehr gut" bestanden haben. Zur Zeit (März 97) arbeiten in der Zentrale in Würzburg drei mit sehr gut (14,79, 14,08, 14,04 und sieben mit über dreizehn (13,8, 13,7, 13,6, 13,5, 13,4, 13,2, 13,02) und weitere mit gut und zwar alles Hemmer-Kursteilnehmer in Würzburg am Kursprogramm mit. Wenn ehemalige Kursteilnehmer mit Noten von 15,54, 15,5, 15,25 Punkten und viele andere mit "sehr gut" und "gut" unser Programm mitgestaltet haben, zeigt das ein hohes Maß an Übereinstimmung mit unserer Lernmethode.

Die Ergebnisse unserer Kursteilnehmer im Ersten Staatsexamen können auch Vorbild für Sie sein. Motivieren Sie sich durch Ihre guten Mitkursteilnehmer/innen. Lassen Sie sich daher nicht von unseren Supernoten verschrecken, sehen Sie dieses Niveau als Anreiz für Ihr Examen. „Wer nur in der C-Klasse spielt, bleibt in der C-Klasse."

Wir sind für unser Anspruchsniveau bekannt. Trainieren Sie zusammen mit anderen interessierten Juristen auf Examensniveau. Lassen Sie sich in unseren Kursen motivieren. Lernen Sie mit der "**HEMMER-METHODE**". Fragen Sie ehemalige Kursteilnehmer, wie sie im Examen abgeschnitten haben. Sie werden bestätigen, daß die

Ausbildung mit der "HEMMER-METHODE" eine lohnende Investition in ihre Zukunft war.

Anders als die Universität sind wir eine Firma und keine "Behörde". Uns mißt man an unserer Leistung: Wie uns die Kursteilnehmer bestätigen, stimmt das Verhältnis von Kosten und Gewinn.

Holen Sie sich die wichtigsten Grundinformationen z.B. aus den "Basics" und versuchen Sie dann, die Fälle des Hauptkurses vor dem Unterricht zu lösen. Sie lernen dann durch Versuch und Irrtum (trial and error).

Gehen Sie mit dem sicheren Gefühl ins Examen, sich richtig vorbereitet zu haben:

Testen Sie uns!

Der Hemmer-Hauptkurs

Der Jahreskurs mit den großen Fällen, schriftlichen Lösungen, Wiederholungs- und Vertiefungsfragen in allen drei Rechtsgebieten, einschließlich zwölf Skripten bei Kursbeginn.

Kursort/-zeit: Entnehmen Sie bitte den Kursort und die Kurszeit der aktuellen Werbung Ihrer Stadt.

```
INFOTELEFON: 0931-83975
        Fax: 0931-781535
   Internet: www.hemmer.de
```

Probehören: jederzeit im laufenden Kurs
Kündigung: jederzeit ohne Einhaltung von Kündigungsfristen

Anmeldung: Hiermit melde ich mich zum Hauptkurs des Juristischen Repetitoriums Hemmer verbindlich an. *(Bitte in Druckbuchstaben deutlich lesbar ausfüllen)*

Teilnahme ab: (Einstiegsmonat) .... Kursort: ....

Name: .... Vorname: ....

Studienadresse: ....

Heimatadresse: ....

Telefon: .... Unterschrift: ....

Bitte zusenden an: Juristisches Repetitorium Hemmer • Mergentheimer Str. 44 • 97082 Würzburg • **Fax:** 0931-781535 • Tel.: 0931-83975

Basics Öffentliches Recht

Die Musterklausuren
für die Scheine

April 1998

Das Skript ist urheberrechtlich geschützt. Die dadurch begründeten Rechte, insbesondere des Nachdrucks, der Wiedergabe auf photomechanischem oder ähnlichem Wege und der Speicherung in Datenverarbeitungsanlagen bleiben, auch bei nur auszugsweiser Verwertung, der Hemmer/Wüst-Verlagsgesellschaft vorbehalten.

Hemmer/Wüst Verlagsgesellschaft
Hemmer/Wüst, Basics Öffentliches Recht/Die Musterklausuren für die Scheine

ISBN 3-89634-090-5
1. Auflage, April 1998

gedruckt auf chlorfrei gebleichtem Papier
von Schleunungdruck GmbH, Marktheidenfeld

Vorwort

Basics Öffentliches Recht

Die Musterklausuren für die Scheine

Die Fälle zu den Basics! Die Fallsammlung erweitert unser Basics Öffentliches Recht und stellt die notwendige Fortsetzung für das Schreiben der Klausur dar. Genau das, was Sie für die Scheine brauchen – nämlich exemplarisch dargestellte Fallösungen.

Dieses Skript enthält die wichtigsten, in der Klausur immer wiederkehrenden Problemkonstellationen für die Bereiche Verfassungs- und Verwaltungsrecht. Im **Verfassungsrecht** werden die Zulässigkeitsvoraussetzungen von Verfassungsbeschwerden, Organstreitverfahren sowie abstrakter und konkreter Normenkontrolle mit Ihnen durchgegangen. Im Rahmen der Begründetheitsprüfung werden die klausurrelevanten Grundrechte, wie z.B. Art. 12 GG, Art. 14 GG, Art. 3 GG sowie Art. 4, 5 und 21 GG ausführlich erläutert. Gleichzeitig werden auch staatsorganisationsrechtliche Problemfelder mit aufbereitet.

Die Klausuren zum **Verwaltungsrecht** zeigen die optimale Lösung zur Prüfung von Anfechtungs-, Verpflichtungs- und Fortsetzungsfeststellungsklagen sowie von Widerspruchsverfahren. Standardprobleme wie die Rücknahme oder der Widerruf eines Verwaltungsaktes, die Behandlung von Nebenbestimmungen eines VA sind, ebenso wie Fragen aus dem Gaststätten- und Immissionsschutzrecht, Gegenstand der Begründetheitsprüfung.

Über 1000 Klausuren wurden auf ihre "essentials" analysiert.

Anwendungsspezifisch werden die Fallgruppen, mit denen im kleinen und großen Schein zu rechnen ist, klar und präzise dargelegt und mit der **HEMMER-METHODE** kommentiert. Wert gelegt wird darauf, "Was" Sie für die Klausur brauchen und "Wie" es anzuwenden ist. Frühzeitig ist darauf zu achten, mit welchen Ideen und Vorstellungen des Klausurerstellers zu rechnen und wie darauf zu reagieren ist. Die maßgebliche Frage ist, was will der Ersteller. Sicher ist eines: In der Klausur wird nicht Wissen abgefragt, sondern Anwendung!

Es gilt: Nur wer lernt, sich in die Gedankenwelt der jeweiligen Ersteller als imaginären Gegner – jede Klausur hat ihren roten Faden – einzuleben, schreibt die gute Klausur.

Deswegen ist es notwendig, typische Fallkonstellationen durchgearbeitet zu haben. Es gilt auch hier: "Wer den Hafen nicht kennt, für den ist kein Wind günstig" oder "Schwimmen lernt man nur im Wasser, nicht als Trockenübung".

Im Vordergrund dieses Skripts steht das Erlernen der Klausurtechnik. Sie sparen sich Zeit, indem Sie frühzeitig und unter Anleitung den Anspruchsgrundlagenaufbau einüben. Bloßes Buchwissen ist zu träge und hilft beim Klausurenschreiben wenig. Viele Studenten versagen in der Klausur trotz oder gerade, weil sie zu viel gelernt haben, aber nicht in der Lage sind, dieses Wissen an komplexen authentischen Fällen anzuwenden. Es fehlt nicht am Wissen, es fehlt aber am Problembewußtsein. Wie im Examen gilt schon bei den Scheinen: "Problem erkannt – Gefahr gebannt!"

Profitieren Sie von der spezifischen Ausrichtung unseres Repetitoriums auf Klausurtypik und der über zwanzigjährigen Erfahrung. Lernen Sie frühzeitig mit der **HEMMER-METHODE**, den Fall als Gesamtwerk eines Bestellers zu verstehen. Gehen Sie mit Spaß und Freude in die Scheine, sowie dem sicheren Gefühl, sich richtig vorbereitet zu haben.

Hemmer   *Wüst*

INHALTSVERZEICHNIS

Zahlen beziehen sich auf die Seiten des Skripts

Fall 1:

Abschied vom Schwimmunterricht

Zulässigkeit und Begründetheit der Verfassungsbeschwerde; Beschwerdeberechtigung Minderjähriger; Grundrechtsgeltung im Sonderstatusverhältnis; Art. 4 I, II GG: Glaubensfreiheit (Befreiung vom Schulsport aus religiösen Gründen); Art. 7 I GG: Schulorganisationsgewalt des Staates; Art. 6 II 1 GG: elterliches Erziehungsrecht, ... 3

Fall 2:

Einkauf ohne Demonstrationen

Zulässigkeit der Verfassungsbeschwerde; Grundrechtsfähigkeit von Parteien; unmittelbare Betroffenheit durch Gesetz ohne Vollzugsakt; Art. 8 I GG: Versammlungsfreiheit; Art. 5 I 1 GG: Meinungsfreiheit; allgemeines Gesetz; Art. 3 I GG: Anspruch auf politische Gleichbehandlung der Parteien 19

Fall 3:

Plakate mit Vergangenheit

Begründetheit der Verfassungsbeschwerde; mittelbare Drittwirkung der Grundrechte; Art. 5 I 1 GG: Meinungsäußerungsfreiheit; allgemeines Gesetz; Wechselwirkungstheorie 27

Fall 4:

Der falsche Ton

Begründetheit der Verfassungsbeschwerde; Prüfungsumfang des BVerfG, Art. 5 III 1 GG: Kunstfreiheit; Art. 1 I 1 GG: Menschenwürde; Verfassungswert: öffentlicher Frieden, Verhältnis Kunstfreiheit – Meinungsfreiheit 33

Fall 5:

Rechtsanwalt mit Nebenwirkungen

Zulässigkeit und Begründetheit der Verfassungsbeschwerde; Art. 12 I GG: Berufsfreiheit (Versagung der Zulassung zum Rechtanwalt nach der BRAO); Bestimmtheitsgebot; Drei-Stufen-Theorie; Art. 3 III GG: Gleichbehandlung der Mitglieder politischer Parteien 41

Fall 6:

Schwere Zeiten

Zulässigkeit und Begründetheit der Verfassungsbeschwerde; gegenwärtige und unmittelbare Betroffenheit bei Gesetzen; Art. 12 I: Berufsfreiheit; Anspruch auf Schutz, Leistung und Teilhabe aus Grundrechten; Art. 2 I GG: allgemeine Handlungsfreiheit; Rückwirkungsverbot, Art. 3 I GG:

Rechtssetzungsgleichheit; Zulässigkeit und Begründetheit der einstweiligen Verfügung nach § 32 BVerfGG 51

Fall 7:

Angriff auf die Parteifreiheit

Zulässigkeit und Begründetheit des Organstreitverfahrens; Beteiligungsfähigkeit von Parteien; Verfassungsbeschwerde; Art. 3 i.V.m. Art. 21 GG: Chancengleichheit der Parteien; Parteienprivileg 65

Fall 8:

Das Mitternachtsbrötchen

Art. 12 I GG: Berufsfreiheit (Verletzung durch Nachtbackverbot); Drei-Stufen.Theorie; Art. 3 I GG: ungerechtfertigte Gleichbehandlung; Zulässigkeit der konkreten Normenkontrolle 71

Fall 9:

Keine Kohle für den Kies

Zulässigkeit und Begründetheit der konkreten Normenkotrolle; Entscheidungserheblichkeit; Art. 14 GG: Eigentum; Unterscheidung Enteignung – Inhalts- und Schrankenbestimmung; Grundwasser als Eigentumsposition; Verfassungsmäßigkeit des WHG als Inhalts- und Schrankenbestimmung 79

Fall 10:

Pech für den Wassermann

Zulässigkeit und Begründetheit der abstrakten Normenkontrolle; Verteilung der Gesetzgebungskompetenzen zwischen Bund und Ländern 85

Fall 11:

Der empörte Botschafter

Weisungsbefugnis des Bundeskanzlers; Richtlinienkompetenz und Ressortprinzip; Zulässigkeit und Begründetheit des Organstreitverfahrens; rechtliches und politisches Prüfungsrecht des Bundespräsidenten 95

Fall 12:

Nachbars Nase

Zulässigkeit und Begründetheit der Anfechtungsklage; Verwaltungsrechtsweg; Klagebefugnis: Möglichkeitstheorie, Adressatentheorie, Schutznormtheorie; Rechtmäßigkeit einer immissionsschutzrechtlichen Genehmigung 105

Fall 13:

Es geht um die Wurst

Zulässigkeit und Begründetheit der Verpflichtungsklage; Widerpruchsfrist; Anspruch auf gaststättenrechtliche Genehmigung 115

Fall 14:

Der teure Luxuspelz

Zulässigkeit und Begründetheit des Widerspruchs; Widerspruchsfrist bei unrichtiger Rechtsbehelfsbelehrung; Rechtmäßigkeit einer kommunalen Satzung; Steuerfindungsrecht der Gemeinden 123

Fall 15:

Falsches Mitleid

Zulässigkeit und Begründetheit der Fortsetzungsfeststellungsklage; Feststellungsinteresse; Erforderlichkeit des Vorverfahrens; Rechtmäßigkeit einer gewerberechtlichen Untersagungsverfügung, Homesitter-Agentur als Gewerbe 133

Fall 16:

Nachbars Ohren

Klageart bei Nebenbestimmung; Abgrenzung Nebenbestimmung – Inhaltsbestimmung – modifizierte Gewährung; Teilbarkeit eines Verwaltungsakts; Rechtmäßigkeit einer gaststättenrechtlichen Nebenbestimmung; Überprüfbarkeit von Ermessensfehlern 143

Fall 17:

Ein unmoralischer Preis

Anfechtung eines Rücknahmebescheides; actus contrarius Theorie; Rechtmäßigkeit des Ausgangsverwaltungsakts, Widerruf nach § 49 VwVfG 153

DIE VERFASSUNGSBESCHWERDE

1. STAATSRECHT

§ 1 VERFASSUNGSBESCHWERDE

Übersicht über die Zulässigkeitsvoraussetzungen der Verfassungsbeschwerde zum BVerfG

A. Jedermann

   I. Antragsberechtigung

   II. Verfahrensfähigkeit

   III. Postulationsfähigkeit

B. Beschwerdegegenstand (Akt öffentlicher Gewalt)

C. Beschwerdebefugnis

   I. Behauptung der Rechtsverletzung von:

      1. Grundrecht oder grundrechtsähnliches Recht

      2. Rechtsrelevanz des angegriffenen Rechts

   II. Betroffenheit

      1. selbst

      2. gegenwärtig

      3. unmittelbar

D. Rechtswegerschöpfung und Subsidiarität

E. Allgemeines Rechtsschutzbedürfnis

F. Form

G. Frist

H. Keine entgegenstehende Rechtskraft oder Rechtshängigkeit

ABSCHIED VOM SCHWIMMUNTERRICHT

SACHVERHALT:

Angesichts ihrer Interpretation des Korans empfinden die 14-jährige türkische Schülerin Aische und ihre Eltern das Tragen von Badeanzügen als unvereinbar mit ihrer Glaubensüberzeugung. Sie beantragen deshalb beim Schulleiter die dauernde Befreiung der A vom Schwimmunterricht.

Schulleiter Hürde weist den Antrag zurück. Zur Begründung führt er aus, daß auch der Sportunterricht von der Schulpflicht umfaßt und Ausdruck des staatlichen Bildungsauftrages sei. Der Sportunterricht, und insbesondere das Schwimmen, diene dazu, die Leistungs- und Widerstandskraft zu fördern, Haltungsschäden vorzubeugen, Freude an gesunder Lebensführung zu wecken und soziale Erfahrungen zu erwerben.

Trotz dieses ablehnenden Bescheides blieb die A auch in der Folgezeit dem Schwimmunterricht mit dem Einverständnis ihrer Eltern fern. Gegen diese wurde daraufhin ein Bußgeldverfahren eingeleitet.

Die Eltern erheben Einspruch gegen den Bußgeldbescheid und – auch im Namen ihrer Tochter - Klage gegen den Bescheid des Schulleiters. Sie unterliegen in beiden Verfahren letztinstanzlich.

Bearbeitervermerk:

Haben Verfassungsbeschwerden von Aische und ihren Eltern Aussicht auf Erfolg?

Auszug aus dem Landesschulgesetz und der Landesschulordnung:

§ 12 SchulG

"Die Schulpflicht erstreckt sich auf die regelmäßige Teilnahme am Unterricht und die Teilnahme an den übrigen verbindlichen Veranstaltungen der Schule."

§ 17 SchulG

"Ordnungswidrig handelt, wer vorsätzlich oder fahrlässig als Erziehungsberechtigter nicht dafür Sorge trägt, daß die Schulpflichtigen ihrer Schulpflicht regelmäßig nachkommen.

Hinweis: Das Gesetz ermächtigt des weiteren zur Verhängung eines Bußgeldes bei einem Verstoß gegen § 17 SchulG".

§ 24 SchulO

"Der Schulleiter kann in begründeten Fällen vom Unterricht in einzelnen Fächern befreien. Im Fach Sport ist insbesondere dann eine Befreiung zu erteilen, wenn durch schulärztliches Zeugnis nachgewiesen wird, daß der Schüler wegen körperlicher Beeinträchtigung nicht teilnehmen kann".

§ 5 des Gesetzes über die religiöse Kindererziehung (RelKErzG):

"Nach der Vollendung des 14. Lebensjahres steht dem Kinde die Entscheidung darüber zu, zu welchem religiösen Bekenntnis es sich halten will. Hat das Kind das 12. Lebensjahr vollendet, so kann es nicht gegen seinen Willen in einem anderen Bekenntnis als bisher erzogen werden".

Sure 24 Vers 31/32:

"Und sprich zu den gläubigen Frauen, daß sie ihre Blicke zu Boden schlagen und ihre Keuschheit wahren sollen, daß sie ihre Reize nicht zur Schau stellen, bis auf das, was davon sichtbar sein muß, und daß sie ihre Töchter über ihre Busen ziehen sollen und ihre Reize vor niemandem enthüllen als vor ihrem Gatten...(es folgt eine Reihe von weiteren Ausnahmen für Verwandte und andere nahestehende Personen)".

ABSCHIED VOM SCHWIMMUNTERRICHT

LÖSUNG:

Glaubensfreiheit, Art. 4 I, II GG "Befreiung vom Schulsport aus religiösen Gründen"

A. Verfassungsbeschwerde der Schülerin Aische

Die Verfassungsbeschwerde der A hat Aussicht auf Erfolg, wenn sie zulässig und begründet ist.

I. Zulässigkeit

1. Parteifähigkeit (Beschwerdeberechtigung)

Zunächst müßte A als 14-jährige türkische Staatsbürgerin beschwerdeberechtigt, d.h. antragsberechtigt und verfahrensfähig sein.

a) Antragsberechtigung

jedermann: Träger von Grundrechten

aa) Dies ist im Sinne des Art. 93 I Nr.4a GG jedermann, der Träger von Grundrechten oder grundrechtsähnlichen Rechten sein kann. Ausländer können Träger von Grundrechten sein, soweit diese nicht ausschließlich den Deutschen im Sinne des Art. 116 I GG (sog. Bürgerrechte) vorbehalten sind.

> **HEMMER-METHODE:** Bezüglich der sog. Bürgerrechte ist strittig, ob und inwieweit Ausländern ein entsprechender Schutz über Art. 2 I GG als Auffanggrundrecht gewährleistet werden soll.[1]

Entsprechend dem Wortlaut des Art. 4 I GG wird das Grundrecht der Glaubensfreiheit nicht nur deutschen Staatsbürgern garantiert mit der Folge, daß auch Ausländer Träger dieses Grundrechtes sein können.

Beschwerdeberechtigung Minderjähriger

bb) Fraglich ist jedoch weiterhin, ob Minderjährige grundrechtsfähig und damit beschwerdeberechtigt sind.

h.M.: allgemeine Grundrechtsfähigkeit

Zum Teil wird die Grundrechtsfähigkeit vom Alter und der Einsichtsfähigkeit abhängig gemacht.[2] Nach h.M. ist diese Auffassung abzulehnen. Einerseits wird der Jugendschutz als Eingriffsermächtigung in Art. 5 II, 11 II, 13 III GG ausdrücklich genannt und demzufolge als Umkehrschluß eine allgemeine Grundrechtsfähigkeit des Minderjährigen vorausgesetzt. Andererseits ist die Gewährleistung von Freiheitsgrundrechten nicht abhängig von der Vernünftigkeit desjenigen, der von der Freiheit Gebrauch machen will.

> **HEMMER-METHODE:** Die Frage von der Grundrechtsfähigkeit ist zu unterscheiden von der Frage der Grundrechtsmündigkeit. Hier geht es darum, inwieweit ein Minderjähriger selbst oder durch einen bevollmächtigten Vertreter VB erheben kann.

---

1 Näher dazu HEMMER/WÜST/CHRISTENSEN/KUDLICH, Staatsrecht I, Rn. 11.

2 Nachweise bei PIEROTH/SCHLINK Rn. 151.

Da A mithin durch Art. 4 GG geschützt wird und auch als Minderjährige grundrechtsfähig ist, ist sie beschwerdeberechtigt.

b) Verfahrensfähigkeit (Beschwerdefähigkeit)

Problematisch ist, ob A verfahrensfähig ist.

Verfahrens- bzw. Beschwerdefähigkeit

Verfahrensfähigkeit ist die Fähigkeit des Beteiligten, Verfahrenshandlungen wirksam vorzunehmen und entgegenzunehmen bzw. diese durch einen selbst gewählten Vertreter vornehmen und entgegennehmen zu lassen.[3] Im BVerfGG sind die Voraussetzungen für die Beschwerdefähigkeit (auch Verfahrens- oder Prozeßfähigkeit genannt) für die VB nicht ausdrücklich geregelt.[4]

entscheidend: Grundrechtsmündigkeit

Eine generelle Anknüpfung der Beschwerdefähigkeit an die Prozeßfähigkeit im Sinne anderer Verfahrensordnungen verbietet jedoch der unterschiedliche Kreis der Beteiligten und die verschiedenen Zwecke der Verfahren vor dem BVerfG. Wer selbstbestimmt über das "Ob und Wie" der Grundrechtsausübung entscheiden darf, behält dieses Recht grundsätzlich auch für die prozessuale Durchsetzung. Dies gilt jedenfalls dann, wenn die für die Grundrechtsausübung erforderliche Einsichts- und Erkenntnisfähigkeit den geistigen Fähigkeiten, die Bedeutung von Prozeßhandlungen zu begreifen, nicht nachsteht.[5] Demnach ist beschwerdefähig, wer grundrechtsmündig ist.

idR Geschäftsfähigkeit

Dies ist jedenfalls beim Volljährigen der Fall. Beim Minderjährigen wird - trotz des Verweises auf eine flexible Altersgrenze - die Grundrechtsmündigkeit in der Regel angenommen, wenn ihm in bestimmten Bereichen die Geschäftsfähigkeit zuerkannt wurde. Im Bereich der Glaubensfreiheit soll das RelKErzG Aufschluß über die Grundrechtsmündigkeit geben.[6] § 5 RelKErzG verleiht das Recht zur Selbstbestimmung in religiösen Angelegenheiten mit Vollendung des 14. Lebensjahres.

Bezüglich der Glaubensfreiheit ist die 14-jährige A grundrechtsmündig und damit auch verfahrensfähig.

2. Beschwerdegegenstand

Beschwerdegegenstand: Akt öffentlicher Gewalt

Der Ablehnungsbescheid des Schulleiters und die erlassenen Urteile müßten zulässiger Beschwerdegegenstand einer Verfassungsbeschwerde sein. Nach Art. 93 I Nr.4a GG i.V.m. § 90 I BVerfGG kommen als Beschwerdegegenstand nur Akte der öffentlichen Gewalt in Betracht. Die Grundrechtsbindung des Staates gemäß Art. 1 III GG umfaßt alle drei Gewalten: Legislative, Judikative und Exekutive.[7] Der Begriff der öffentlichen Gewalt in Art. 93 I Nr.4a GG umfaßt daher nach h.M. ebenfalls alle drei Staatsgewalten, da ansonsten eine umfängliche gerichtliche Überprüfung der grundrechtlichen Staatsbindung durch das BVerfG nicht möglich wäre.

---

3 Näher dazu HEMMER/WÜST/CHRISTENSEN/KUDLICH, Staatsrecht I, Rn. 26; PESTALOZZA, S.98.
4 BVerfGE 1, 109 (110); 28, 143 (254 f.).
5 Vgl. BVerfGE 28, 243 (254); 51, 405 (407).
6 BVerfGE 1, 87 (89).
7 Seit BVerfGE: Elfes-Urteil.

> **HEMMER-METHODE:** Mit der Parallele zu Art. 1 III GG läßt sich die Auslegung der "öffentlichen Gewalt" in der Klausur gut begründen. Denken Sie immer an den mit der Auslegung verfolgten Zweck der prozessualen Sicherung der umfassenden Grundrechtsbindung des Staates im Verhältnis zum Bürger. Anders verhält es sich mit Art. 19 IV GG. Hier umfaßt die "öffentliche Gewalt" nach h.M.[8] nicht die rechtsprechende Gewalt (Judikative), da Art. 19 IV GG Schutz durch den Richter und nicht vor dem Richter gewähren soll. Inbegriffen ist die Exekutive, für die Legislative ist dies streitig.

Bei Entscheidungen der Exekutive ist die VB wegen der erforderlichen Rechtswegerschöpfung gegen die angegriffene Verwaltungshandlung in Form des letztinstanzlich bestätigenden Urteiles zu richten.[9]

Das den Ablehnungsbescheid bestätigende letztinstanzliche Urteil ist somit zulässiger Beschwerdegegenstand.

3. Beschwerdebefugnis

A müßte gemäß Art. 93 I Nr.4a, § 90 I BVerfGG behaupten, durch den Ablehnungsbescheid in Form des letztinstanzlichen Urteiles in ihren Grundrechten oder grundrechtsgleichen Rechten verletzt zu sein, d.h. durch den Akt der öffentlichen Gewalt selbst, gegenwärtig und unmittelbar betroffen zu sein.

a) Grundrechtsrüge

Möglichkeit einer Grundrechtsverletzung

Die Rspr. fordert hierfür, daß eine aus den vorgetragenen Tatsachen geltend gemachte Grundrechtsverletzung zumindest als möglich erscheint.[10]

> **HEMMER-METHODE:** Verlangt wird hier nur die Behauptung einer Rechtsverletzung, das tatsächliche Vorliegen der Verletzung wird dagegen erst in der Begründetheit geprüft.

A trägt vor, durch die Pflicht zur Teilnahme am Sportunterricht unzulässigerweise in ihrer Glaubensfreiheit verletzt zu sein. Dadurch kommt ein Verstoß gegen Art. 4 I und II GG als mögliche Grundrechtsverletzung in Betracht.

> **HEMMER-METHODE:** Die Glaubensfreiheit ist ein einheitliches Grundrecht. Art. 4 II GG hat nach der h.L. und dem BVerfG nur deklaratorischen Charakter.

---

8   Vgl. ZUCK, Rn.391 m.N.
9   Näher dazu HEMMER/WÜST/CHRISTENSEN/KUDLICH, Staatsrecht I, Rn. 36 ff.
10 Vgl. statt vieler: BVerfGE 64, 367 (375).

b) Betroffenheit

aa) selbst

Selbstbetroffenheit zumindest bei Adressatenstellung

Selbstbetroffenheit liegt vor, wenn der relevante Akt den Beschwerdeführer rechtlich selbst betrifft.[11] Dies liegt zumindest dann vor, wenn der Beschwerdeführer Adressat des Aktes der öffentlichen Gewalt ist. Der Ablehnungsbescheid des Schulleiters ist an die A gerichtet, wodurch diese weiterhin zur Teilnahme am Sportunterricht verpflichtet wird. A ist selbst betroffen.

bb) gegenwärtig

Betroffenheit im Zeitpunkt der Beschwerdeerhebung

Gegenwärtig ist der Beschwerdeführer betroffen, wenn die Maßnahme im Zeitpunkt der Erhebung der VB fortwirkt. Eine bloße zukünftige oder eine in der Vergangenheit gelegene Betroffenheit genügt grundsätzlich nicht.[12]

> **HEMMER-METHODE:** Eine Ausnahme besteht jedoch, wenn der Beschwerdeführer schon jetzt zu nicht mehr korrigierbaren Entscheidungen gezwungen wird oder Dispositionen treffen muß, die später nicht mehr nachgeholt werden können.[13]
> Beachte auch, daß die strafprozessuale Überholung (z.B. Beendigung der Durchsuchung) nicht zur verfassungsrechtlichen Erledigung führt.

Der Ablehnungsbescheid des Schulleiters wurde durch Urteil nicht aufgehoben, die Schulpflicht der A besteht weiterhin. A ist gegenwärtig betroffen.

cc) unmittelbar

Betroffenheit ohne weiteren Vollzugsakt

Eine unmittelbare Betroffenheit liegt vor, sobald der angegriffene Akt der öffentlichen Gewalt ohne besonderen Vollzugsakt seine Wirksamkeit entfaltet.

A ist auch unmittelbar betroffen, da sie mit Zustellung des Ablehnungsbescheides zur Teilnahme am Sportunterricht verpflichtet wird.

> **HEMMER-METHODE:** Bei Verfassungsbeschwerden gegen Exekutivakte - wie auch gegen Judikativakte - bedarf es nach dem BVerfGG in der Regel keiner näheren Ausführungen, so daß die letzten beiden Kriterien nur kurz festzustellen sind.[14]

---

11 Näher dazu HEMMER/WÜST/CHRISTENSEN/KUDLICH, Staatsrecht I, Rn. 45.
12 Vgl. WEBER in JuS 92, 125 m.w.N.
13 BVerfGE 60, 360 (372); 65, 1 ff. (37); 75, 246 ff. (263).
14 Vgl. BVerfGE 53, 30 ff. (40 ff.).

ABSCHIED VOM SCHWIMMUNTERRICHT

4. Subsidiarität der Verfassungsbeschwerde

a) Rechtswegerschöpfung

Nach § 90 II BVerfGG setzt eine zulässige VB grundsätzlich voraus, daß gegen den Beschwerdegegenstand der Rechtsweg erschöpft ist.

Vorliegen einer letztinstanzlichen Entscheidung

Gegen den Ablehnungsbescheid des Schulleiters unterlag die A auch in der letztinstanzlichen Entscheidung, womit der Rechtsweg ausgeschöpft wurde.

> **HEMMER-METHODE:** Die Rechtswegerschöpfung des § 90 II BVerfGG ist nach ständiger Rechtsprechung[15] und der h.L.[16] lediglich die gesetzliche Ausprägung des Grundsatzes der Subsidiarität der VB. Aus diesem Grund ist daneben selbständig auch noch die Subsidiarität (im engeren Sinne) zu prüfen. Machen Sie dem Korrektor klar, daß "Subsidiarität" im Einzelfall mehr als nur die Rechtswegerschöpfung ist, denn die Verfassungsbeschwerde soll ja immer "ultima ratio" sein. Steht im Sachverhalt, daß der Beschwerdeführer letztinstanzlich unterlag, so erwartet der Korrektor keine langen Ausführungen. Der Prüfungspunkt kann schnell abgehakt werden. Denken Sie an die richtige Gewichtung der Klausur, setzen Sie Schwerpunkte. Dadurch sparen Sie Zeit und belasten den Korrektor nicht unnötig!

b) Subsidiarität im engeren Sinne

sonstige zur Verfügung stehende Möglichkeiten

Das BVerfG fordert neben der Rechtswegerschöpfung, daß der Beschwerdeführer alle nach Lage der Sache zur Verfügung stehenden Möglichkeiten ergreift, um die geltend gemachte Grundrechtsverletzung gerichtlich überprüfen zu lassen oder die Grundrechtsverletzung zu verhindern.[17]

Andere Möglichkeiten als die Ausschöpfung des Rechtsweges sind hier allerdings nicht ersichtlich.

5. Form, Frist

Die VB ist gemäß §§ 92 i.V.m. 23 I BVerfGG schriftlich einzureichen und zu begründen. Vorliegend handelt es sich bei dem Ablehnungsbescheid um einen Hoheitsakt, so daß gemäß § 93 I S.1, S.2 BVerfGG die VB binnen eines Monats nach Zustellung der letztinstanzlichen Entscheidung erhoben werden muß.

Von der ordnungsgemäßen und fristgerechten Einreichung der VB ist hier mangels gegenteiliger Angaben im Sachverhalt auszugehen.

---

15 Vgl. nur BVerfGE 51,130 ff. (139).
16 GUSY, Rn. 131 m.w.N.
17 PESTALOZZA, S.124.

6. Zwischenergebnis

Die VB der Schülerin ist zulässig.

II. Begründetheit

Die VB ist gemäß Art. 93 I Nr.4a GG i.V.m. § 90 BVerfGG begründet, wenn die A in ihren Grundrechten oder grundrechtsgleichen Rechten verletzt ist. In Betracht kommt die Verletzung des Grundrechts der Glaubensfreiheit gem. Art. 4 GG.

> **HEMMER-METHODE:** Denken Sie auch hier wieder an den Obersatz. Die Arbeit wirkt sonst unvollständig, da der Korrektor in aller Regel großen Wert auf saubere Obersätze legt. Von Ihnen wird erwartet, daß Sie den Subsumtionsstil beherrschen.

1. Schutzbereich des Art. 4 I, II GG

Das Wahren bestimmter Bekleidungsvorschriften müßte zunächst in den Schutzbereich der Glaubensfreiheit fallen.

umfassender Schutzbereich

Die Glaubensfreiheit bedeutet die Freiheit, sich eine Überzeugung von der Stellung des Menschen in der Welt und seiner Beziehung zu höheren Mächten und tieferen Seinsschichten zu bilden.[18] Dabei verbietet es nach heute einhelliger Auffassung die weltanschaulich-religiöse Neutralität des Staates, die Glaubensfreiheit auf den Schutz anerkannter christlich-abendländischer Kirchen zu begrenzen.[19] Auch der Islam stellt mithin eine Religion im Sinne des Art. 4 GG dar.

> **HEMMER-METHODE:** Die Rechtsprechung ist hier relativ großzügig, nicht zuletzt um die staatliche Neutralität zu wahren. In der Klausur empfiehlt es sich hier i.d.R., Art. 4 GG nicht schon bei der Frage nach Glauben oder Religion "abzuwürgen", wenn nicht der Sachverhalt nahelegt, daß die vermeintliche Religion eindeutig nur Deckmantel für finanzielle Interessen ist. Haben Sie bei der konkreten Betätigung Zweifel, prüfen Sie dies besser bei der Frage, ob die Religions*ausübung* so weit geht.

einheitliches Grundrecht iSv Glaubens- und Religionsausübungsfreiheit

Art. 4 GG ist ein einheitliches Grundrecht, wobei die Glaubensfreiheit nach Abs. 1 nach dem BVerfGG und der h.L. auch die Religionsausübungsfreiheit nach Abs. 2 mit umfaßt.[20] Die Glaubensfreiheit umfaßt nicht nur die Freiheit zu glauben oder nicht zu glauben (= forum internum), sondern auch die äußere Freiheit, den Glauben zu manifestieren, zu bekennen und zu verbreiten (= forum externum).[21]

---

18 Vgl. STEIN, 194.
19 Aus jüngerer Zeit BVerfG, NJW 1989, 2272; BVerfG, NJW 1989, 3269; statt vieler AK/GG - PREUß, Art. 4 , Rn. 14.
20 Grundlegende Entscheidung BVerfGE 32, 98 (106); 24, 236 (245); PIEROTH/SCHLINK, Art. 4, Rn. 1, Rn. 581 f.; STEINer, JuS 1982, 157 f.; differenzierend M/D-HERZOG, Art. 4, Rn. 63 ff.
21 BVerfGE 32, 98 (106) – Gesundbeter.

Handeln aufgrund religiös fundierter Überzeugung

Deshalb gehört zur Glaubensfreiheit auch das Recht des Einzelnen, sein gesamtes Verhalten an den Lehren seines Glaubens auszurichten und seiner inneren Glaubensüberzeugung gemäß zu handeln.[22] Bei Betätigungen über das forum internum hinaus besteht aufgrund der extensiven Interpretation der Glaubensfreiheit die Gefahr einer Konturenlosigkeit des Schutzbereiches, so daß jedes Handeln über Art. 4 GG legitim wäre.[23] Daher wird verlangt, daß der Betroffene sein Handeln als glaubensgeleitet plausibel darlegt.

Sofern die Bekleidungsvorschriften einen wesentlichen Bestandteil der Lebensführung einer Religionsgemeinschaft ausmachen, sie also religiös fundierte Überzeugungen sind, genießt die Beachtung dieser Vorschriften grundrechtlichen Schutz. Der Schutzbereich des Art. 4 I, II GG ist eröffnet.

2. Eingriff

Eingriff in Schutzbereich

Die Weigerung des Schulleiters müßte einen Eingriff in den Schutzbereich des Art. 4 GG darstellen. Durch den Ablehnungsbescheid des Schulleiters wird die A dazu genötigt am Schwimmunterricht teilzunehmen und dadurch den Bekleidungsvorschriften ihres Glaubens zuwiderzuhandeln. Somit liegt ein Eingriff in Art. 4 GG vor.

> **HEMMER-METHODE:** Dagegen liegt kein Eingriff in Art. 4 I, II GG vor in Fällen, in denen das begehrte Handeln bzw. Unterlassen nach der jeweiligen Religion und Weltanschauung lediglich erlaubt oder möglich, nicht jedoch vorgeschrieben oder verboten ist.
> Einfach ausgedrückt liegt dann kein Eingriff vor, wenn er es tun, aber auch lassen kann, ohne gegen seine religiösen bzw. weltanschaulichen Gebote/Verbote zu verstoßen.
> Beispiele sind insoweit die klausurbeliebten "Haschisch rauchenden Rastafari" oder die "iranische Vielehe".
> Hier ist die Identität der Person, die mit ihrem Glauben und Gewissen, Religion und Weltanschauung geschützt werden soll, noch nicht gefährdet.

3. Verfassungsrechtliche Rechtfertigung

Der Eingriff in die Glaubensfreiheit der A wäre nur dann verfassungsgemäß, wenn dieser verfassungsrechtlich gerechtfertigt wäre.

a) "Sonderstatus-Verhältnis"

str.: eingeschränkter Grundrechtsschutz im Sonderstatusverhältnis

Der Grundrechtsschutz könnte schon dadurch eingeschränkt sein, weil sich die A in einem "Sonderstatusverhältnis" zum Staat befindet mit der Folge, daß sie sich nicht auf eine Verletzung ihrer Glaubensfreiheit berufen kann.

---

22 A.a.O.
23 Vgl. PIEROTH/SCHLINK, Rn. 587, 597.

BVerfG: Grundrechtsgeltung auch im Sonderstatusverhältnis

In Verhältnissen, die eine engere Beziehung des Einzelnen zum Staat begründen und besondere, über die allgemeinen Rechte und Pflichten eines Staatsbürgers hinausgehende Pflichten entstehen lassen, könnten die Grundrechte keine Wirksamkeit entfalten.[24] Das BVerfG und die herrschende Lehre gehen nunmehr aber von der Geltung der Grundrechte auch "im Sonderstatus" aus. Demzufolge kann sich der Schüler, Strafgefangene, Soldat, Beamte u.s.w. wie jeder andere Bürger auf seine Grundrechte berufen.[25]

Einschränkung nur bei Verfassungs-normierung und Erforderlichkeit

Eine weitergehende Einschränkung der Grundrechte innerhalb des Sonderstatusverhältnisses statt außerhalb desselben wäre nur unter zwei Voraussetzungen möglich:

- Zum einen müßte der Sonderstatus in der Verfassung überhaupt positiv normiert sein, was vorliegend mit Art. 7 GG der Fall ist.

- Zum anderen müßte die Einschränkung des Grundrechts aber wegen Funktion und Zweck des Sonderstatusverhältnisses gerade zwingend erforderlich sein.

Für eine sinnvolle Eingliederung der A in den Schulbetrieb ist aber eine pflichtige Teilnahme am Schulschwimmsport nicht vonnöten. Eine Einschränkung des Art. 4 I, II GG ist unter diesem Gesichtspunkt folglich nicht angezeigt.

HEMMER-METHODE: Dagegen kann ein Beamter nicht Art. 2 I GG gegen eine innerdienstliche Weisung seines Dienstvorgesetzten geltend machen. Die Funktionsfähigkeit der Verwaltung als Sonderstatusverhältnis wäre sonst kaum aufrecht zu erhalten.

b) Schrankenübertragung

Vorbehaltslosigkeit

Das Grundrecht der Glaubensfreiheit wird vorbehaltlos gewährleistet. Aufgrund der weiten Auslegung des Schutzbereiches des Art. 4 I, II GG wird teilweise vertreten, die Schranken des Art. 5 II GG bzw. Art. 2 I GG auf die Glaubensfreiheit anzuwenden.[26]

e.A.: Schrankenübertragung

Diese Auffassung ist schon deshalb verfehlt, weil sie nicht mit dem einheitlichen Schutzbereich des Art. 4 I, II GG korrespondiert. Gerade dadurch, daß der Gesetzgeber Art. 4 GG schrankenlos garantiert, wird der herausgehobene Schutzbereich deutlich. Zudem widerspräche eine Schrankenübertragung auch der Systematik des Grundgesetzes.[27] Aus dem gleichen Grund ist der teilweise vertretene Vorschlag abzulehnen, die Schranken dem konkret kollidierenden Grundrecht zu entnehmen.

---

24 So noch h.L. in der Weimarer Reichsverfassung (WRV).
25 Grundlegende BVerfGE 33, 1 ff. – Strafvollzugsentscheidung.
26 So M/D - HERZOG, Art. 4, Rn. 114.
27 Ausdrücklich BVerfGE 32, 98 (107 f.); 30, 173 (193).

h.M.: Einschränkung nur durch kollidierendes Verfassungsrecht

Nach der h.M. findet bei Grundrechten ohne Gesetzesvorbehalt eine Einschränkung durch kollidierendes Verfassungsrecht statt.[28] Diese sog. verfassungsimmanenten Schranken sind in einen gerechten Ausgleich mit dem vorbehaltlos gewährleisteten Rechtsgut durch eine Abwägung der verfassungsrechtlich geschützten Positionen zu bringen (praktische Konkordanz[29]).

28

c) Einschränkung durch Art. 7 I GG

So könnte die Glaubensfreiheit der A mit Art. 7 I GG, der Schulorganisationsgewalt des Staates, kollidieren.

Kollision mit staatlicher Schulaufsicht

Die Schulaufsicht umfaßt die Gesamtheit der staatlichen Befugnisse zur Organisation, Planung, Leitung und Beaufsichtigung des Schulwesens.[30] Der Staat hat somit (neben den Erziehungsberechtigten) die Aufgabe, den Schulpflichtigen bei der Entwicklung zu einer eigenverantwortlichen Persönlichkeit innerhalb der Gemeinschaft zu unterstützen und zu fördern.[31] Nach § 12 des Landesschulgesetzes erstreckt sich die Schulpflicht auf die regelmäßige Teilnahme am Unterricht. Mit dem Fernbleiben vom Schwimmunterricht greift die A in staatliche Befugnisse der Schulorganisation und in das Erziehungsrecht des Staates ein. Das glaubensbedingte Handeln der A kollidiert mit der staatlichen Schulaufsicht nach Art. 7 I GG.

29

d) Abwägung

verfassungsmäßiger Ausgleich

Fraglich ist jedoch, ob der Ablehnungsbescheid in der Form des letztinstanzlichen Urteils zwischen der Glaubensfreiheit der A und der Schulpflicht einen verfassungsmäßigen Ausgleich gefunden hat.

30

konkreter Vergleich anhand Eingriffsintensität

Ein abstrakter Vergleich, bei dem auf die verschieden starke Einschränkbarkeit als Indiz für eine Rangfolge abgestellt wird, ist hier nicht durchführbar. Art. 7 I GG stellt kein Grundrecht des Bürgers dar, sondern ein Organisationsrecht des Staates. Damit kommt es alleine auf einen konkreten Vergleich an. Entscheidend ist hierbei die Eingriffsintensität.

31

Grenze der Schulorganisationsgewalt: Grundrechte der Schüler

Die Schulpflicht hat die Bildung der eigenen Persönlichkeit des Kindes zum Ziel. Auch die Betätigung auf sportlichem Sektor ist Teil dieser Erziehungsaufgabe. Um diesem staatlichen Bildungsauftrag gerecht zu werden, kann nicht die Ausnahme zur Regel gemacht werden und jedem Schüler die Teilnahme am Unterricht freigestellt sein. Die Schulorganisationsgewalt des Staates findet aber seine Grenzen in den Grundrechten der Schüler. Der Staat kann daher nicht auf der einen Seite die Entwicklung zu einer eigenverantwortlichen Persönlichkeit fördern wollen und andererseits diese durch die Beschränkung der Glaubensfreiheit behindern.

32

---

28 BVerfGE 32, 98 (107 f.); 41, 29 (50); 52, 223 (246 f.); v.Mü- Münch Art. 1 – 19, Rn. 67; PIEROTH/SCHLINK, Rn. 301 ff.; SCHWERDTFEGER, Rn. 472 ff.
29 HEMMER/WÜST/CHRISTENSEN, Staatsrecht I, Rn. 142 ff.
30 BVerwGE 6, 101 (104) st. Rspr. und h.L., zur Bestätigung der Verfassungsmäßigkeit der Schulpflicht BVerfG, NVwZ 1992, 370.
31 BVerfGE 34, 165 (182 f.) – Förderstufe.

Wenn es dem Kind nach § 5 RelKErzG freisteht, zu welchem Glauben es sich bekennt, so muß dies auch im Rahmen des staatlichen Erziehungsauftrages Beachtung finden. Letztlich greift die Schulsportpflicht aufgrund der Bekleidungsvorschriften des Korans stärker in den Wesensgehalt der Glaubensfreiheit ein als die Befreiung vom Schulsport in die Schulorganisationsgewalt.

Der Ablehnungsbescheid des Schulleiters verletzt A somit in ihrem Grundrecht auf Glaubensfreiheit.

> **HEMMER-METHODE:** Bei der Prüfung der vorbehaltlos gewährleisteten Grundrechte ist im wesentlichen nichts anderes zu prüfen als bei den Grundrechten mit Gesetzesvorbehalt. Nur bei der Frage der Schrankengewinnung ist direkt auf die Verfassung zu rekurrieren. Die praktische Konkordanz kann ähnlich wie die Verhältnismäßigkeitsprüfung vorgenommen werden.
> Oft ist es hilfreich zu ermitteln, ob bei den abzuwägenden Positionen in den Kernbereich oder lediglich in die Peripherie eingegriffen wird. Weiterhin ist zu beachten, daß i.R.d. praktischen Konkordanz eine konkrete Geltendmachung kollidierenden Verfassungsrechts nicht erforderlich ist, sondern der Bearbeiter auch typische Kollisionslagen berücksichtigen kann.
> Der "verfassungsmäßige Ausgleich" entspricht weitgehend der "Schranken - Schranken" - Prüfung (bzw. Angemessenheit) bei Grundrechten mit Gesetzesvorbehalt. Versuchen Sie diese Gemeinsamkeiten zu erkennen und sich so das Lernen zu erleichtern! Abschließend sei noch einmal angemerkt: Der hier empfohlene Aufbau ist nicht der einzig vertretbare. Wichtig ist v.a., daß Sie inhaltlich alle Punkte sinnvoll unterbringen.

III. Ergebnis:

Die VB der Schülerin ist zulässig und begründet.

> **HEMMER-METHODE:** Mit entsprechender Argumentation läßt sich auch die andere Ansicht zur Begründetheit vertreten. Das Ergebnis ist oft nicht entscheidend, wichtig ist, daß Sie den Sachverhalt auf seine Probleme hin "abklopfen".

B. Verfassungsbeschwerde der Eltern

Die Verfassungsbeschwerde der Eltern hat Aussicht auf Erfolg, wenn sie zulässig und begründet ist.

I. Zulässigkeit

1. Beschwerdeberechtigung

Zunächst müßten die Eltern beschwerdeberechtigt sein. Wie oben dargelegt können türkische Staatsangehörige Träger von Grundrechten sein, solange es sich nicht ausschließlich um sog. Bürgerrechte handelt. Die Eltern sind daher berechtigt, Verfassungsbeschwerde zu erheben.

2. Beschwerdegegenstand

Neben dem Schulleiterbescheid wenden sich die Eltern auch gegen den an sie erlassenen Bußgeldbescheid sowie die bestätigenden letztinstanzlichen Urteile. Der Bußgeldbescheid ist wie der Schulleiterbescheid ein Rechtsakt der Exekutive. Da es sich hierbei jeweils um Akte der öffentlichen Gewalt handelt, liegt ein zulässiger Beschwerdegegenstand vor.

3. Beschwerdebefugnis

Die Eltern müßten beschwerdebefugt sein.

a) Grundrechtsrüge

Als mögliche Grundrechtsverletzung machen die Eltern einen Verstoß gegen Art. 4 I, II GG i.V.m. Art. 6 II S.1 GG geltend.

b) Betroffenheit

gegenwärtig und unmittelbar

Fraglich ist, ob die Eltern auch selbst, gegenwärtig und unmittelbar betroffen sind. Der Bußgeldbescheid sowie das diesbezüglich ergangene Urteil ist an die Eltern selbst gerichtet. Auch sind die Eltern noch gegenwärtig und unmittelbar beschwert.

Selbstbetroffenheit im elterlichenn Erziehungsrecht, Art. 6 II GG

Hinsichtlich des Schulleiterbescheides ist die Selbstbetroffenheit jedoch fraglich. In dem Grundrecht aus Art. 4 I, II GG sind die Eltern im Gegensatz zu A auf den ersten Blick nicht betroffen. Zu beachten gilt hier aber, daß das Erziehungsrecht der Eltern gem. Art. 6 II S.1 GG tangiert wird. Jenes steht als ein "Erziehungsrecht in Glaubensfragen" in unmittelbarem Zusammenhang mit Art. 4 I, II GG. Art. 4 I, II GG erfaßt auch gerade das Recht, die Erziehung an der eigenen Religion und Weltanschauung auszurichten.

Das Recht des Kindes zur eigenständigen Entscheidung in Grundrechtsfragen (vgl. VB der A) läßt das Erziehungsrecht der Eltern im Kollisionsfall zurücktreten, führt aber nicht zu einer Einschränkung der Elternrechte gegenüber dem Staat. Letztlich sind die Eltern durch den Schulleiterbescheid gegenwärtig und unmittelbar betroffen (vgl. VB der A).

Die Eltern sind demzufolge beschwerdebefugt.

4. Rechtswegerschöpfung und Subsidiarität

Sowohl gegen den Schulleiterbescheid als auch gegen den Bußgeldbescheid haben die Eltern bis zur letzten Instanz den Rechtsweg bestritten. Andere zur Verfügung stehende Möglichkeiten, welche die Eltern zur Verhinderung der Grundrechtsverletzung wahrnehmen können, sind nicht ersichtlich.

5. Form, Frist

Von der schriftlichen Einreichung der Beschwerde binnen eines Monats nach Zustellung der letztinstanzlichen Urteile ist hier auszugehen.

6. Ergebnis

Die Verfassungsbeschwerde der Eltern ist zulässig.

> **HEMMER-METHODE:** Wurde erst einmal gezeigt, daß die Subsumtionstechnik und die Auslegung von Gesetzen beherrscht wird, bleibt dies beim Prüfer hängen: Sie können dann die unproblematischen Zulässigkeitsvoraussetzungen schneller abhandeln, vor allem dann, wenn sie mehrmals zu erörtern sind. Denken Sie auch daran, Zeit zu sparen und nicht durch langatmige Ausführungen den Korrektor zu verärgern.

II. Begründetheit

Die Verfassungsbeschwerde ist begründet, wenn die Eltern durch die angegriffenen Hoheitsakte tatsächlich in ihren Grundrechten verletzt sind.

In Betracht kommt hier eine Verletzung von Art. 4 I, II i.V.m. Art. 6 II S.1 GG.

1. Schutzbereich

Schutzbereich: umfassende Personensorge auch im Schulwesen

Das Elternrecht aus Art. 6 II S.1 GG umfaßt die Beziehungen zwischen Eltern und Kindern im Sinne einer umfassenden Personensorge für das persönliche, körperliche und psychische Wohl, für die seelisch-geistige Entwicklung sowie für Bildung und Ausbildung.[32] Obwohl das Schulwesen gem. Art. 7 I GG der Aufsicht des Staates unterliegt und den Eltern nur in Art. 7 II, V GG Rechte zugeteilt werden, kann nicht geschlußfolgert werden, daß Art. 7 GG abschließend die Reichweite des Elternrechts im Schulwesen regelt.[33] Das elterliche Erziehungsrecht wirkt auch im Schulwesen fort, da Art. 7 GG in einem Sinnzusammenhang mit den übrigen Verfassungsvorschriften steht.[34] Somit wird das Elternrecht im gesamten Schulwesen gewährleistet. Der Beistand, die Unterstützung sowie die Erziehung der A in Glaubensfragen werden demzufolge von Art. 6 II S.1 GG geschützt.

> **HEMMER-METHODE:** Einzelheiten sind zu dieser Vorschrift nicht so wichtig. Entscheidend ist vielmehr, daß Sie sich mit Hilfe eines Überblicks (vgl. Hemmer/Wüst/Christensen, Staatsrecht I, § 16) einmal mit dem Normtext des Art. 6 GG vertraut machen. Dann werden Sie in der Klausur mit den gelernten allgemeinen Regeln sowie mit den durch die HEMMER-METHODE ständig trainierten allgemeinen Klausurstrategien auch Sonderprobleme in den Griff bekommen.

---

32 KATZ, § 30, Rn. 748, vgl. auch § 1671 BGB, der durch das Personensorgerecht der Eltern die Pflege und Erziehung mit einschließt.
33 BVerfGE 34, 165 (182 f.).
34 BVerfGE 1, 14 (32); 19, 206 (220).

ABSCHIED VOM SCHWIMMUNTERRICHT

2. Eingriff

Durch die Teilnahmepflicht am Sportunterricht und insbesondere durch die schulischen Bekleidungsvorschriften wird auch das Recht der Eltern, die A nach dem Koran zu erziehen, beschränkt.

3. Verfassungsrechtliche Rechtfertigung

Fraglich ist, ob der Eingriff in das Erziehungsrecht der Eltern gerechtfertigt ist.

a) Art. 6 II S.2 GG

Spannungsverhältnis staatliche Schulaufsicht – Elternrecht

Das Familienrecht nach Art. 6 II S.1 GG steht insoweit unter einer Art "Gesetzesvorbehalt", als es von dem "Wächteramt des Staates" aus Art. 6 II S.2 GG gedeckt ist. Aus Art. 6 II S.2 GG folgt aber nur die Befugnis, die Interessen der Eltern, des Kindes und des Staates untereinander abzuwägen, zu regeln und - wenn dies unbedingt notwendig ist - einzuschränken.[35] Weil das BVerfG das Elternrecht auch auf schulische Belange erstreckt, entsteht ein besonderes Spannungsverhältnis zwischen Art. 6 II und Art. 7 I GG. Das BVerfG entscheidet diese Kollision im Wege einer auf den Einzelfall bezogenen verfassungsrechtlichen Güterabwägung.[36]

b) Abwägung / praktische Konkordanz

verfassungsrechtliche Güterabwägung

Zu prüfen ist daher, inwiefern dem Elternrecht und der Glaubensfreiheit der A auf der einen Seite und dem staatlichen Bildungsauftrag auf der anderen Seite durch eine Abwägung der Verfassungsgüter entsprochen worden ist.

Gleichrangigkeit von staatlichem Erziehungsauftrag und elterlichem Erziehungsrecht

Der staatliche Erziehungsauftrag in der Schule ist dem elterlichen Erziehungsrecht nicht nach-, sondern gleichgeordnet. Es ist daher die gemeinsame Aufgabe von Eltern und Staat, das Kind zu einer eigenverantwortlichen Persönlichkeit innerhalb der sozialen Gemeinschaft zu entwickeln. Deshalb muß der Staat in der Schule die Verantwortung der Eltern für den Gesamtplan der Erziehung ihrer Kinder achten und für die Vielfalt der Anschauungen in Erziehungsfragen soweit offen sein, als es sich mit einem geordneten staatlichen Schulsystem verträgt.[37] Durch die Verletzung der Glaubensfreiheit der A wird das Ziel des Erziehungsauftrags verfehlt, nämlich die A zu einer eigenverantwortlichen Persönlichkeit zu bilden. Da der Staat bei der Erziehung das Wohl des Kindes zu beachten hat, muß hier die Schulhoheit dem Elternrecht weichen. Zur Vermeidung einer kontroversen Erziehung und aufgrund der im Gegensatz dazu nur gering beeinflußten Ordnung des Schulsystems wäre der Schulleiter verpflichtet gewesen, die A vom Schwimmunterricht zu befreien.

---

35 BVerfGE 24, 119 (144 f.).
36 BVerfGE 34, 165 (182 f.).
37 BVerfGE 34, 165 (182 f.).

Der Ablehnungsbescheid des Schulleiters und der Bußgeldbescheid verletzen die Eltern in ihrem Grundrecht aus Art. 4 I, II i.V.m. Art. 6 II S.1 GG.

III. Ergebnis

Die Verfassungsbeschwerde der Eltern ist ebenfalls zulässig und begründet.

HEMMER-METHODE: Wer die Verfassungsbeschwerde der A als begründet angesehen hat, muß dieser Ansicht auch hier folgen, da die Bearbeitung sonst inkonsequent wäre.

EINKAUF OHNE DEMONSTRATIONEN

SACHVERHALT:

Wegen zahlreicher, teilweise unfriedlich verlaufener Demonstrationen, die in letzter Zeit in Großstädten stattgefunden haben, fügt der Bundesgesetzgeber einen Abs. 4 in § 15 des Versammlungsgesetzes ein, der wie folgt lautet:

"Weitergehende Regelungen für Versammlungen unter freiem Himmel innerhalb von Fußgängerzonen können durch die Landesgesetzgebung getroffen werden."

Auch im Stadtstaat S haben sich die Demonstrationen gehäuft. Insbesondere kurz vor Feierabend und an den Wochenenden war es im Bereich der Fußgängerzone oft zu erheblichen Verkehrsbeeinträchtigungen gekommen. Um ihre Anliegen wirksam an die Öffentlichkeit zu bringen, nahmen die Demonstranten ihren Weg regelmäßig über die Schloßallee, die Prachteinkaufsstraße der Stadt, und führten die Abschlußveranstaltung dann am Platz vor dem städtischen Dom durch, der das Ende der Allee bildet. Nachdem in den letzten beiden Monaten pro Woche dort mindestens zwei Demonstrationen stattfanden, wobei es teilweise auch zu gewalttätigen Ausschreitungen kam, beschließt das Landesparlament ein "Entlastungsgesetz" (EntlG), in dem es heißt:

§ 1 Um den Bereich des Stadtzentrums von Versammlungen frei zu halten, werden Versammlungen von der Auflage abhängig gemacht, daß der Bereich Schloßallee/Domplatz nicht benutzt werden darf.

§ 2 Für Versammlungen, auf denen Anliegen vertreten werden sollen, die sich ein erheblicher Teil der Bevölkerung zu eigen macht, sind Ausnahmen für den Bereich des Domplatzes möglich. Insbesondere sind daher Veranstaltungen der Kirchen, der Gewerkschaften, der Berufsverbände und der im Parlament vertretenen politischen Parteien ausnahmefähig.

In der Begründung des Gesetzes wird angeführt, daß Demonstrationen wegen der zahlreichen Touristen im Bereich der Fußgängerzone das Ansehen der Stadt gefährden würden. Derartige Veranstaltungen führten zu einer Schädigung der anliegenden Geschäfte, da Kunden bei Demonstrationen die Innenstadt erfahrungsgemäß mieden. Auch für die Sicherheit und Leichtigkeit des Verkehrs sei das Gesetz erforderlich. Schließlich würden die Abschlußveranstaltungen auch die Gläubigen am Dom stören.

Die X-Partei, die im Land S nicht im Parlament vertreten ist, weil sie an der 5%-Hürde gescheitert war, plant im Rahmen einer ganzjährigen Veranstaltungsreihe zu wirtschaftspolitischen Themen mehrere Demonstrationen im Bereich der Fußgängerzone. Sie möchte daher wissen,

1. ob sie das EntlG in Grundrechten verletzt,

2. ob sie zulässigerweise gegen das EntlG Verfassungsbeschwerde erheben kann.

Bearbeitervermerk:

Von der Verfassungsmäßigkeit des § 15 IV VersammlG ist auszugehen.

LÖSUNG:

Frage 1: Verletzung der X-Partei in Grundrechten

Als durch das EntlG möglicherweise verletzte Grundrechte kommen Art. 8 I, Art. 5 I, Art. 2 I und Art. 3 I GG in Betracht.

> **HEMMER-METHODE:** Die Freiheitsgrundrechte sind grundsätzlich vor den Gleichheitsrechten, weiterhin die speziellen Grundrechte grundsätzlich vor dem allgemeinen Art. 2 I GG zu prüfen.

A. Vereinbarkeit der §§ 1, 2 EntlG mit Art. 8 I GG

I. Grundrechtsfähigkeit der X-Partei

persönlicher Schutzbereich des Art. 8 I GG

Es kann davon ausgegangen werden, daß es sich bei der X-Partei um eine Partei i.S.v. § 2 PartG i.V.m. Art. 21 GG handelt. Parteien fallen aber auch unter den in Art. 19 III GG genannten Begriff der juristischen Personen, so daß sie insoweit grundrechtsfähig sind, als die Grundrechte auf sie anwendbar sind.[38] Es muß daher geprüft werden, ob Art. 8 I GG speziell von juristischen Personen in Anspruch genommen werden kann.

> **HEMMER-METHODE:** Beachten Sie, daß Parteien keine juristischen Personen im bürgerlich-rechtlichen Sinne darstellen, sondern i.d.R. als bürgerlich-rechtlicher nicht-rechtsfähiger Verein organisiert sind. Das BVerfG legt jedoch den Begriff der juristischen Person im Bereich der privatrechtlichen Personenvereinigungen weit aus, so daß auch nicht-rechtsfähige Vereinigungen, soweit sie aufgrund ihrer Organisationsstruktur zu eigener Willensbildung und eigenständigem Handeln fähig sind, als Grundrechtsträger in Frage kommen.

e.A: nur natürliche Personen

Nach einer Meinung (M.M.) schützt Art. 8 I GG nur natürliche Personen, also die Teilnehmer der Versammlung (Parteimitglieder).

a.A: auch juristische Person als Veranstalter

Nach anderer Ansicht schützt Art. 8 I GG neben den Demonstranten auch den Veranstalter, also auch die X-Partei, aber nur im Hinblick auf ihre Leitungsfunktion. Nicht geschützt wird dann die bloße Teilnahme der X-Partei an der Versammlung.

h.M.: politische Parteien auch als Teilnehmer

Wegen der Funktion der Versammlungsfreiheit als politisches und demokratisches Freiheitsrecht, das zusammen mit der Meinungs- und Pressefreiheit Gewähr bietet für die Artikulation politischen Willens außerhalb des Parlaments, muß aber Art. 8 I GG auch die Teilnahme der X-Partei an der Demonstration schützen. Art. 8 I GG ist damit nach h.M. im Falle von politischen Parteien auf juristische Personen anwendbar.

---

[38] Vgl. allg. zur Antragsberechtigung jur. Personen HEMMER/WÜST/CHRISTENSEN/KUDLICH, Staatsrecht I, Rn. 15 f.

II. Eingriff in den Schutzbereich des Art. 8 I GG

Betroffenheit durch Auflage nach § 15 IV VersammlG

Art. 8 I GG schützt das Recht, sich ohne Anmeldung oder Erlaubnis friedlich und ohne Waffen zu versammeln. Dieser Schutzbereich ist dadurch betroffen, daß die X-Partei eine Versammlung abhalten will und aus diesem Anlaß mit einer Auflage nach § 15 IV VersammlG i.V.m. § 1 EntlG rechnen muß. Daß die Behörde eine Ausnahmegenehmigung nach § 2 EntlG für die X-Partei erlassen wird, ist unwahrscheinlich, da sie die in den Regelbeispielen genannten Kriterien nicht erfüllt. 53

Eingriff durch EntlG

Hier ist aufgrund der strengen Anforderungen in § 2 EntlG an Ausnahmetatbestände ein Grundrechtseingriff aber nicht erst mit Versagung der Ausnahmegenehmigung, sondern schon in dem EntlG selbst zu sehen. 54

Durch Art. 8 I GG werden nur friedliche Versammlungen geschützt. Daß die X-Partei die Durchführung einer unfriedlichen Versammlung beabsichtigt, ist aber nicht erkennbar.

III. Schranken des Art. 8 I GG

Nach Art. 8 II GG dürfen Versammlungen unter freiem Himmel durch Gesetz oder aufgrund eines Gesetzes beschränkt werden. §§ 1 und 2 EntlG stellen aber nur dann eine zulässige Beschränkung dar, wenn sie formell und materiell verfassungsgemäß sind. 55

1. Formelle Verfassungsmäßigkeit

Gesetzgebungskompetenz des Landes

Die Gesetzgebungskompetenz des Bundeslandes ergibt sich auf dem Gebiet der konkurrierenden Gesetzgebungsbefugnis nach § 74 I Nr.3 GG dadurch, daß durch den neu hinzugefügten § 15 IV VersammlG die Gesetzgebungskompetenz der Länder wiederauflebt. 56

2. Materielle Verfassungsmäßigkeit

Verstoß gegen Verhältnismäßigkeitsgrundsatz

Die durch das EntlG getroffene Einschränkung des Art. 8 I GG könnte gegen das Rechtsstaatsprinzip aus Art. 20 III GG in Form des Verhältnismäßigkeitsgrundsatzes verstoßen. Das bedeutet, daß das EntlG geeignet, erforderlich und angemessen im Hinblick auf das verfolgte Ziel sein müßte.

Geeignetheit

Das Gesetz ist zweifelsohne geeignet, da dadurch Verkehrsbehinderungen vermieden werden. Hierbei muß zunächst beachtet werden, daß es in erster Linie Aufgabe des demokratisch legitimierten Gesetzgebers ist, die richtige Abwägung i.R.d. Zweck-Mittel-Relation zu treffen. Zur Erfüllung dieser Aufgabe steht ihm ein weiter Beurteilungs- und Ermessensspielraum zur Verfügung, dessen Ausfüllung grds. auch zu respektieren ist. Allein wenn sich eine falsche Tatsachengrundlage herausstellt oder offensichtlich fehlsame Erwägungen den Ausschlag gaben, kann die Angemessenheit zu verneinen sein. 57

Erforderlichkeit	Die Grenze der Zumutbarkeit muß überschritten sein. Auch ist es erforderlich, da kein weniger in das Versammlungsrecht eingreifendes Mittel ersichtlich ist, das den gleichen Erfolg verspricht.	
Angemessenheit: Güterabwägung mit Versammlungsfreiheit	Fraglich ist aber, ob das Gesetz auch angemessen ist, um das in der Begründung zum EntlG genannte Zweckbündel (mehrere Zwecke!) zu erreichen sowie das Ansehen der Stadt zu wahren. Dazu muß eine Güterabwägung mit den entgegenstehenden Rechtsgütern vorgenommen werden. Angemessen ist allein die Regelung des § 15 I VersammlG, nach dem in Einzelfallentscheidungen Auflagen und nach Abs. 2 und 3 auch Versammlungsverbote ausgesprochen werden können. Eine gesetzliche, also abstrakt-generelle Regelung vorliegenden Inhalts, gewichtet verfassungswidrig, weil sie den Rang der Versammlungsfreiheit von vornherein zu niedrig ansetzt, indem sie anderen Grundrechtsausübungen den Vorrang einräumt.	58
	Das EntlG verstößt damit gegen den Verhältnismäßigkeitsgrundsatz und mithin gegen Art. 8 I GG.	

B. Verstoß gegen Art. 5 I S.1 GG

fraglich, ob gleichzeitig Verstoß gegen Art. 5 I 1 GG	Das EntlG könnte die X-Partei auch in ihrem Grundrecht auf Meinungsfreiheit aus Art. 5 I GG verletzen. Dieses Grundrecht steht gerade auch politischen Parteien zu, da es Wesensmerkmal der politischen Auseinandersetzung in einer freiheitlichen Demokratie ist (Art. 19 III GG).	59
	Fraglich ist aber, ob Art. 5 I S.1 GG überhaupt noch neben Art. 8 I GG anwendbar ist, denn dessen Schutzbereich ist eröffnet.	60

> **HEMMER-METHODE:** Nach dem Spezialitätsgrundsatz ist nur dann der Rückgriff auf ein allgemeineres Grundrecht ausgeschlossen, wenn und soweit der Schutzbereich des spezielleren Grundrechts eröffnet ist. Soweit dies nicht der Fall ist, darf selbstverständlich das allgemeinere Grundrecht geprüft werden.

Grds: Art. 5 I 1 GG gegenüber Art. 8 I GG subsidiär	Grundsätzlich ist ein Rückgriff auf das Grundrecht der Meinungsfreiheit aus dem Grundsatz der Spezialität ausgeschlossen, da eine Versammlung eine spezielle kollektive Form der Meinungskundgebung darstellt. Die Meinungsfreiheit entfaltet aber nach h.M. dann neben Art. 8 I GG eine eigenständige Schutzwirkung, wenn ein Eingriff in die Versammlungsfreiheit zugleich darauf abzielt, die Äußerung bestimmter Meinungsinhalte zu unterbinden oder zu beschränken (a.A., d.h. generelle Subsidiarität vertretbar).	61
aber: eigenständiger Schutzbereich bei finaler Meinungsbeschränkung	Eine solche finale Meinungsbeschränkung ist hier gegeben, da § 2 S.2 EntlG sich gezielt gegen Minderheitenmeinungen richtet.	
Schranke: allgemeines Gesetz	Schranke des Art. 5 I GG kann aber im Rahmen der verfassungsrechtlichen Rechtfertigung nach Abs. 2 nur ein allgemeines Gesetz sein. Welche Anforderungen an ein "allgemeines Gesetz" zu stellen sind, ist umstritten.	62

BverfG: Kombination von Sonderrechts- und Abwägungslehre	Die Sonderrechtslehre fordert Meinungsneutralität des Gesetzes, d.h. es darf nicht eine Meinung als solche verbieten oder beschränken. Die Abwägungslehre verlangt dagegen den Schutz eines Rechtsguts, welches bei einer Güterabwägung höher zu gewichten sei als die Meinungsfreiheit. Die h.L. und das BVerfG kombinieren beide Ansätze und verlangen das kumulative Vorliegen der Merkmale.[39]	63

Zwar knüpfen §§ 1, 2 EntlG nicht an eine bestimmte Meinung an, doch sind die angeführten Schutzzwecke nicht geeignet, die Meinungsfreiheit im Rahmen der Abwägung zurücktreten zu lassen. Weder das Ansehen der Stadt noch der pauschale Hinweis auf eine Beeinträchtigung er Sicherheit und Leichtigkeit des Verkehrs sind höher zu gewichten als die Meinungsfreiheit. Gleiches gilt für die vorgetragene Störung Gläubiger am Dom.

C. Verstoß gegen Art. 2 I GG

Art. 2 I GG subsidiär	Für die Anwendung des Auffanggrundrechts aus Art. 2 I GG ist kein Raum, da kein Gesichtspunkt zutreffend ist, unter dem die X-Partei freiheitsgrundrechtlich tangiert sein könnte, der nicht schon von Art. 8 I GG und Art. 5 I GG thematisch abgedeckt wäre.	64

D. Verstoß gegen Art. 3 I GG (i.V.m. Art. 21 I GG)

Anspruch auf politische Gleichbehandlung der Parteien durch den Staat	Nach allgemeiner Ansicht gewährt das Grundgesetz politischen Parteien einen Anspruch auf Gleichbehandlung durch den Staat (vgl. nur § 5 PartG, der dieses Gebot für einen wichtigen Bereich konkretisiert). Dieser Anspruch ist dem Normbereich des Art. 3 I GG zuzuordnen und somit grundrechtlich fundiert.	65
Benachteilgung der X-Partei	Die X-Partei wird durch § 2 S.2 EntlG in Bezug auf ihre Chancen, Veranstaltungen auf dem Domplatz durchführen zu können, gegenüber den im Parlament vertretenen Parteien benachteiligt. Auch wenn der Grundsatz der Chancengleichheit politischer Parteien, obwohl er im Unterschied zu dem allgemeinen Willkürverbot des Art. 3 I GG formale Gleichbehandlung verlangt, abstufende Differenzierungen nach der Bedeutung der Parteien zulassen mag, so rechtfertigt dies nicht unterschiedliche Zuweisungen "bzgl. der Grundrechtsausübungschance" in Bezug auf die Versammlungsfreiheit.	66
ohne sachlichen Grund	Die Vergleichsbehandlung gegenüber den anderen Parteien ist willkürlich. Es fehlt an einem sachlichen Grund, der es rechtfertigen würde, bzgl. des Versammlungsrechts in § 2 EntlG auf das ungleiche Merkmal des Vertretenseins im Parlament abzustellen. Vielmehr überwiegen die gleichen Merkmale, wie insbesondere das Bedürfnis, die eigenen politischen Ansichten in der Öffentlichkeit darzustellen (vgl. § 1 II PartG).[40]	67

---

39 HEMMER/WÜST/CHRISTENSEN/KUDLICH, Staatsrecht I, Rn. 211 f.

40 Zum Vorgehen bei Art. 3 I GG vgl. HEMMER/WÜST/CHRISTENSEN/KUDLICH, Staatsrecht I, Rn. 179 f.

E. Ergebnis

Die X-Partei wird durch das EntlG in ihren Grundrechten aus Art. 8 I, 5 I und 3 I (i.V.m. Art. 21 I GG) verletzt.

Frage 2: Zulässigkeit einer Verfassungsbeschwerde

Die Voraussetzungen der Zulässigkeit einer Verfassungsbeschwerde sind in Art. 93 I Nr.4a GG i.V.m. §§ 13 Nr.8a, 90 ff. BVerfGG geregelt.

A. Beschwerdeberechtigung

Die X-Partei müßte gemäß Art. 93 I Nr.4a i.V.m. § 90 BVerfGG legitimiert sein, eine Verfassungsbeschwerde zu erheben. Dazu müßte sie beteiligtenfähig und prozeßfähig sein.

I. Beteiligtenfähigkeit

Beteiligtenfähigkeit aufgrund Grundrechtsfähigkeit

Nach § 90 I BVerfGG kann eine Verfassungsbeschwerde nur erheben, wer materiell in Grundrechten verletzt sein kann. Bei politischen Parteien muß differenziert werden. Streitet eine Partei um die Rechte, die sich aus ihrem in Art. 2 I GG umschriebenen Status als Verfassungsorgan ergeben, ist allein der Organstreit nach Art. 93 I Nr.1 GG statthaft. Da die X-Partei hier aber von ihrem Status unabhängige Grundrechte geltend macht, kann sie für die Verfassungsbeschwerde berechtigt sein.[41] Die Beteiligtenfähigkeit folgt aus der Grundrechtsfähigkeit. Wie oben gezeigt, kann die X-Partei Träger der geltend gemachten Rechte sein.

II. Prozeßfähigkeit

Die X-Partei ist selbst nicht prozeßfähig, aber sie wird durch den Vorstand vertreten.

B. Beschwerdegegenstand

Der Beschwerdeführer müßte sich gegen einen zulässigen Beschwerdegegenstand richten.

Die Verfassungsbeschwerde kann nur gegen einen Akt der öffentlichen Gewalt erhoben werden. Das EntlG ist ein solcher Akt, da er vom Landesparlament, also der Legislative des Landes erlassen wurde.

C. Beschwerdebefugnis

Die X-Partei müßte beschwerdebefugt sein, also eine Verletzung in ihren Grundrechten oder grundrechtsähnlichen Rechten behaupten.

---

[41] HEMMER/WÜST/CHRISTENSEN/KUDLICH, Staatsrecht I, Rn. 20.

I. Behauptung einer Rechtsverletzung (Grundrechtsrüge)

Als mögliche verletzte Grundrechte kommen hier Art. 8 I, Art. 5 I, Art. 2 I, Art. 3 I in Betracht.

> **HEMMER-METHODE:** Art. 21 I GG darf nicht direkt zitiert werden, da er nicht im Katalog des Art. 93 Nr.4a GG enthalten ist.

II. Betroffenheit

Darüber hinaus erfordert die Beschwerdebefugnis, daß der Beschwerdeführer selbst, gegenwärtig und unmittelbar betroffen ist.

selbst und gegenwärtig betroffen

Selbst betroffen ist die X-Partei, da sie in den Geltungsbereich des EntlG fällt. Es könnte aber an der gegenwärtigen Betroffenheit der X-Partei fehlen. Hierfür reicht eine lediglich in der Vergangenheit liegende oder eine virtuelle (d.h. in unbestimmter Zukunft liegende) Betroffenheit nicht aus. Die X-Partei muß sich aber bezüglich ihrer Themenauswahl schon jetzt an den Bestimmungen des EntlG orientieren, um das Genehmigungsverfahren für Demonstrationen nicht zur Zeitverschwendung werden zu lassen. Wer durch ein Gesetz zu Dispositionen von Gewicht veranlaßt wird, ist regelmäßig bereits gegenwärtig betroffen.

unmittelbare Betroffenheit fraglich, da Vollzugsakt fehlt

Fraglich ist schließlich auch die unmittelbare Betroffenheit, da es für den Vollzug des EntlG eines behördlichen Vollzugsaktes bedarf und es theoretisch nicht ausgeschlossen, wenn auch unwahrscheinlich ist, daß eine beantragte Versammlung der X-Partei genehmigt wird. Grundsätzlich scheidet eine Verfassungsbeschwerde aus, wenn der Vollzugsakt für eine Ermessensentscheidung wie hier noch nicht ergangen ist.

aber Vollzugsakt nicht erforderlich bei Unzumutbarkeit

Es sind jedoch Ausnahmen anerkannt, die im Kern darauf abstellen, ob es dem Beschwerdeführer nicht zuzumuten ist, den Vollzugsakt abzuwarten. Das kann nach a.A. dann der Fall sein, wenn besondere Umstände ausnahmsweise schon die gegenwärtige Betroffenheit begründet haben. Diese Umstände führen dann auch zur Unzumutbarkeit, den Vollzugsakt abzuwarten. Hier ist es für die X-Partei daher unzumutbar, zuerst einen höchstwahrscheinlich aussichtslosen Antrag auf Genehmigung einer Demonstration zu stellen.

4. Frist

Eine Verfassungsbeschwerde gegen das Gesetz kann gemäß § 93 III BVerfGG nur binnen eines Jahres nach dem Inkrafttreten des EntlG erhoben werden.

5. Ergebnis

Eine Verfassungsbeschwerde der X-Partei ist zulässig.

PLAKATE MIT VERGANGENHEIT — Seite 27

SACHVERHALT:

Anläßlich der Eröffnung der "Woche der deutschen Werbung" fordert Erich Müller, Leiter der Pressestelle der Stadt Hamburg, in seiner Eigenschaft als Vorsitzender eines Presseclubs in einer Ansprache zum Boykott eines Werbeplakates auf. Dieses Plakat war von dem bekannten Werbemacher Volker Hauser hergestellt worden.

Volker Hauser war schon während des Dritten Reiches in seiner Branche sehr bekannt, wobei er insbesondere Plakate mit nationalsozialistischen Motiven entworfen hatte. Seine Plakate zählten zu den wichtigsten Exponaten der mörderischen Judenhetze des Nationalsozialismus. Müller vertritt die Auffassung, dem Ansehen Deutschlands drohe ein unabsehbarer Schaden, wenn Hauser als Repräsentant der deutschen Werbung herausgestellt würde. Es sei nicht nur das Recht, sondern auch die Pflicht aufrichtiger Staatsbürger, sich im Kampf gegen unwürdige Repräsentanten der deutschen Werbung über den Protest hinaus auch zum Boykott bereitzuhalten.

Auf die Klage des Volker Hauser wird Müller verurteilt, es zu unterlassen, die Werbefirmen und Zeitschriften weiterhin aufzufordern, das betreffende Plakat nicht abzudrucken. Das Gericht führt aus, die Äußerungen Müllers stellten sich als eine unerlaubte Handlung nach § 826 BGB dar mit der Folge, daß ein Unterlassungsanspruch bestehe.

Müller erblickt in der Verurteilung eine Verletzung seines Grundrechts auf freie Meinungsäußerung aus Art. 5 I GG und erhebt deshalb nach Erschöpfung des Rechtsweges Verfassungsbeschwerde.

Bearbeitervermerk:

Ist die Verfassungsbeschwerde begründet?

Auszug aus dem Bürgerlichen Gesetzbuch (BGB):

§ 826 [Sittenwidrige Schädigung]

"Wer in einer gegen die guten Sitten verstoßenden Weise einem anderen vorsätzlich Schaden zufügt, ist dem anderen zum Ersatz des Schadens verpflichtet".

LÖSUNG:

Begründetheit der Verfassungsbeschwerde des L

Verstoß gegen Art. 5 I GG

Die Verfassungsbeschwerde ist begründet, wenn das Gericht bei seiner Entscheidung die Vorschrift des § 826 BGB in einer gegen Art. 5 I GG verstoßenden Weise angewendet hat mit der Folge, daß L in seinem Grundrecht aus Art. 5 I GG verletzt ist.

BverfG: mittelbare Drittwirkung der Grundrechte

Zunächst stellt sich allerdings die Frage, ob hier überhaupt eine Verletzung von Grundrechten geprüft werden kann, weil es um das Verhältnis zweier Bürger untereinander geht, denn M handelte in seiner Eigenschaft als Vorsitzender des Presseclubs und nicht als Vertreter der Stadt Hamburg. Nach dem BVerfG findet zwar keine unmittelbare, aber eine mittelbare Drittwirkung der Grundrechte statt, d.h. die Grundrechte sind bei der Auslegung von Normen des Privatrechts heranzuziehen.[42] Vor allem bei den "Generalklauseln", die - wie § 826 BGB - ja zunächst auf außerrechtliche Maßstäbe wie die "guten Sitten" verweisen, muß in erster Linie von der Gesamtheit der Wertvorstellungen ausgegangen werden, die das Volk in seiner Verfassung fixiert hat.[43] Die Verfassung, insbesondere der Grundrechtskatalog stellt eine objektive Wertordnung dar, die als solche auch zwischen Privaten Geltung beansprucht. Die Generalklauseln sind daher die "Einbruchstellen" der Grundrechte in das bürgerliche Recht. Aus diesem Grunde ist entscheidend, ob das Gericht den Begriff der "guten Sitten" in § 826 BGB im Einklang mit Art. 5 I GG ausgelegt hat.

A. Eröffnung des Schutzbereiches von Art. 5 I GG

Schutzbereich umfaßt Meinungsäußerungsfreiheit

Art. 5 I GG schützt die Meinungsfreiheit und damit auch die Meinungsäußerungsfreiheit. Die Meinungsäußerungsfreiheit ist gekennzeichnet durch wertende Stellungnahmen im Rahmen einer geistigen Auseinandersetzung.[44] Unbeachtlich ist, ob die geäußerten Ansichten richtig, falsch, emotional oder rational begründbar sind.[45] In der Äußerung des M, das Plakat des H solle boykottiert werden, liegt ein Werturteil, das unter die Meinungs(äußerungs)freiheit fällt.

B. Eingriff in den Schutzbereich des Art. 5 I GG

Das Gericht hat in den Schutzbereich des Art. 5 I GG eingegriffen, da es den M zur Unterlassung dieser Meinungsäußerung verurteilt hat.

---

42 BVerfGE 7, 198 ff. (204) – seither st. Rspr., z.B. BVerfGE 25, 256 (263) – BLINKFUER; 30, 173 (188); 66, 166 (131,135).
43 BVerfGE 7, 198 (204).
44 BVerfGE 61, 1 (7 ff.); HEMMER/WÜST/CHRISTENSEN, Staatsrecht I, Rn. 200 ff..
45 BVerfGE 33, 1 (14 f.).

C. Verfassungsrechtliche Rechtfertigung

Der Eingriff könnte durch die Schranke der "allgemeinen Gesetze" (Art. 5 II GG) gedeckt sein.

§ 826 als allgemeines Gesetz i.S.d. Art. 5 II GG

Dann müßte zunächst § 826 BGB ein allgemeines Gesetz i.S.d. Art. 5 II GG sein.

BverfG: vermittelnder Ansatz

Unter "allgemeinen Gesetzen" versteht die ganz h.M. nicht lediglich alle Gesetze im formellen und materiellen Sinn. Nach der Formel des BVerfG, die einen vermittelnden Ansatz von Sonderrechtslehre[46] und Abwägungslehre[47] darstellt, sind weiterhin "allgemeine Gesetze" nur solche, die nicht eine Meinung als solche verbieten, die vielmehr dem Schutze eines schlechthin zu schützenden Rechtsgutes dienen, und zwar dem Schutz eines Gemeinschaftswertes, der gegenüber der Betätigung der Meinungsfreiheit den Vorrang hat.[48]

§ 826 BGB müßte daher zum einen formell und materiell verfassungsgemäß sein und dürfte sich darüber hinaus nicht gezielt und tendenziell gegen das Grundrecht aus Art. 5 I GG richten, sondern müßte dem Schutz anderer, gegenüber der Meinungsfreiheit höherrangiger Rechtsgüter dienen und allein in Verfolgung dieses Zwecks auch der Meinungsfreiheit Schranken ziehen.

§ 826 BGB schützt grundsätzlich alle Rechtsgüter gegen sittenwidrige Angriffe. Er richtet sich daher nicht gegen eine bestimmte Meinung als solche. Da er ohne Zweifel auch formell und materiell verfassungsgemäß ist, ist § 826 BGB ein allgemeines Gesetz i.S.d. Art. 5 II GG.

> **HEMMER-METHODE:** Hier findet eine Güterabwägung statt, bei der Sie wie sonst in der Verhältnismäßigkeitsstation argumentieren können, doch sollten Sie den speziellen Begriff der Wechselwirkungslehre bringen. Nicht ganz einfach erscheint der Aufbau hinsichtlich des "Abwägungselements" in der o.g. Formel des BVerfG.
> Mit folgendem Vorgehen können Sie i.d.R. die Klausur sauber aufbauen und thematisch ausschöpfen:
> Nachdem Sie bei den Schranken festgestellt haben, daß ein allgemeines Gesetz i.S.d. Sonderrechtselements vorliegt, prüfen Sie allenfalls als zusätzliches Kriterium, daß das geschützte Rechtsgut abstrakt zumindest vorrangig sein kann, und nennen bei den Schranken-Schranken nach Geeignetheit und Erforderlichkeit als spezielle Ausprägung der Verhältnismäßigkeit i.e.S. die Wechselwirkungslehre.

Interessenabwägung im konkreten Einzelfall

Doch ist damit noch nicht gesagt, daß das Grundrecht aus Art. 5 I GG auch *im konkreten Einzelfall* zurücktreten muß. Es muß vielmehr im Rahmen einer Interessenabwägung untersucht werden, ob im konkreten Einzelfall das Interesse an dem Einsatz des allgemeinen Gesetzes gewichtiger ist, als das Interesse des Einzelnen an der Meinungsäußerung.

---

46 Grundlegend HÄNTSCHEL in AöR 10, 228 (232).
47 Grundlegend SMEND in VVDStrL 4, 44 (51 f.).
48 BVerfGE 7, 198 (209 f.); vertiefend zu den Schranken HEMMER/WÜST/CHRISTENSEN, Staatsrecht I, Rn. 110 ff.

sog. Wechselwirkungstheorie

Es findet nämlich eine Wechselwirkung in dem Sinne statt, daß das allgemeine Gesetz zwar nach dem Wortlaut des Art. 5 II GG dem Grundrecht aus Art. 5 I GG Schranken setzt, andererseits aber wegen der wertsetzenden Bedeutung des Grundrechts ausgelegt und so selbst wieder eingeschränkt werden muß (sog. *Wechselwirkungs- oder Schaukeltheorie*).[49] Die Anwendung des Gesetzes im Lichte des Grundrechts fordert also die Beachtung des Verhältnismäßigkeitsgrundsatzes und der Wesensgehaltstheorie (Art. 19 II GG). Andernfalls könnte nämlich jedes einfache Gesetz, das ein allgemeines Gesetz i.S.d. Art. 5 II GG ist, das Grundrecht aus Art. 5 I GG relativieren.

Demnach muß vorliegend noch geprüft werden, ob das Gericht auch die kollidierenden Rechtspositionen, nämlich das durch Art. 5 I GG geschützte Recht des M auf Meinungsfreiheit und die durch § 826 BGB geschützten Interessen des H, zutreffend gegeneinander abgewogen hat.

Schutzbereich der §§ 823 ff

Die §§ 823 ff. BGB schützen vor Eingriffen in die Integrität der Rechtsgüter Dritter, denen die Meinungsfreiheit vor allem - je nach betroffenem Rechtsgut - im Einzelfall nachrangig sein kann.

legitimes Interesse des M

Das sachliche Anliegen des M war es, die Gefahr nationalsozialistischer Einflüsse auf das deutsche Werbewesen abzuwehren. Von daher hat M folgerichtig das Wiederauftreten des H bekämpft. Da H auch nach dem Dritten Reich als Werbemacher in der deutschen Werbebranche tätig wurde, hatte M auch ein legitimes Interesse, der Welt zu zeigen, daß sich das deutsche Volk von der früheren Geisteshaltung abgewandt habe. M konnte deshalb im Wiederauftreten des H einen im Interesse des deutschen Ansehens in der Welt zu beklagenden Vorgang sehen.

Zurücktreten privater Interessen gegenüber Gemeinwohl

Insofern ist seine Meinungsäußerung auch durch Art. 5 I GG gedeckt, denn der Wert dieses Grundrechts besteht insbesondere darin, daß es die öffentliche Diskussion über Gegenstände von allgemeiner Bedeutung gewährleistet. Wenn es aber darum geht, daß sich in einer für das Gemeinwohl wichtigen Frage eine öffentliche Meinung bildet, müssen private und wirtschaftliche Interessen einzelner grundsätzlich zurücktreten.

H muß es sich daher gefallen lassen, daß Kritik an seiner Tätigkeit in der Öffentlichkeit erfolgt. Dabei ist es grundsätzlich auch zulässig, aus ernsthaften Motiven in der Öffentlichkeit den Absatz bestimmter Produkte zu bekämpfen.

im Ergebnis keine Rechtfertigung des Eingriffs

Aufgrund der Interessenabwägung ergibt sich, daß hier die Interessen des M die durch § 826 BGB geschützten Interessen übersteigen. Die Interessenabwägung des Gerichts war unzutreffend. Der Eingriff in den Schutzbereich des Art. 5 I GG ist nicht gerechtfertigt.

---

49 Vgl. BVerfGE 66, 116 (150); 71, 206 (214).

D. Ergebnis

Da der L durch das Urteil in seiner Meinungsfreiheit verletzt ist, ist seine Verfassungsbeschwerde begründet.

> **HEMMER-METHODE:** Nach dem Bundesverfassungsgericht schützt Art. 5 I GG jedoch nur den geistigen Kampf der Meinungen, vgl. hierzu BVerfGE 25, 256 – Blinkfuer.
> Eine auf politischen Motiven beruhende Aufforderung zum Boykott eines Presseunternehmens, der vornehmlich mit wirtschaftlichen Machtmitteln durchgesetzt werden soll, ist nicht durch das Grundrecht der freien Meinungsäußerung geschützt und verstößt gegen das Grundrecht der Pressefreiheit. Dem Urteil lag folgender Sachverhalt zugrunde:
> Das Springer-Verlagshaus droht Zeitschriftenhändlern mit dem Abbruch der Geschäftsbeziehungen für den Fall, daß die Händler weiterhin die politisch andersgeartete Wochenzeitung "Blinkfuer" führen und so für deren Verbreitung sorgen.

DER FALSCHE TON

SACHVERHALT:

Die Rock-Band "Adolfs Erben" erlangte lokale Berühmtheit durch einen Hit, der u.a. folgende Zeilen enthielt

"Laßt Geschosse fliegen,

Wir werden die Fidschis kriegen!

Schlagt die Schweine tot,

Wir Deutschen seh´n jetzt rot!"

Die wiederholte Aufführung dieses Liedes auf Konzerten führte dazu, daß neben den "Zugaberufen" desorientierter Kids die Angehörigen der Band wegen Verstoßes gegen § 130 StGB verurteilt wurden. Das zuständige OLG bestätigte dieses Urteil in letzter Instanz. In der Begründung führte es u.a. aus, daß das genannte Lied die Menschenwürde einer abgrenzbaren Bevölkerungsgruppe angreife, indem es diese zu Menschen zweiter Klasse herabwürdige und zum Ziel von Gewalttaten machen wolle.

Insofern sei das Lied geeignet, den öffentlichen Frieden zu stören. Daran könne auch die hier an sich einschlägige Kunst- und Meinungsfreiheit nichts ändern; diese Rechte gälten nämlich nicht schrankenlos.

S ist Sänger der Band und hat den fraglichen Text unter größter Anstrengung seiner geistigen Fähigkeiten in nächtelanger Schreibarbeit selbst verfaßt. Er fühlt sich durch das Urteil des OLG in seinem Grundrecht auf Kunstfreiheit verletzt, das ihn als Künstler vorbehaltlos vor staatlicher Einflußnahme schütze. Überdies sei sein Verhalten vom Grundrecht der Meinungsfreiheit gedeckt, da er im Rahmen der politischen Diskussion bloß die seiner Meinung nach einzig adäquate Lösung des "Ausländerproblems" dargestellt habe.

Bearbeitervermerk:

Wäre eine Verfassungsbeschwerde des S gegen das OLG-Urteil vor dem BVerfG begründet? Auf andere als die im Sachverhalt genannten Grundrechte ist nicht einzugehen.

§ 130 StGB Volksverhetzung

(1) Wer in einer Weise, die geeignet ist, den öffentlichen Frieden zu stören

1. zum Haß gegen Teile der Bevölkerung aufstachelt oder zu Gewalt- oder Willkürmaßnahmen gegen sie auffordert oder

2. die Menschenwürde anderer dadurch angreift, daß er Teile der Bevölkerung beschimpft, böswillig verächtlich macht oder verleumdet,

wird mit Freiheitsstrafe von drei Monaten bis zu fünf Jahren bestraft.

LÖSUNG:

Begründetheit der Verfassungsbeschwerde des S

Die Verfassungsbeschwerde des S ist begründet, wenn das angegriffene Urteil des OLG gem. Art. 93 I Nr.4a GG i.V.m. § 90 I BVerfGG gegen Grundrechte oder grundrechtsähnliche Rechte verstößt.

A. Prüfungsumfang

> **HEMMER-METHODE:** Hier handelt es sich um eine Verfassungsbeschwerde gegen ein strafgerichtliches Urteil, so daß zunächst der Prüfungsumfang des BVerfG dargelegt werden muß.

Prüfungsumfang: BVerfG als 'Hüter der Verfassung'

Der Prüfungsumfang des BVerfG ergibt sich zunächst aus der Funktion der Verfassungsbeschwerde. Die Verfassungsbeschwerde dient gem. Art. 93 I Nr.4a GG, § 90 I BVerfGG dem Schutz der Grundrechte und grundrechtsgleichen Rechte des Einzelnen. Eine Grundrechtsverletzung kann sich auch aus sonstigem Verfassungsrecht ergeben. Als "Hüter der Verfassung" kann das BVerfG den gerügten Beschwerdegegenstand auf dessen Vereinbarkeit mit objektivem und subjektivem Verfassungsrecht prüfen.

aber :keine Superrevisionsinstanz, daher nur Verletzung spezifischen Verfassungsrechts

Jedoch ist das BVerfG keine "Superrevisionsinstanz".[50] Ein auf einem Verstoß gegen objektives Verfassungsrecht beruhender Akt der öffentlichen Gewalt verletzt den Beschwerdeführer immer in seinem Grundrecht auf allgemeine Handlungsfreiheit aus Art. 2 I GG. Damit müßte das BVerfG auch die einfachrechtliche Rechtmäßigkeit des Beschwerdegegenstandes überprüfen. Die Aufgabe der obersten Bundesgerichte (letzte Instanz) würde dadurch ausgehöhlt und die Funktionsfähigkeit des BVerfG würde durch Überlastung gefährdet. Daher beschränkt sich der Prüfungsumfang des BVerfG bei der Überprüfung von Gerichtsentscheidungen auf die Verletzung spezifischen Verfassungsrechts.[51] Dies ist der Fall bei einer gänzlichen oder grundsätzlichen Verkennung der Grundrechte oder der Ausstrahlungswirkung in das einfachgesetzliche Recht, einer grob und offensichtlich willkürhaften Rechtsanwendung sowie bei Überschreiten der Grenzen richterlicher Rechtsfortbildung.[52]

Intensität des Eingriffs entscheidend

Fraglich ist, ob der vorliegende Fall in den eingeschränkten Prüfungsmaßstab fällt. Dabei ist die Intensität des Eingriffs für den Betroffenen maßgeblich, d.h. je stärker das Gericht in grundrechtlich geschützte Positionen eingreift, desto umfangreicher ist die verfassungsgerichtliche Überprüfung.[53]

---

50 BVerfGE 7, 198 (207); 18, 85 (92 f.) – st. Rspr.
51 PIEROTH/SCHLINK, Rn. 1281 ff.
52 HEMMER/WÜST/CHRISTENSEN, Staatsrecht I, Rn. 75.
53 BVerfGE 61, 1 ff. (6); 70, 297 ff. (316); 75, 201 ff. (221).

DER FALSCHE TON Seite 35

daher weiter Prüfungsumfang bei strafrechtlicher Sanktion

Bei der Kontrolle strafrechtlicher Sanktionen fällt die Überprüfung der Grundrechtskonformität besonders ins Gewicht; das BVerfG behält sich auch die Auslegung des einfachen Rechts vor.[54]

Angesichts des äußerst sensiblen Grundrechts auf freie Meinungsäußerung und der Kunstfreiheit sowie der strafrechtlichen Verurteilung des S ist der Prüfungsumfang gesteigert. Insbesondere hat das BVerfG auch die verfassungsmäßige Vereinbarkeit der Auslegung des § 130 Nr.1, 2 StGB durch das OLG zu untersuchen.

B. Verletzung des Art. 5 III S.1 1.Alt. GG (Kunstfreiheit)

In Betracht kommt eine Verletzung des Grundrechts der Kunstfreiheit.

I. Schutzbereich

Schutzbereich der Kunstfreiheit

Eine Verletzung der Kunstfreiheit des S setzt voraus, daß es sich bei dem sanktionierten Liedteil der Rock-Band und bei dessen Präsentation um Kunst im Sinne des Art. 5 III GG handelt.

BVerfG. kein einheitlicher Kunstbegriff

Eine generell-abstrakte Definition von Kunst ist wegen ihrer spezifischen Besonderheit und Mannigfaltigkeit kaum möglich.[55] Dennoch verwendet das BVerfG nebeneinander verschiedene Kunstbegriffe, bei deren Vorliegen der Schutzbereich des Art. 5 III S.1 1.Alt. GG eröffnet ist.

formaler, materieller und offener Kunstbegriff

Nach dem sog. formalen Kunstbegriff ist charakteristisch, daß bestimmte Werktypen (etwa Gedichte, Bildhauerei, Malerei) vorliegen.[56] Für den sog. materiellen Kunstbegriff ist maßgeblich, daß durch die freie schöpferische Gestaltung Eindrücke, Erfahrungen und Erlebnisse des Künstlers mittels eines Mediums zu unmittelbarer Anschauung gebracht werden.[57] Dagegen ist nach dem sog. offenen Kunstbegriff kennzeichnend für die Kunst, daß es wegen der Mannigfaltigkeit ihres Aussagegehaltes möglich ist, der Darstellung im Wege einer fortgesetzten Interpretation eine immer weiter reichende Bedeutung zu entnehmen.[58]

Das vorliegende Stück der Rock-Band weist Merkmale von Dichtung und Gesang auf, so daß es schon unter den formellen Kunstbegriff fällt. Ferner will S damit eine "Lösung des Ausländerproblems" aufzeigen, womit das Lied auch vom materiellen und offenen Kunstbegriff umfaßt ist.

> **HEMMER-METHODE:** Durch die großzügige Rechtsprechung wird in Klausuren das Vorliegen von Kunst meist zu bejahen sein. Argumente dafür sind der effektive Grundrechtsschutz und das Verbot staatlichen Kunstrichtertums. Denken Sie auch an die Folgeprobleme bei den Schranken.

---

54 BVerfGE 81, 278 (289); 77, 240 ff. (250 f.).
55 BVerfGE 67, 213 (224 f.).
56 BVerfGE 67, 213 (226 f.).
57 BVerfGE 30, 173 (188 f.) – Mephisto-Beschluß.
58 BVerfGE 67, 213 (265) – Anachronistischer Zug.

Beeinträchtigung fremder Rechtsgüter nicht vom Schutzbereich umfaßt

Vom Schutzbereich des Art. 5 III S.1 Alt.1 GG könnten jedoch nur solche Verhaltensweisen umfaßt sein, die keine Beeinträchtigung fremder Rechtsgüter, also keine unerlaubten Betätigungen darstellen. Folglich wäre das Verhalten des S, vorausgesetzt es greift in fremde Rechte ein und wurde deshalb strafrechtlich sanktioniert, schon gar nicht vom Schutzbereich der Kunstfreiheit erfaßt.

91

Gefahr: Aushöhlung des Kunstbegriffs

Dagegen spricht, daß eine Bestimmung des Schutzbereiches der Kunstfreiheit durch einfache Verbotsgesetze (wie hier das StGB) der Schrankensystematik der Grundrechte zuwider laufen würde.[59] Außerdem würde der weit gefaßte Kunstbegriff ausgehöhlt. Der Kunstbegriff soll effektiven Grundrechtsschutz gewährleisten.[60]

92

Umfang des Schutzbereichs: Werk- und Wirkbereich

Geschützt von Art. 5 III GG ist nach der Rechtsprechung des BVerfG der Werkbereich und auch der Wirkbereich, also sowohl die Schaffung als auch die Verbreitung des Kunstwerkes in der Öffentlichkeit (Ausstellung, Werbung etc.).[61]

93

> **HEMMER-METHODE:** Durch die Einbeziehung des Wirkbereiches der Kunstfreiheit können sich auch die sog. "Mittlerpersonen" wie z.B. Künstleragenten, Galeristen u.a. unmittelbar und selbst auf Art. 5 III 1 1.Alt. GG berufen.

Die Dichtung der Zeilen und auch die öffentliche Darbietung des Liedes durch S sind vom Schutzbereich der Kunstfreiheit erfaßt.

II. Eingriff in den Schutzbereich

Eingriff durch Strafurteil

Durch das Strafurteil wurde die Aufführung des Textes auf Konzerten, aber auch das Singen des Liedes als eigenständiges Kunstwerk sanktioniert. Somit stellt das angegriffene Urteil einen Eingriff in den Wirk- und auch den Werkbereich der Kunstfreiheit dar. Ein Eingriff in den Werkbereich bezüglich des Dichtens des Textes liegt dagegen nicht vor, da § 130 StGB einen Kontakt des Täters mit der Außenwelt verlangt.

94

III. Verfassungsrechtliche Rechtfertigung

Der Eingriff ist verfassungskonform, wenn das Urteil des OLG die Schranken der Kunstfreiheit richtig erkannt und nicht überschritten hat.

95

1. Bestimmen der Grundrechtsschranke

Kunstfreiheit vorbehaltsfrei

Das Grundrecht der Kunstfreiheit aus Art. 5 III GG enthält keinen Gesetzesvorbehalt.

Fraglich ist, ob der Vorbehalt der allgemeinen Gesetze in Art. 5 II GG analog angewendet werden kann.

---

59 Vgl. BVerfGE 83, 130 (138 f.).
60 BVerfGE 75, 364 (377); 83, 130 (139).
61 BVerfGE 30, 173 (189); 67, 213 (224).

keine Schrankenübertragung aus Art. 5 II GG	Einer Schrankenübertragung aus Art. 5 II GG steht jedoch die Systematik des Grundgesetzes entgegen. Die Normierung der Schranken in Art. 5 II GG zeigt den Willen des Gesetzgebers, daß sich diese zwar auf Art. 5 I GG, nicht aber auf Art. 5 III GG beziehen sollen. Die explizite Aufzählung von Kunstfreiheit und Wissenschaftsfreiheit in Art. 5 III GG deutet vor allem in Abgrenzung zu den Kommunikationsgrundrechten in Art. 5 I GG auf eine besondere Sensibilität hin. Um diesem Schutz gerecht zu werden, wurde Art. 5 III GG vorbehaltlos gewährleistet.	96
keine Schrankenübertragung aus Art. 2 I GG	Ebenfalls ist die Schrankentrias des Art. 2 I GG nicht auf die Kunstfreiheit übertragbar. Die allgemeine Handlungsfreiheit gilt gegenüber speziellen Freiheitsgrundrechten als subsidiäres Auffanggrundrecht.[62] Aufgrund der dadurch weit gezogenen Schranken (insbesondere der "verfassungsmäßigen Ordnung") widerspricht eine Übertragung der Grundrechtssystematik und wird von der ganz h.M. abgelehnt.[63]	97
	Dennoch werden Grundrechte ohne Gesetzesvorbehalt nicht uneingeschränkt gewährleistet. Die vorbehaltlose Gewährleistung eines Grundrechts ist in einem wertegebundenen Gemeinwesen undenkbar. Vielmehr werden diese Grundrechte und insbesondere auch die Kunstfreiheit durch die Kollision mit entgegenstehenden Grundrechten Dritter oder anderen Werten von Verfassungsrang beschränkt.[64]	
aber: verfassungsimmanente Schranken	Eine Kollision mit sog. verfassungsimmanenten Schranken ist dergestalt zu lösen, daß zwischen den gegenläufigen, gleichermaßen verfassungsrechtlich geschützten Interessen ein gerechter Ausgleich mit dem Ziel ihrer Optimierung gefunden werden muß.[65]	98

2. Anlegen werkgerechter Maßstäbe

Auslegung der konkreten Handlung	Bei der Gewährleistung der Kunstfreiheit ist wegen der Interpretationsfähigkeit und -bedürftigkeit künstlerischer Äußerungen zu untersuchen, ob die konkrete Handlung in mehrfacher Hinsicht auslegbar ist. Ergeben sich mehrere Interpretationsmöglichkeiten, so verstößt es, unbeachtlich von weiteren Schrankenüberlegungen, gegen Art. 5 III S.1 GG, wenn das angegriffene Urteil allein die strafrechtlich relevante Interpretation herausgreift.[66] Bei der Interpretation müssen werkgerechte Maßstäbe angelegt werden, um der Besonderheit des Kunstwerks gerecht zu werden.[67]	99
	Das OLG hat das Kunstwerk des S als Angriff auf die Menschenwürde Dritter (§ 130 StGB) ausgelegt. Eine Interpretation der Strophe als Satire, um in Form einer Übertreibung, Verfremdung oder Verzerrung auf die zunehmende Ausländerfeindlichkeit hinzuweisen, ist hier nicht möglich.	

---

62 Seit Elfes-Urteil – BVerfGE 6, 32 ff.
63 BVerfGE 30, 173 (191); 32, 98 (107) – st. Rspr.
64 H.M., z.B.: BVerfGE 28, 243 (261); v.Mü-Münch, Vorb. Art. 1-19, Rn. 57; PIEROTH/SCHLINK, Rn. 301 ff.; SCHWERDTFEGER, Rn. 472 ff.
65 BVerfGE 30, 173 (193); v.a. HESSE, Rn. 317; vgl. HEMMER/WÜST/CHRISTENSEN, Staatsrecht I, Rn. 142, 222.
66 Seit BVerfGE 30, 173 (189) anerkannt.
67 A.a.O.

Das Anlegen werkgerechter Maßstäbe läßt hier eine andere Deutung als die den Tatbestand des § 130 StGB erfüllende nicht zu. Das OLG hat die Strukturmerkmale von Kunst nicht verkannt oder falsch ausgelegt.

3. Menschenwürde aus Art. 1 I S.1 GG

Als entgegenstehendes Grundrecht Dritter kommt hier die Menschenwürde der im Lied angegriffenen Vietnamesen in Betracht.

Schutzbereich des Art. 1 I 1 GG

Angesichts des relativ abstrakten Begriffs "Würde" ist der Schutzbereich des Art. 1 I S.1 GG nicht genau abzugrenzen. Es läßt sich eine Präzisierung des Schutzbereiches aber durch die Darstellung anerkannter Eingriffe erzielen. Das Grundrecht der Menschenwürde schützt vor allem vor "Erniedrigung, Brandmarkung, Verfolgung, Ächtung" sowie davor, zum bloßen Objekt degradiert zu werden.[68]

> **HEMMER-METHODE:** Die am besten handhabbare Abgrenzung für die Klausur dürfte die Objektformel bieten, wenngleich auch sie einer wertenden Ausfüllung durch den Bearbeiter bedarf. Sie wird folgendermaßen begründet: Der Mensch als höchster Wert kann nicht definiert werden, so daß man bei Art. 1 GG nicht mit einer Umschreibung des Leitbegriffes beginnen kann. Statt dessen muß man "vom Eingriff her" denken und den Schutzbereich negativ abgrenzen.

In den Zeilen des S werden die Vietnamesen als Tiere bezeichnet, was zweifelsohne einer Erniedrigung und „Degradierung" gleichkommt. Im Kontext wird ihnen die Gleichberechtigung, ja sogar die Daseinsberechtigung in der Gesellschaft abgesprochen. Es kommt eine Ächtung zum Ausdruck, die die Vietnamesen im Kern ihrer Persönlichkeit trifft.

Das Lied des S kollidiert somit mit dem Grundrecht der Menschenwürde der Vietnamesen.

4. Andere Verfassungswerte (öffentlicher Frieden)

Verfassungswert öffentlicher Frieden

Darüber hinaus könnte das Lied des S mit dem Verfassungswert des öffentlichen Friedens kollidieren, also dem Zustand allgemeiner Rechtssicherheit und des befriedeten Zusammenlebens der Menschen im Rahmen des Staates sowie dem Vertrauen der Menschen auf das Bestehen dieses Zustandes.[69] Diese vom Staat zu gewährleistende Sicherheit seiner Bevölkerung ist ein Verfassungswert, der mit anderen grundsätzlich auf einer Stufe steht.[70]

Das Lied ruft offen zur Gewalt gegen die Vietnamesen auf. Die ungehinderte Verbreitung dieser Zeilen ist geeignet, das Vertrauen in das staatlich gewährleistete befriedete Zusammenleben zu zerstören. Die Kunstfreiheit des S kollidiert auch mit dem Verfassungswert des öffentlichen Friedens.

---

68 BVerfGE 9, 89 (95); 57, 250 (275).
69 Zur Def. vgl. SCHÖNKE/SCHRÖDER-LENCKNER, StGB, § 130, Rn. 10.
70 BVerfGE 49, 24 (56 f.).

5. Abwägung

Abwägung im Einzelfall

Zu prüfen ist, ob das OLG in seinem Urteil der Bedeutung des Art. 5 III S.1 GG gerecht geworden ist, da im Ergebnis seiner Abwägung die Kunstfreiheit gegenüber den kollidierenden Werten völlig zurücktreten mußte.

102

In die Abwägung einzubeziehen ist die herausragende Stellung der Kunstfreiheit im Grundgesetz. Insbesondere ist der Umstand zu beachten, daß das OLG-Urteil auch in den empfindlichen Werkbereich der Kunstfreiheit (Singen des Textes) eingreift.

aber: keine Abwägung mit Art. 1 I 1 GG, da Schutz der Menschenwürde absolut

Die mit der Kunstfreiheit kollidierende Menschenwürde aus Art. 1 I GG ist aber einer Abwägung nicht zugänglich, da sich ein Ausgleich der Kollision zu Lasten der Menschenwürde von vornherein verbietet.[71]

103

Ursächlich dafür ist die überragende Bedeutung der Menschenwürde im Gefüge des Grundgesetzes, dessen höchster Rang ihr zukommt.

Hätte das OLG ein anderes Ergebnis gefunden, so wäre dies mit Art. 1 I GG unvereinbar. Ob der kollidierende Wert des öffentlichen Friedens ebenfalls zu einem verfassungsmäßigen Ausgleich im Wege der praktischen Konkordanz hätte gebracht werden können, kann offen bleiben, da der Vorrang der Menschenwürde absolut ist und somit auf die gesamte Abwägung durchschlägt.

6. Ergebnis

Das OLG-Urteil verstößt nicht gegen die Kunstfreiheit.

C. Verletzung von Art. 5 I S.1 GG

Die Verurteilung könnte jedoch den S in seinem Grundrecht auf freie Meinungsäußerung gem. Art. 5 I S.1 GG verletzen.

Fraglich ist, ob eine Verletzung der Meinungsfreiheit neben Art. 5 III S.1 GG überhaupt möglich ist. Ist die Kunstfreiheit gegenüber der Meinungsfreiheit lex specialis, so kommt ein Rückgriff auf Art. 5 I GG bereits aus Konkurrenzgründen nicht mehr in Betracht.

104

BVerfG: Kunstfreiheit lex specialis gegenüber Meinungsfreiheit

Ein Teil des Schrifttums und auch das BVerfG begründen das Spezialitätsverhältnis mit der herausgehobenen Stellung der Kunstfreiheit im Grundgesetz.[72] Dies ist aber nicht unbedenklich: Die Kunstfreiheit ist in ihrem Schutzbereich kaum abgrenzbar und damit ungeeignet, andere Grundrechte tatbestandlich zu verdrängen. Hinzu kommt, daß die Kunstfreiheit nur schwer als Unterfall der Meinungsfreiheit (Gewährleistung des geistigen Kampfes von Meinungen als elementare Voraussetzung der Demokratie[73]) gesehen werden kann.[74]

105

---

71 BVerfGE 75, 369 (380); PIEROTH/SCHLINK, Rn. 413.
72 BVerfGE 81, 278 (291); BVerfG, NJW 1990, 1985; v.MANGOLDT/KLEIN-STARK, Art. 5, Rn. 177.
73 BVerfGE 7, 198 (208); 25, 256 (265).

Anderseits werden durch die Anwendung des Art. 5 I GG neben der Kunstfreiheit die Schranken des Art. 5 II GG indirekt auch auf die Kunstfreiheit angewendet. Der Schutzbereich der Kunstfreiheit wäre durch die Schranken der Meinungsfreiheit verkürzt.

Letztlich gibt aber die besonders herausgehobene Stellung der Kunstfreiheit im Normengefüge des Grundgesetzes den Ausschlag. Daher ist dem BVerfG und dem Teil des Schrifttums zu folgen und die Kunstfreiheit als lex specialis zur Meinungsfreiheit zu sehen.

> **HEMMER-METHODE:** Das Verhältnis von Art. 5 I GG und Art. 5 III GG ist nicht abschließend geklärt, doch scheint sich die Ansicht der Spezialität durchzusetzen. Mit dem Argument, daß Kunstfreiheit und Meinungsfreiheit unterschiedliche Schutzbereiche und Entstehungsgeschichten haben, läßt sich wohl auch die andere Meinung vertreten. Machen Sie sich jedoch klar, daß hier der Korrektor eine Auseinandersetzung von Ihnen verlangt. Nutzen Sie die Hinweise im Sachverhalt!

Eine Verletzung der Meinungsfreiheit scheidet aufgrund der Subsidiarität zur Kunstfreiheit aus.

Da aber der Schutzbereich der Kunstfreiheit eröffnet ist, tritt Art. 5 I GG subsidiär zurück.

D. Ergebnis

Die Verfassungsbeschwerde des S ist unbegründet.

---

74 HILDEBRANDT, JuS 1993, 582 f.

RECHTSANWALT MIT NEBENWIRKUNG

SACHVERHALT:

Der politisch engagierte Axel Advokat ist führendes Mitglied der verfassungsfeindlichen, aber strafrechtlich nicht verbotenen Partei des kommunistischen Bundes (KBP) und hat auch schon mehrfach bei Wahlen für diese kandidiert. Als A - von Übermüdungs-erscheinungen gezeichnet - am 03. Oktober 1990 die Zweite Juristische Staatsprüfung bestanden hat, erstrebt er seine Zulassung als Rechtsanwalt. A stellt deshalb einen Antrag auf Zulassung als Rechtsanwalt bei der zuständigen Landesjustizverwaltung. Diese lehnt seinen Antrag jedoch mit dem Hinweis auf § 7 Nr.5 BRAO ab. Zwar liege der Versagungsgrund des § 7 Nr.6 BRAO nicht vor, da dieser voraussetze, daß dies "in strafbarer Weise" erfolge. Da A aber aktiv für eine verfassungsfeindliche Organisation eintrete, liege der Versagungsgrund der Unwürdigkeit im Sinne dieser Vorschrift vor.

A will sich dies nicht gefallen lassen und geht gerichtlich gegen die Entscheidung vor. Damit hat er jedoch keinen Erfolg. In letzter Instanz bestätigt der Bundesgerichtshof die Auslegung des § 7 Nr.5 BRAO durch die Landesjustizverwaltung.

Nunmehr erhebt A Verfassungsbeschwerde zum Bundesverfassungsgericht. Er macht geltend, durch die Entscheidung des Bundesgerichtshofes in seinen Grundrechten aus Art. 12 I und Art. 2 I GG verletzt zu sein. Insbesondere ist er der Meinung, bei § 7 Nr.5 BRAO gehe es um die Gesamtwürdigung der Persönlichkeit, die politische Gesinnung allein dürfe nur bei § 7 Nr.6, nicht aber hier eine Rolle spielen.

Bearbeitervermerk:

Ist die Verfassungsbeschwerde des A zulässig und begründet? Auf Art. 3 I GG ist nicht einzugehen.

Auszug aus der Bundesrechtsanwaltsordnung (BRAO):

§ 1 Stellung des Rechtsanwalts in der Rechtspflege

Der Rechtsanwalt ist ein unabhängiges Organ der Rechtspflege.

§ 2 Beruf des Rechtsanwaltes

(1) Der Rechtsanwalt übt einen freien Beruf aus.

(2) Seine Tätigkeit ist kein Gewerbe.

§ 7 Versagung der Zulassung zur Rechtsanwaltschaft

Die Zulassung zur Rechtsanwaltschaft ist zu versagen,

    5. wenn der Bewerber sich eines Verhaltens schuldig gemacht hat,

        das ihn unwürdig erscheinen läßt, den Beruf eines Rechtsanwalts auszuüben,

    6. wenn der Bewerber die freiheitlich, demokratische Grundordnung in strafbarer

        Weise bekämpft.

LÖSUNG:

Verfassungsbeschwerde des A gemäß Art. 93 I Nr.4a GG i.V.m. §§ 13 Nr.8a, 90 BVerfGG

Die von A eingelegte Verfassungsbeschwerde hat Aussicht auf Erfolg, wenn sie zulässig und begründet ist.

A. Zulässigkeit

Zunächst müßten die Zulässigkeitsvoraussetzungen erfüllt sein, welche sich aus Art. 93 I Nr.4a GG i.V.m. §§ 90 ff. BVerfGG ergeben.

I. Beschwerdeberechtigung

Träger von Grundrechten: jede natürliche Person

A müßte beschwerdeberechtigt sein. Nach Art. 93 I Nr.4a GG ist jedermann zur Erhebung der Verfassungsbeschwerde berechtigt, der behauptet, in seinen Grundrechten oder grundrechtsgleichen Rechten verletzt zu sein. Demzufolge ist nur antragsberechtigt, wer überhaupt Träger von Grundrechten sein kann.[75] Dies ist jede natürliche Person. A ist beschwerdeberechtigt.

II. Beschwerdefähigkeit

Aufgrund der Volljährigkeit des Beschwerdeführers ist die Beschwerdefähigkeit gegeben.

III. Beschwerdegegenstand

BGH-Urteil: Akt der Judikative

Eine Verfassungsbeschwerde kann nur gegen Akte der öffentlichen Gewalt erhoben werden. Der Begriff der "öffentlichen Gewalt" umfaßt dabei alle Staatsgewalten, was bereits aus der Bindung aller Gewalten an die Grundrechte gemäß Art. 1 III GG folgt. Bei der Entscheidung des BGH handelt es sich um einen Akt der Judikative. Dieser ist ein Akt der öffentlichen Gewalt. Das letztinstanzliche BGH-Urteil ist zulässiger Beschwerdegegenstand.

IV. Beschwerdebefugnis

Grundrechtsverletzung

Beschwerdebefugt ist, wer behauptet, durch den Akt der öffentlichen Gewalt in einem seiner Grundrechte oder grundrechtsgleichen Rechte verletzt zu sein.

---

75 SCHLAICH, Rn. 198; ROBBERS, JuS 1993, 739.

1. Behauptung der Rechtsverletzung (Grundrechtsrüge)

Möglichkeit der Grundrechtsverletzung

Nach der Rechtsprechung des BVerfG muß sich die geltend gemachte Grundrechtsverletzung als mögliche Folge aus dem Tatsachenvortrag ergeben.[76] Durch die BGH-Entscheidung könnte A in Art. 12 I und 2 I GG verletzt sein, wie er auch ausdrücklich rügt.

111

2. Betroffenheit

selbst, gegenwärtig, unmittelbar

Weiterhin fordert das BVerfG im Rahmen der Beschwerdebefugnis, daß der Beschwerdeführer selbst, gegenwärtig und unmittelbar betroffen ist.[77] Bei Exekutiv- und Judikativakten bedarf es nach dem BVerfG in der Regel aber keiner näheren Prüfung.[78]

112

A ist demnach beschwerdebefugt.

V. Subsidiarität der VB

Rechtswegerschöpfung

§ 90 II S.1 BVerfGG verlangt vom Beschwerdeführer die vorherige Erschöpfung des Rechtsweges. A hat den prozessualen Rechtszug bis zum BGH voll ausgeschöpft, also bis zur letzten Instanz.

113

andere bestehende Möglichkeiten

Weiterhin ist die VB zum BVerfG grundsätzlich subsidiär, weshalb auch alle außerhalb des förmlichen Rechtsweges bestehenden Möglichkeiten ausgeschöpft werden müssen, um eine Korrektur der geltend gemachten Rechtsverletzung zu erwirken.[79] Hier sind aber keine Mittel zur Abwendung der gerügten Grundrechtsverletzungen ersichtlich.

VI. Form, Frist

Die Verfassungsbeschwerde ist gem. § 23 I S.1 BVerfGG schriftlich einzureichen und gem. § 23 I S.2 und § 92 BVerfGG entsprechend zu begründen. Die Einlegungsfrist von einem Monat gem. § 93 I BVerfGG ist dabei zu beachten. Da der Sachverhalt diesbezüglich keine Angaben enthält, ist von der form- und fristgerechten Einlegung auszugehen.

114

VII. Ergebnis

Die Verfassungsbeschwerde des A ist zulässig.

B. Begründetheit

Die VB ist begründet, wenn A in einem seiner Rechte gem. Art. 93 I Nr.4a GG i.V.m. § 90 I BVerfGG verletzt ist. Die Rechtsverletzung liegt vor, wenn das BGH-Urteil den A in seinen verfassungsmäßigen Rechten verletzt.

115

---

76 BVerfGE 13, 237 ff. (239); ROBBERS, JuS 1993, 1022.
77 St. Rspr. seit BVerfGE 1, 97 ff. (101).
78 BVerfGE 53, 30 ff. (40 ff.).
79 BVerfGE 68, 384 f. (388 f.).

Eine Verletzung könnte sich hier daraus ergeben, daß das Gericht § 7 Nr.5 BRAO angewendet hat, dieser aber verfassungswidrig ist, oder diesen in verfassungswidriger Weise ausgelegt hat.

I. Verletzung von Art. 12 I GG

A könnte durch die Ablehnung der Zulassung als Rechtsanwalt in seinem Grundrecht aus Art. 12 GG verletzt sein.

1. Schutzbereich

Begriff des Berufes

Der Schutzbereich des Art. 12 I GG müßte eröffnet sein. Von Art. 12 I GG geschützt wird die Berufsfreiheit. Der Begriff des Berufes ist im GG nicht definiert. Die ganz h.M. versteht unter dem Begriff "Beruf" jede erlaubte, auf gewisse Dauer angelegte, zur Schaffung oder Erhaltung einer Lebensgrundlage dienende Tätigkeit.[80] Der Beruf des Rechtsanwalts ist als freier Beruf anerkannt, vgl. § 2 I BRAO.

Schutzbereich umfaßt Berufswahl und Berufsausübung

Art. 12 I GG schützt sowohl die Berufswahl als auch die Berufsausübung. Während die Berufswahlfreiheit die Frage nach dem "Ob" regelt, betrifft die Berufsausübungsfreiheit die Frage nach dem "Wie". Bei der Zulassung zum RA geht es darum, ob der A überhaupt den Beruf des Rechtsanwalts ergreifen kann, nicht jedoch darum, wie er dies zu tun hat.[81] Somit ist die Berufswahl des A betroffen. Der Schutzbereich des Art. 12 I GG ist eröffnet.

116

> **HEMMER-METHODE:** Entscheidend kann in Zweifelsfällen für die Abgrenzung sein, was in der konkreten Konstellation als "der Beruf" angesehen werden kann. Ist das Berufsbild festgelegt, kann geprüft werden, ob die öffentliche Gewalt lediglich innerhalb dieses Berufsbildes regelnd tätig wird, dann nur Berufsausübungsregel, oder ob sie bzgl. des Berufes als solchen regelnd eingreift, dann Berufswahl.

2. Eingriff

Eingriff durch Zulassungsversagung

Dem A wird die Zulassung zum RA aufgrund der "Unwürdigkeit" versagt. Die Ablehnung der Zulassung stellt daher einen Eingriff in den Schutzbereich des Art. 12 I GG dar.

117

3. Verfassungsrechtliche Rechtfertigung

Dieser Eingriff könnte durch den Gesetzesvorbehalt in Art. 12 I S.2 GG gerechtfertigt sein.

118

---

[80] Grundlegend BVerfGE 7, 377 (397) – Apothekenurteil; vgl. M/D - SCHOLZ, Art 12, Rn. 18; JARASS/PIEROTH, Art 12, Rn. 4.

[81] Dies wäre der Fall, wenn es z.B. um die Zulassung zum Fachanwalt für Steuerrecht usw. ginge, da es sich bei diesem kaum um ein eigenes Berufsbild handelt.

Berufsfreiheit als einheitliches Grundrecht der Berufswahl und Berufsausübung mit einheitlicher Schhranke

Dem Wortlaut des Art. 12 I 2 GG nach steht lediglich die Berufsausübung unter einem Regelungsvorbehalt. Die Berufswahl und die Berufsausübung stellen jedoch untrennbare, ineinandergreifende, sich berührende Phasen der beruflichen Betätigung dar,[82] denn letztlich ist die Berufswahl der erste Schritt der Berufsausübung und die Berufsausübung die ständige Bestätigung der Berufswahl. Die Berufsfreiheit läßt sich deshalb nach h.M. als einheitliches Grundrecht interpretieren.[83] Es handelt sich um "zwei Seiten ein und derselben Medaille". Über den Wortlaut des Art. 12 I S.2 GG hinaus wird nach dem BVerfG auch die Berufswahl durch den Regelungsvorbehalt eingeschränkt.[84]

119

Rechtfertigung durch § 7 Nr.5 BRAO

Der Eingriff könnte hier durch § 7 Nr.5 BRAO gerechtfertigt sein. Dazu müßte dieser seinerseits formell und materiell verfassungsgemäß sein und auch die Ablehnung der Zulassung des A als Konkretisierung dieses Gesetzesvorbehalts mit der Verfassung in Einklang stehen.

120

a) Verfassungsmäßigkeit des § 7 Nr.5 BRAO

Von der formellen Verfassungsmäßigkeit der BRAO ist hier auszugehen. Fraglich ist jedoch, ob das Gesetz auch materiell verfassungsgemäß ist.

121

aa) Bestimmtheitsgebot

kein Verstoß gegen Bestimmtheitsgebot

Daß der Tatbestand generalklauselartig durch den wertungsabhängigen Begriff der "Unwürdigkeit" umschrieben wird, ist schon aus Gründen der Flexibilität erforderlich.[85] Der Bestimmtheitsgrundsatz schließt die Verwendung von Begriffen nicht aus, die in besonderer Weise der Deutung durch den Richter bedürfen.[86] Der Gesetzgeber ist nämlich gezwungen, der Vielgestaltigkeit des Lebens Rechnung zu tragen. Der Bestimmtheitsgrundsatz ist gewahrt.[87]

122

Auch genügt § 7 BRAO in jedem Fall dem Gesetzesvorbehalt in Art. 12 I 2 GG, wonach eine Einschränkung sowohl bzgl. der Ausübung als auch bzgl. der Wahl nur durch formelles Gesetz, d.h. durch Parlamentsgesetz möglich ist.

bb) Verhältnismäßigkeit

Die Regelungsbefugnis in Art. 12 I S.2 GG bedeutet nicht, daß der Gesetzgeber das ganze Gebiet der Berufsfreiheit umfassend ordnet und dabei den Inhalt der Berufsfreiheit konstitutiv bestimmt.

123

---

82 Vgl. BVerfGE 7, 377 (400 ff.).
83 BVerfGG a.a.O.
84 BVerfGE 7, 377 (401 f.).
85 HEMMER/WÜST/CHRISTENSEN, Staatsrecht I, Rn. 127.
86 BVerfG, Beschl. v. 20.10.1992 in: DVBl. 1992, 1598.
87 So auch im Ergebnis BVerfGE 26, 186 (204); 36, 212 (219).

Durch eine derartige "Regelung" würde das Grundrecht entwertet. Daher muß der Gesetzesvorbehalt seinerseits eingeschränkt werden (Schranken-Schranken), insbesondere muß das Gesetz verhältnismäßig sein.

BVerfG: Rechtfertigung bestimmt sich nach Eingriffsintensität

Um dem Wortlaut des Art. 12 I 2 GG und auch den Betroffenen gerecht zu werden, hat das BVerfG die Voraussetzungen, nach denen ein Eingriff gerechtfertigt sein soll, je nach Eingriffsintensität unterschiedlich geregelt.

HEMMER-METHODE: Sehen Sie die Absicht des Gesetzgebers: Die Regelungsbefugnis erstreckt sich ausdrücklich nur auf die Berufsausübung. Eingriffe in die Berufswahl sollen daher strengeren Voraussetzungen unterliegen.

sog. Drei-Stufen-Theorie:

Das BVerfG hat dem im sog. Apothekenurteil[88] Rechnung getragen und als spezielle Ausprägung des Verhältnismäßigkeitsgrundsatzes im Rahmen des Art. 12 GG die Drei-Stufen-Theorie entwickelt. Sie modifiziert aber nur die Prüfung der Erforderlichkeit und der Angemessenheit, woraus folgt, daß zuerst wie üblich der legitime Zweck sowie die Geeignetheit zu ermitteln sind.

Erst als drittes ist dann die Eingriffsintensität und der Zweck des Eingriffs, also die Zweck-Mittel-Relation (Angemessenheit), zu prüfen. Diese muß nun nach der Drei-Stufen-Theorie folgenden Anforderungen entsprechen:

1. Stufe: Berufsausübung

(1) Die Berufsausübung (das "Wie") ist schon beschränkbar, "soweit vernünftige Erwägungen des Allgemeinwohls es zweckmäßig erscheinen lassen". Es handelt sich dann um sog. Berufsausübungsregeln.

2. Stufe: Subjektive Zulassungsvoraussetzungen

(2) Subjektive Zulassungsvoraussetzungen dürfen die Freiheit der Berufswahl (das "Ob") einschränken, soweit dies "zum Schutz besonders wichtiger Gemeinschaftsgüter" nötig ist.

3. Stufe: Objektive Zulassungsvoraussetzungen

(3) Objektive Zulassungsvoraussetzungen dürfen die Freiheit der Berufswahl (das "Ob") nur "zur Abwehr nachweisbarer, höchstwahrscheinlicher und damit konkreter Gefahren für Gemeinschaftsgüter von Verfassungsrang" einschränken.

Unterscheidung subjektive und objektive Zulassungsvorausssetzung: Beeinflußbarkeit

Der Unterschied zwischen subjektiver und objektiver Zulassungsvoraussetzungen liegt in der Beeinflußbarkeit durch den konkreten Bewerber. Während objektiver Zulassungsschranken wie z.B. die Verwaltungsmonopole des Staates in Bereich der Abfallbeseitigung oder Arbeitsvermittlung dem Einfluß des Berufswilligen entzogen und von seiner Qualifikation unabhängig sind, knüpfen subjektiver Zulassungsschranken an persönliche Eigenschaften und Fähigkeiten wie Zuverlässigkeit, abgelegte Prüfungen u.ä. an.[89]

---

88 BVerfGE 7, 377 ff.
89 PIEROTH/SCHLINK, Rn. 920 f., 927 f.

RECHTSANWALT MIT NEBENWIRKUNG

Wie oben schon klargestellt geht es insoweit um die Angemessenheit des Eingriffs. Aber auch die Erforderlichkeitsprüfung ist integriert, denn eine Regelung auf der intensiveren Eingriffsstufe ist nur dann zulässig, wenn sich auf der vorhergehenden Stufe keine gleich wirksame Regelung treffen läßt.[90]

aber: kein starres Schema

Allerdings ist die Zulässigkeit des Grundrechtseingriffs aber auf keinen Fall "starr" in diesen drei Gruppen zu prüfen, da diese häufig ineinander verschwimmen können. Vielmehr muß die Rechtfertigung auf einer gleitenden Linie stattfinden.[91] Abrupte Übergänge würden zu einer unzulässigen Begriffsjurisprudenz führen,[92] denn ein Eingriff auf einer niederen Stufe kann sehr wohl intensiver sein als einer auf einer höheren Stufe.[93]

> **HEMMER-METHODE:** Natürlich wird eine derart genaue und umfassende Darlegung der Drei-Stufen-Theorie von Ihnen in einer Klausur nicht verlangt. Die Darstellung dient vielmehr dazu, Ihnen die denkbaren Problemfelder anzuzeigen und Ihnen die jeweils bestimmenden Wertungen vor Augen zu führen. Sie müssen die in Ihrer Klausur vorgegebenen Probleme erkennen und i.R.d. dargestellten Systematik mit eigener Argumentation lösen.
> Machen Sie sich die unterschiedlichen Eingriffe und deren Rechtfertigung unbedingt klar; diese müssen Sie beherrschen! Beachten Sie auch den Beschluß des BVerfG vom 22. 5. 1996 zur Vereinbarkeit von Werbeverboten mit der Berufsfreiheit der Apotheker (NJW 1996, 3067 = JA 1997, H.6, 452)!

Prüfuung des § 7 Nr.5 BRAO:

legitimer Zweck

Die Regelung des § 7 Nr.5 BRAO hat den Zweck, nur solche Rechtsanwälte zuzulassen, die der fundamentalen Bedeutung der freien Advokatur für die Funktionsfähigkeit der Rechtspflege gerecht werden und die Belange der Ratsuchenden nicht gefährden.[94] Da die Rechtsanwaltschaft ein unabhängiges Organ der Rechtspflege ist, dürfen unwürdiges und standeswidriges Fehlverhalten dabei nicht unbeachtet bleiben.[95]

§ 7 Nr.5 BRAO verfolgt mit dem Schutz der Funktionsfähigkeit der Rechtspflege auch einen legitimen Zweck.

Geeignetheit

§ 7 Nr.5 BRAO ist mit dem Versagungsgrund der "Unwürdigkeit" auch grundsätzlich geeignet, dieses Ziel zu erreichen bzw. zu fördern.

Der Eingriff durch das Gesetz müßte auf derjenigen Stufe erfolgen, die eine geringstmögliche Beeinträchtigung der Berufsfreiheit mit sich bringt.

---

90 PIEROTH/SCHLINK, Rn. 943.
91 SCHWERDTFEGER, Rn. 534.
92 SCHWERDTFEGER, Rn. 534 sowie PALANDT, Einleitung Rn. 28.
93 PIEROTH/SCHLINK, Rn. 945.
94 Vgl. BVerfGE 63, 266= NJW 1983, 1535 (1537).
95 ZUCK, NJW 1979, 1123; OSTLER, BayVBl 1978, 527.

Herausarbeitung der betroffenen Stufe

Dazu ist zunächst zu klären, auf welcher Stufe der Eingriff im vorliegenden Fall erfolgt. Der RA ist ein eigenständiger freier Beruf. Hier wird die generelle Zulassung als RA, nicht nur ein bestimmtes Ausüben dieses Berufes, wie z.B. bei Spezialisierungen zum Fachanwalt, tangiert.

> **HEMMER-METHODE:** Diese Prüfung kann auch „vor die Klammer" gezogen und eingangs der Verhältnismäßigkeitsstation diskutiert werden.

hier: subjektive Zulassungsvoraussetzung

Damit bedeutet die BRAO für A nicht nur eine Berufsausübungsregelung, sondern eine Zulassungsregelung. Die "Unwürdigkeit" stellt ein Kriterium dar, das in der Person des Betroffenen liegt, so daß es sich bei der Regelung um eine subjektive Zulassungsregelung handelt.

Ein Eingriff in die Berufsausübungsfreiheit als geringere Stufe würde hier das Ziel nicht erreichen, da Regelungen, "wie" der Beruf des RA auszuüben ist, eine wirksame Kontrolle nur schwerlich gewährleisten könnten.

Angemessenheit (+) wegen Allgemeininteresse an funktionstüchtiger Rechtspflege

Fraglich ist, ob der Eingriff auch angemessen ist. § 7 Nr.5 BRAO müßte dem Schutz wichtiger Gemeinschaftsgüter dienen. Durch das Gesetz wird der Bedeutung der Rechtsanwaltschaft für die Rechtspflege und der damit hervorgehobenen Stellung Rechnung getragen. Das Allgemeininteresse an einer funktionstüchtigen Rechtspflege ist notwendig zur Chancen- und Waffengleichheit der Bürger, um ihre Rechte durchsetzen zu können.[96] Die Gewährleistung und die Durchsetzung der Rechte ist für ein freiheitlich demokratisches Zusammenleben von essentieller Bedeutung. Die funktionstüchtige Rechtspflege ist daher ein wichtiges Gemeinschaftsgut.

Der Versagungsgrund der "Unwürdigkeit" ist mit der hohen Bedeutung der Rechtsanwaltschaft für die Rechtspflege zu rechtfertigen.[97] § 7 Nr.5 BRAO ist damit mit Art. 12 I GG vereinbar.

> **HEMMER-METHODE:** Dabei besteht bei der Bestimmung der Wertigkeit freilich eine gewisse Beliebigkeit. So hat das BVerfG z.B. als überragend wichtig betrachtet die sehr heterogenen Gemeinschaftsgüter der Volksgesundheit, der Steuerrechtspflege, der Leistungsfähigkeit des öffentlichen Verkehrs und der Wirtschaftlichkeit der Bundesbahnen. In der Klausursituation hat man daher bei guter Argumentation weitestgehend „freie Hand".

b) Verfassungsgemäße Auslegung durch das Gericht

Drei-Stufen-Theorie auch bei verfassungsgemäßer Auslegung

Fraglich ist, ob der BGH den § 7 Nr.5 BRAO auch verfassungsgemäß angewendet hat. A wurde nicht als RA zugelassen, weil er sich aktiv in Form von Mitgliedschaft und Kandidatur für eine verfassungsfeindliche Partei eingesetzt hat. Die Ablehnung der Zulassung könnte hier gegen den Verhältnismäßigkeitsgrundsatz verstoßen. Auch hier ist die Drei-Stufen-Theorie des BVerfG anzuwenden.

---

96 So ähnlich auch BVerfGE 66, 266 (288)= NJW 1983, 1537.

97 So auch BVerfG NJW 1983, 1536.

Auslegung des Begriffes 'Unwürdigkeit'

Das Gericht könnte den Begriff der "Unwürdigkeit" falsch ausgelegt haben, so daß das Versagen der Zulassung wegen der Mitgliedschaft in der KBP nicht geeignet ist, das Ziel, die Gewährleistung einer funktionsfähigen Rechtspflege zu verwirklichen oder zu fördern.

§ 7 Nr.6 BRAO (–), da KBP nicht verboten

Nach § 7 Nr.6 BRAO ist die Zulassung zum RA zu verweigern, wenn die freiheitlich demokratische Grundordnung in strafbarer Weise bekämpft wird. Durch die Mitgliedschaft in der KBP stellt sich A gegen diese freiheitlich demokratische Grundordnung und bekämpft diese durch seine Kandidatur bei Wahlen. Die KBP ist verfassungsfeindlich, jedoch nicht verboten. A macht sich daher nicht strafbar, § 7 Nr.6 BRAO ist nicht einschlägig.

137

> **HEMMER-METHODE:** Insoweit besteht ein Entscheidungsmonopol des BVerfG gem. Art. 21 II 2 GG i.V.m. §§ 13 Nr.2, 43 ff. BVerfGG. Ein Verbot der Partei durch den Bundes- bzw. Landesinnenminister gem. Art. 21 II GG i.V.m. § 3 I, II VereinsG ist nicht möglich.

dann aber auch § 7 Nr.5 BRAO (–), da Sachverhalt durch Nr.6 abschließend geregelt

Wenn § 7 Nr.6 BRAO nur bei „strafbarem Bekämpfen" ein Versagen der Zulassung zum RA vorsieht, kann § 7 Nr.5 BRAO vom Gesetzessinn her nicht „strafloses Bekämpfen" der freiheitlich demokratischen Grundordnung regeln. Wäre dies der Fall, hätte der Gesetzgeber § 7 Nr.6 BRAO nicht normieren müssen, da dieser Fall erst recht von § 7 Nr.5 BRAO erfaßt wäre.[98] Der Versagungsgrund des § 7 Nr.6 BRAO wäre überflüssig, wenn bei Nichtvorliegen strafbaren Bekämpfens der Grundordnung auf § 7 Nr.5 BRAO ausgewichen werden könnte. Wenn der Gesetzgeber aber ihn gleichwohl aufgenommen hat, kann das nur den Sinn haben, daß er den Sonderfall durch einen besonderen Versagungsgrund abschließend geregelt hat und daß daher ein Bekämpfen, das den Tatbestand des § 7 Nr.6 BRAO nicht erfüllt, zur Versagung nicht ausreicht.[99]

138

daher Verstoß gegen Grundsatz der Verhältnismäßigkeit

Die bloße Mitgliedschaft oder Kandidatur genügt somit nicht für den Versagungsgrund der "Unwürdigkeit" gem. § 7 Nr.5 BRAO. Der BGH hat diesen Begriff falsch ausgelegt. Bei Versagen der Zulassung aufgrund der Mitgliedschaft in einer verfassungsfeindlichen – aber nicht verbotenen – Partei mangelt es daher an der Angemessenheit, die Funktionsfähigkeit der Rechtspflege zu verwirklichen bzw. zu fördern. Die Versagung verstößt gegen den Grundsatz der Verhältnismäßigkeit und ist daher verfassungswidrig.

139

> **HEMMER-METHODE:** Vergessen Sie nicht die Prüfung, ob die Maßnahme die verfassungsmäßige Konkretisierung des Gesetzesvorbehalts ist. Dieser Fehler wird sehr oft gemacht.

4. Ergebnis

Durch das Urteil des BGH wird A in Art. 12 I GG verletzt.

---

98 So EGH Stuttgart, AnwBl 1971, 120.
99 BVerfG, NJW 1983, 1538.

II. Verletzung von Art. 2 I GG

Durch die Versagung der Zulassung könnte A auch in Art. 2 I GG, der allgemeinen Handlungsfreiheit, verletzt sein.

Art. 2 I GG subsidiär, da Schutzbereich des Art. 12 GG betroffen

Das Grundrecht der allgemeinen Handlungsfreiheit ist aber lediglich ein Auffanggrundrecht gegenüber den speziellen Freiheitsgrundrechten.[100] Daher tritt Art. 2 I GG subsidiär zurück, sobald der Schutzbereich eines spezielleren Freiheitsgrundrechtes betroffen ist.[101] Vorliegend ist die Versagung der Zulassung zum RA schon vom Schutzbereich des Art. 12 I GG umfaßt. Eine Verletzung von Art. 2 I GG kommt damit nicht mehr in Betracht.

HEMMER-METHODE: Hier darf Art. 2 I GG nicht ausführlicher geprüft werden. Es muß nur kurz die Subsidiarität der allgemeinen Handlungsfreiheit angesprochen werden, da der Schutzbereich des Art. 12 I GG eröffnet ist. Lesen Sie dazu Hemmer/Wüst/Christensen, Staatsrecht I, Rn. 157 f.

III. Verletzung von Art. 3 III GG

willkürliche Ungleichbehandlung der Mitglieder politischer Parteien

Weiterhin ist hier auch Art. 3 III GG verletzt. Dieser verbietet als spezielle Gleichheitsverbürgung eines der dort genannten Merkmale zum Kriterium einer Differenzierung zu machen. Gerade das ist aber der Fall. Hier werden Mitglieder verfassungsfeindlicher und verfassungskonformer Parteien bei der Zulassung zum Rechtsanwalt ungleich behandelt, wobei gerade an die spezielle politische Anschauung angeknüpft wird. Ein sachlicher Differenzierungsgrund, welcher das Abstellen auf die ungleichen Merkmale (politische Ansichten) rechtfertigen würde, wäre nur die Verfassungswidrigkeit, welche aber gerade nicht gegeben ist.

C. Ergebnis

A ist durch die Versagung der Zulassung zum RA und dessen gerichtliche Bestätigung durch den BGH in seinem Grundrecht aus Art. 12 I GG verletzt. Die VB des A ist damit zulässig und auch begründet.

---

100 Seit BVerfGE 6, 32 (36 f.) – Elfes.
101 Vgl. BVerfGE 6, 32 (36 f.).

SCHWERE ZEITEN

SACHVERHALT:

Am ersten September soll das vom Bundestag formell ordnungsgemäß beschlossene 1. Änderungsgesetz zum Bundessportnachwuchsförderungsgesetz (BSnföG) in Kraft treten, nachdem ab dem Winter 1997/98 nur noch Sportler mit befriedigenden Wettkampfleistungen in ihrer sportlichen Ausbildung gefördert werden. Der Leichtathlet Burkhard Buchebner, der bei seinen letzten Wettkämpfen nicht mit befriedigenden Leistungen glänzen konnte, ist während seiner bisherigen Sportausbildung, d.h. vom Winter 1995/96 bis zum Sommer 1997 nach der Bundessportnachwuchsförderung unterstützt worden.

Da B befürchtet, daß er im Hinblick auf die BSnföG-Änderung zukünftig keine Ausbildungsförderung mehr erhalten werde, bittet er am allabendlichen Stammtisch in der "Schwemme" seinen Freund, den Jurastudenten Sascha Schlaukopp, um Rat.

1. Insbesondere möchte er wissen, ob man ihm ab dem Winter 1997/98 die BSnföG-Leistungen streichen könnte und welche Möglichkeiten er habe, mit Aussicht auf Erfolg gegen die "unsoziale" BSnföG-Änderung vorzugehen.

2. Da B seinen Sport im Winter 1997/98 (und danach) nicht aus eigenen Mitteln finanzieren könne, sei er auf eine möglichst baldige gerichtliche Klärung der Rechtmäßigkeit der BSnföG-Änderung angewiesen.

Bearbeitervermerk:

Was wird Schlaukopp dem Buchebner raten ?

LÖSUNG:

A. Verfassungsbeschwerde des B

Um die von B begehrte endgültige Klärung der Rechtmäßigkeit des BSnföG-Änderungsgesetzes zu erlangen, könnte er gemäß Art. 93 I Nr.4a GG i.V.m. §§ 13 Nr.8a, 90, 92 ff. BVerfGG Verfassungsbeschwerde erheben. Diese hätte Aussicht auf Erfolg, wenn sie zulässig und begründet wäre.

I. Zulässigkeit

Die Zulässigkeit einer Verfassungsbeschwerde richtet sich nach Art. 93 I Nr.4a GG i.V.m. § 90 ff. BVerfGG.

1. Beschwerdeberechtigung

Zunächst müßte B beschwerdeberechtigt sein, was vorliegt, wenn der Beschwerdeführer antragsberechtigt und verfahrensfähig ist.

a) Antragsberechtigung

Grundrechtsfähigkeit

Antragsberechtigt ist gemäß Art. 93 I Nr.4a GG jedermann, der behauptet, in seinen Grundrechten oder grundrechtsähnlichen Rechten verletzt zu sein. Daher richtet sich die Antragsberechtigung nach der Grundrechtsfähigkeit. Als volljährige natürliche Person mit deutscher Staatsbürgerschaft ist B grundrechtsfähig.

142

b) Verfahrensfähigkeit

Verfahrensfähigkeit jedenfalls bei Geschäftsfähigkeit

Verfahrensfähig ist derjenige, der Prozeßhandlungen wirksam vornehmen oder entgegennehmen kann.[102] Solches gilt ohne weiteres für den nach dem bürgerlichen Recht voll Geschäftsfähigen. B ist auch verfahrensfähig.

143

2. Beschwerdegegenstand

Weiterhin müßte ein zulässiger Verfahrensgegenstand vorliegen.

Akt der Legislative

Tauglicher Verfahrensgegenstand ist gemäß Art. 93 I Nr.4a GG nur ein Akt der öffentlichen Gewalt, wobei davon nach h.M. Akte aller drei Gewalten, also Exekutive, Judikative und Legislative umfaßt sind.[103]

144

Vorliegend richtet sich die Verfassungsbeschwerde des B gegen das BSnföG-ÄnderungsG als formelles Gesetz, also eine Maßnahme der Legislative.

---

[102] Näher dazu HEMMER/WÜST/CHRISTENSEN, Staatsrecht I, Rn. 26 ff.
[103] Vertiefend: HEMMER/WÜST/CHRISTENSEN, Staatsrecht I, Rn. 29 ff.

Angreifbarkeit ab Verkündung

Grundsätzlich sind Gesetze mit deren Verkündung Akte der Rechtsetzung und durch eine Verfassungsbeschwerde angreifbar.[104] Das BSnföG-ÄnderungsG ist formell ordnungsgemäß zustande gekommen, also auch verkündet und daher auch zulässiger Beschwerdegegenstand.

3. Beschwerdebefugnis

B müßte darüber hinaus auch beschwerdebefugt sein.

a) Behauptung der Rechtsverletzung

Möglichkeit der Grundrechtsverletzung

Beschwerdebefugt ist nach § 90 I BVerfGG nur, wer behauptet, durch die öffentliche Gewalt in seinen Grundrechten oder grundrechtsähnlichen Rechten verletzt zu sein. Nach der von der Rechtsprechung entwickelten Möglichkeitstheorie muß nach dem Tatsachenvortrag des Beschwerdeführers eine Grundrechtsverletzung zumindest möglich, d.h. nicht offensichtlich ausgeschlossen sein.[105] Nach dem Vortrag des B ist hier eine Verletzung der Grundrechte aus Art. 12 I, 2 I i.V.m. 20 III, 3 I GG möglich.

145

b) Betroffenheit

Darüber hinaus ist nach der Rechtsprechung des BVerfG der Beschwerdeführer nur zur Erhebung der VB befugt, wenn er durch das angegriffene Gesetz selbst, gegenwärtig und unmittelbar betroffen ist.[106]

> **HEMMER-METHODE:** Durch das Erfordernis der Betroffenheit soll die sog. Popularverfassungsbeschwerde ausgeschlossen werden, in der jemand fremde Rechte in eigenem Namen geltend macht. Außerdem werden nur Verfassungsbeschwerden anhängig, bei denen der Beschwerdeführer auch tatsächlich durch das Gesetz belastet ist.[107]

Selbstbetroffenheit als Normadressat

Selbstbetroffenheit liegt vor, wenn der Beschwerdeführer Adressat des Verhaltens der öffentlichen Gewalt ist.[108] B als BSnföG-Empfänger zählt zu den Normadressaten des BSnföG-ÄnderungsG.

146

gegenwärtige Betroffenheit eigentlich (–), da derzeit noch keine Wirkung des Gesetzes

Fraglich ist, ob der B gegenwärtig betroffen ist, denn Wirkung entfaltet das streitgegenständliche Gesetz erst ab dem Winter 1997/98. Gegenwärtige Betroffenheit bedeutet, daß der Beschwerdeführer nicht bloß virtuell, also irgendwann einmal betroffen sein wird, und auch daß dieser noch betroffen ist, die Betroffenheit also nicht in der Vergangenheit einmal vorgelegen hat.[109] B wäre somit nicht gegenwärtig betroffen.

147

---

104 BVerfGE 42, 263 (283); ZUCK, Rn. 445.
105 BVerfGE 13, 237 (239); 64, 367 ff. (375); WEBER in JuS 1992, 124.
106 Seit BVerfGE 1, 97 ff. (101) – st. Rspr.
107 So BVerfGE 1, 97 (101 f.).
108 BENDA/KLEIN, § 18 II.
109 PESTALOZZA, S.115.

BVerfG: Ausnahme, wenn schon in Gegenwart endgültige Dispositionen erforderlich

Das BVerfG hat jedoch Ausnahmen zugelassen, in denen eine gegenwärtige Betroffenheit dennoch vorliegt. Eine solche Ausnahme ist gegeben, wenn der Beschwerdeführer nicht nur in der Zukunft betroffen wird, sondern schon jetzt zu Dispositionen oder Entscheidungen gezwungen wird, die später nicht mehr korrigiert werden können.[110] Durch das Fehlen der finanziellen Mittel wird B bereits vor dem Winter 1997/98 gezwungen, seine Sportausbildung aufzugeben. Aus diesem Grund ist B bereits gegenwärtig betroffen.

unmittelbare Betroffenheit bei Gesetzen problematisch, wenn Vollzugsakt fehlt

Außerdem müßte B auch noch unmittelbar betroffen sein. Unmittelbares Betroffensein liegt vor, wenn zur Durchführung des Gesetzes weder rechtlich noch nach der tatsächlichen Verwaltungspraxis ein Vollzugsakt notwendig ist.[111] Problematisch ist dies jedoch bei Gesetzen, bei denen generell ein Vollzugsakt erforderlich ist.

148

HEMMER-METHODE: Bedarf es mithin eines Vollzugsaktes, muß zunächst gegen diesen vorgegangen und der Rechtsweg erschöpft werden. Auf diesem Weg kann die konkrete Normenkontrolle durch eine Richtervorlage Klausurthema sein oder die Norm implizit bei der Entscheidung über die Verfassungsbeschwerde gegen die letztinstanzliche Entscheidung überprüft werden. Dadurch will man den Zugang zum BVerfG steuern und verhindern, daß die Verfassungsbeschwerde sich zu sehr der abstrakten Normenkontrolle angleicht, für die der einzelne gerade nicht antragsbefugt ist.

Vollzugsakt entbehrlich, da Antrag aussichtslos

Da aus dem Gesetz unzweifelhaft hervorgeht, daß B kein BSnföG mehr erhalten wird, ist fraglich, ob es hier noch eines von vornherein aussichtslosen Antrags bedarf. Ein solcher "provozierender Bescheid", der nur auf Beitreiben des Antragstellers ergeht, ist kein Vollzugsakt im Sinne der Rechtsprechung des BVerfG.[112]

Unmittelbarkeit jedenfalls aufgrund erforderlicher Dispositionen und fehlendem Ermessensspielraum der Verwaltung

Hier ist die Verfassungsbeschwerde ohne Abwarten auf den Vollzugsakt aber in jedem Falle unmittelbar gegen das Gesetz zulässig, da der Beschwerdeführer bereits vorher zu Dispositionen veranlaßt wird, die er nach dem Gesetzesvollzug nicht mehr beseitigen könnte, und der Vollziehungsakt ohne Auslegungs- und Entscheidungsspielraum der Verwaltung ergehen müßte.[113]

149

HEMMER-METHODE: Sie sehen, bei den Ausnahmen finden Sie auch hier die gleiche Argumentation wie bei der Gegenwärtigkeit. Lernen Sie nicht stur auswendig, sondern prägen Sie sich nur die Argumentationsmuster des BVerfG ein. Damit können Sie dann jeden Fall vertretbar lösen.

Aus dem BSnföG-ÄnderungsG geht bereits klar die Versagung der Förderung des B für die Zukunft hervor, weshalb er auch gezwungen ist, seine Ausbildung abzubrechen. B ist somit auch unmittelbar betroffen und im Ergebnis beschwerdebefugt.

---

110 BVerfGE 60, 360 ff. (372); 65, 1 ff.
111 BVerfGE 72, 39 ff. (42); 81, 70 (82), st. Rspr.
112 BVerfGE 31, 223.
113 BVerfGE 43, 291 (386); 46, 246 ff. (256); 77, 84 ff. (100); zuletzt BVerfG, DVBl 1994, 751 ff. (751 f.).

4. Rechtswegerschöpfung

Gemäß § 90 II 1 BVerfGG ist die Erschöpfung des Rechtsweges notwendig.

keine Rechtswegerschöpfung bei Gesetzen möglich

§ 90 II 1 BVerfGG setzt aber voraus, daß es für die angegriffene Maßnahme überhaupt einen Rechtsweg gibt. Dies ist bei Gesetzen aber nicht der Fall, was sich dadurch zeigt, daß nur inzident eine Normenkontrolle möglich ist, es also keinen eigenen Rechtszug für Gesetze gibt.

Somit ist § 90 II 1 BVerfGG auf Rechtssatzverfassungsbeschwerden nicht anwendbar. B konnte direkt gegen das BSnföG-Änderungsgesetz Verfassungsbeschwerde erheben.

Vorgehen gegen – künftigen – Umsetzungsakt nicht vorrangig

Auch aus der Subsidiarität i.w.S. folgt nichts anderes. Zwar soll die Verfassungsbeschwerde immer ultimo ratio sein, doch wäre hier ein anderer Weg nur möglich, wenn – wie dargestellt – ein (nicht nötiger) Umsetzungsakt in Form einer ablehnenden Verfügung schon erlassen wäre. Dann müßte trotz unmittelbarer Geltung des Gesetzes erst gegen diesen vorgegangen werden, da die behauptete Grundrechtsbeeinträchtigung auch auf diesem Weg beseitigbar wäre. Dies ist aber nicht der Fall.

5. Form, Frist

Die Beschwerdefrist beträgt bei Gesetzen nach § 93 III BVerfGG ein Jahr nach deren Inkrafttreten. Gemäß §§ 92, 23 I BVerfGG hat dies schriftlich zu erfolgen. B muß bis zum 01.09.1998 / 24.00 Uhr schriftlich Verfassungsbeschwerde beim BVerfG eingelegt haben.

6. Ergebnis

Die Verfassungsbeschwerde ist zulässig.

II. Begründetheit

Die Verfassungsbeschwerde ist begründet, wenn B durch das BSnföG-ÄnderungsG in einem seiner Grundrechte oder grundrechtsgleichen Rechte aus Art. 93 I Nr.4a GG, § 90 I BVerfGG verletzt ist.

1. Verletzung von Art. 12 I GG

Durch das Gesetz könnte B in Art. 12 I GG verletzt sein.

Schutzbereich nur eröffnet, wenn Art. 12 GG auch Teilhaberecht

Dazu müßte der Schutzbereich des Art. 12 I GG eröffnet sein. Das ist nur der Fall, wenn sich aus Art. 12 GG ein Anspruch auf Förderung ableiten ließe. Da Art. 12 GG in erster Linie ein Abwehrrecht gegen staatliche Eingriffe in die Berufsfreiheit darstellt, muß geprüft werden, inwieweit Art. 12 GG auch ein Teilhaberecht bezüglich staatlicher Leistungen beinhaltet.

Ansatzpunkte zur Herleitung von Teilhaberechte:	Zu differenzieren ist zwischen Ansprüchen aus Freiheits- und aus Gleichheitsgrundrechten. Bei Art. 12 GG handelt es sich um ein Freiheitsgrundrecht. Bei diesem gibt es verschiedene Ansatzpunkte zur Begründung von Ansprüchen auf Schutz, Leistung und Teilhabe.[114]	
– Wortlautansatz	**a)** Unmittelbar aus dem Wortlaut der Grundrechte lassen sich Schutz- und Fürsorgeansprüche nur aus Art. 1 I 2 GG sowie Art. 6 IV GG ableiten. Ein Anspruch auf Sportförderung läßt sich aber insbesondere nicht über Art. 1 I 2 GG konstituieren. Er garantiert dem Bürger auch in Verbindung mit dem Sozialstaatsprinzip (Art. 20 I GG) nur einen Anspruch auf das Existenzminimum (Sozialhilfe und vergleichbare Leistungen, vgl. § 1 II 1 BSHG).	155
– sozialstaatliche Neuinterpretation und objektiv-rechtliche Seite der Grundrechte	**b)** Weitere Ansatzpunkte sind zum einen die sozialstaatliche Neuinterpretation der Grundrechte, zum anderen die objektiv-rechtliche Seite der Grundrechte. Sozialstaatlich heißt, daß die Grundrechte auch als "reale Freiheitsgewährleistungen" anzusehen sind, denn faktisch kann der Einzelne heutzutage die Bedingungen für seine Freiheitsbetätigung nicht mehr selbst schaffen und sichern. Dies soll i.R.d. modernen Daseinsvorsorge jetzt Aufgabe des Staates sein. Wenn das Grundgesetz durch seine objektiv-rechtlichen Wertentscheidungen zum Ausdruck bringt, daß es die Existenz bestimmter Handlungen und Rechtsgüter für ordnungspolitisch wertvoll erachtet, dann muß der Staat dafür Sorge tragen, daß diese Existenz möglich ist.	156
Problem: Reichweite des Anspruchs	Allerdings ist hinsichtlich beider Ansatzpunkte aus der Verfassung nicht ersichtlich, wie weit die Institutionen und Handlungsmodalitäten geschützt werden sollen. Weiter ist problematisch, ob einer objektiven Verpflichtung des Staates auch ein subjektiv einklagbares Recht des Bürgers gegenübersteht.	157
Schranke des Anspruchs jedenfalls durch Abwägung mit anderen Verfassungszielen	Beides kann hier aber dahinstehen, da das Gesetz dem Anspruch jedenfalls zulässige Schranken setzt. Auch die Gewährung von Leistung und Teilhabe ist nicht absolut, denn auch im Rahmen ihrer positiven Ausprägung finden die Grundrechte ihre Schranken im Gesetzesvorbehalt und vor allem in den anderen Normen der Verfassung. Die so entstehenden Zielkonflikte werden aber alleine von den zuständigen staatlichen Instanzen, hier vom demokratisch legitimierten Gesetzgeber, nach ihrer Wertung entschieden. Verlangt werden kann lediglich, daß alle Verfassungsziele, die in Betracht kommen, in die Überlegungen miteinbezogen werden. Nur bei offensichtlich und grob fehlsamen Erwägungen käme eine Verletzung von Art. 12 I GG in Betracht.	158-
hier: Verfassungsziel des ausgeglichenen Haushalts, Art. 109 II GG	Im Sachverhalt finden sich keine Angaben über die Beweggründe für den Erlaß des Änderungsgesetzes. Es kann insoweit aber unterstellt werden, daß insbesondere die knappen Haushaltsmittel den Ausschlag gegeben haben. Das Anstreben eines ausgeglichenen Haushalts wird Bund und Ländern von der Verfassung in Art. 109 II GG zur Aufgabe gemacht.	

---

114 Vgl. hierzu SCHWERDTFEGER, Rn. 510 ff. sowie HEMMER/WÜST/CHRISTENSEN/KUDLICH, Staatsrecht I, Rn. 87 f.

im Ergebnis keine offensichtlich fehlsame Abwägung

Des weiteren trifft sein Begehren auf die Pflicht des Staates, mit den knappen Finanzmitteln auch alle anderen Staatsaufgaben wahrnehmen zu müssen.[115] Auch ist das Erfordernis befriedigender Wettkampfleistungen keinesfalls so hoch gesetzt, daß es faktisch zu einem Ausschluß des Anspruchs führt. Schließlich wäre es auch als sachgerechter Grund anzusehen, wenn das Geld lediglich umverteilt würde, um eine größere Zahl an Spitzenresultaten zu erzielen, d.h. wenn jetzt die stärkeren Sportler zu Lasten der schwächeren eine breitere Finanzausstattung bekommen würden.

Die Beschränkung wird folglich von sachgerechten Gründen getragen und eine Verletzung von Art. 12 I GG scheidet aus.

2. Verletzung von Art. 2 I i.V.m. Art. 20 III GG

positive Seite des Art. 2 GG auf absoluten Kern beschränkt, aber subjektive Abwehrfunktion

Es könnte aber ein Verstoß gegen Art. 2 I i.V.m. Art. 20 III GG vorliegen. Art. 2 I GG hat keine bzw. eine nur auf den absoluten Kernbereich beschränkte positive Seite. Alles andere würde Anarchie und Chaos bedeuten.[116] Insoweit kommt aber die subjektive Abwehrfunktion in Betracht.

a) Schutzbereich und Eingriff

keine Subsidiarität, da Schutzbereich des Art. 12 I GG nicht betroffen

Das Grundrecht aus Art. 2 I GG ist gegenüber allen anderen Freiheitsgrundrechten subsidiär. Als Auffanggrundrecht findet Art. 2 I GG deshalb nur Anwendung, wenn die streitgegenständliche Maßnahme nicht bereits in den Schutzbereich eines anderen Freiheitsgrundrechts fällt.[117] Hier fällt die staatliche Förderung nicht in den Schutzbereich des Art. 12 GG und auch sind andere Freiheitsgrundrechte nicht betroffen.

Schutzbereich: allgemeine Handlungsfreiheit

Von Art. 2 I GG geschützt wird die allgemeine Handlungsfreiheit. Nachdem früher nur der "Kernbereich der Persönlichkeit"[118] geschützt sein sollte, ist heute nach ganz h.M. die allgemeine Handlungsfreiheit geschützt.[119] So wird aus Art. 2 I GG das Recht des Bürgers abgeleitet, nur aufgrund solcher Vorschriften mit einem Nachteil belastet zu werden, die formell und materiell verfassungsgemäß sind.[120]

Eingriff: jede belastende staatliche Maßnahme

Das BSnföG-ÄnderungsG müßte einen Eingriff in Art. 2 I GG darstellen. Aufgrund der weit gezogenen Grenzen des Schutzbereiches ist jede belastende staatliche Maßnahme gleichzeitig auch ein Eingriff in den Schutzbereich von Art. 2 I GG.

Mit dem BSnföG-ÄnderungsG wird der B in der Durchführung seiner Ausbildung beschränkt, das Gesetz greift in sein Grundrecht aus Art. 2 I GG ein.

---

115 BVerfGE 33, 303 (335); 75, 40 (68).
116 SCHWERDTFEGER, Rn. 490.
117 Grundlegend BVerfGE 6, 32 (36 f.) – Elfes.
118 PETERS, Lam - FS 1953, 699.
119 Handlungsfreiheit im Sinne eines "Tun und Lassens, was man will"; grundlegend BVerfGE 6, 32 (36 f.) – Elfes; vgl. auch BVerfGE 55, 159; zuletzt BVerfG, NJW 1989, 2525 – Reiten im Wald.
120 BVerfGE 29, 402 (408).

b) Verfassungsrechtliche Rechtfertigung

Der Eingriff müßte verfassungsrechtlich gerechtfertigt sein.

Gesetzesvorbehalt: verfassungsmäßige Ordnung

Die allgemeine Handlungsfreiheit steht unter dem Gesetzesvorbehalt der verfassungsmäßigen Ordnung. Nach der h.M. wird unter "verfassungsmäßiger Ordnung" die Gesamtheit aller mit der Verfassung formell und materiell in Einklang stehenden Normen verstanden.[121]

Zu prüfen ist deshalb, ob das vorliegende Gesetz formell und materiell verfassungsmäßig ist.

aa) Formelle Verfassungsmäßigkeit

Gesetzgebungskompetenz und -verfahren

Die formelle Verfassungsmäßigkeit, die Gesetzgebungskompetenz und ordnungsgemäß durchgeführtes Gesetzgebungsverfahren voraussetzt, ist hier laut Sachverhalt gegeben.

bb) Materielle Verfassungsmäßigkeit

Fraglich ist, ob das BSnföG-ÄnderungsG materiell verfassungskonform ist.

Rechtsstaatsprinzip beeinhaltet Vertrauensschutz und Rückwirkungsverbot

Art. 20 III GG bindet die Gesetzgebung an die verfassungsmäßige Ordnung sowie die Exekutive und die Legislative an Recht und Gesetz. Aus dem Rechtsstaatsprinzip lassen sich auch der Vertrauensschutz und das Rückwirkungsverbot ableiten.[122] Bei Rückwirkungen von Gesetzen ist zu prüfen, ob ihnen das Vertrauen der betroffenen Bürger in den Bestand der früheren gesetzlichen Regelung und damit die Rechtssicherheit entgegensteht.

1. Senat: Unterscheidung zwischen echter und unechter Rückwirkung

Hierbei ist nach dem 1. Senat des BVerfG zwischen echter und unechter Rückwirkung zu unterscheiden.[123] Bei der echten Rückwirkung greift das Gesetz nachträglich in bereits in der Vergangenheit abgeschlossene Sachverhalte ein, während bei der unechten Rückwirkung das Gesetz in Sachverhalte aus der Vergangenheit eingreift, die noch nicht abgeschlossen sind, also noch fortdauern.[124]

2. Senat: Unterscheidung zwischen Rückbewirkung von Rechtsfolgen und tatbestandlicher Rückanknüpfung

Im Vordringen ist die an diese Unterscheidung anknüpfende Unterteilung in Rückbewirkung von Rechtsfolgen und tatbestandlicher Rückanknüpfung.[125] Diese Unterteilung, der der 2. Senat und zunehmend auch die h.L. folgen, grenzt mehr nach formalen Kriterien wie dem Zeitpunkt der Verkündung ab. Dennoch beinhalten die materiell definierte echte Rückwirkung und die formell definierte Rückwirkung des 2. Senats weitgehend identische Sachverhalte.[126]

---

121 BVerfGE 6, 32 (37); vgl. PIEROTH/SCHLINK, Rn. 440.

122 Näher zum Rechtsstaatsprinzip HEMMER/WÜST/CHRISTENSEN, Basics Öffentliches Recht, Rn. 225 ff.

123 BVerfGE 11, 139 (145 f.); zuletzt in BVerfGE 72, 175 (196).

124 BVerfGE 68, 287 (306).

125 So BVerfGE 72, 200 (241 ff.).

126 SCHWERDTFEGER, Rn. 915.

> **HEMMER-METHODE:** Wegen der meist identischen Ergebnisse sollten ausschweifende Erörterungen hierzu unterbleiben. Es genügt deshalb, wenn Sie kurz die terminologische Divergenz in der "Rückwirkungs-Rechtsprechung" darstellen. Lesen Sie dazu vertiefend Hemmer/Wüst/Christensen, Staatsrecht II, Rn. 131 ff.

echte Rückwirkung grundsätzlich unzulässig

Wegen des Gebotes der Rechtssicherheit sind belastende Gesetze mit "Rückwirkung" bzw. "echter Rückwirkung" grundsätzlich unzulässig.[127]

unechte Rückwirkung aufgrund Interessenabwägung zulässig

Bei der "unechten Rückwirkung" oder der "tatbestandlichen Rückanknüpfung" ist hingegen die „Waagschale" zugunsten des Gesetzgebers vorbelastet. Unzulässig ist das Gesetz nur, wenn bei der Interessenabwägung das gesetzgeberische Anliegen besonderen vertrauensbegründenden Umständen weichen muß.[128]

164

hier: unechte Rückwirkung

Vorliegend handelt es sich bei dem BSnföG-ÄnderungsG um einen Fall der unechten Rückwirkung / der tatbestandlichen Rückanknüpfung, da die Ausbildung des B zwar in der Vergangenheit begonnen hat, aber noch nicht abgeschlossen ist, also fortdauert.

165

Interessenabwägung im konkreten Fall erfordert zumindest Übergangsregelung

Fraglich ist, ob das Vertrauen des B in die bestehende Rechtslage höher zu bewerten ist als das staatliche Interesse. Bei der Verkürzung und Umgestaltung bestehender Rechtspositionen ist der Gesetzgeber gehalten, diese durch Übergangsregelungen schonend zu gestalten.[129] Ausnahmen ergeben sich nur dann, wenn das gesetzgeberische Anliegen so bedeutsam ist, daß eine Veränderung der Rechtslage unaufschiebbar ist.[130] Hier können zwar notwendige Einsparungen im Rahmen des Bundeshaushaltes eine Rolle gespielt haben, diese sind aber im Vergleich zum Vertrauensschutz des B, der seit längerer Zeit trainiert und diese Ausbildung sonst abbrechen müßte, weniger dringlich. Aus diesem Grund muß das gesetzgeberische Anliegen hinter den Vertrauensschutz des B zurücktreten. Ohne Übergangsregelung verstößt das BSnföG-ÄnderungsG gegen Art. 20 III GG.

166

c) Ergebnis

Das BSnföG-ÄnderungsG ist materiell verfassungswidrig, wodurch B in seinem Grundrecht aus Art. 2 I i.V.m. 20 III GG verletzt ist.

3. Verletzung von Art. 3 I GG

Das ÄnderungsG könnte zudem gegen Art. 3 I GG verstoßen.

---

127 BVerfGE 25, 403; 13, 270 f.
128 Vgl. dazu BVerfGE 30, 392 (402 ff.), 74, 129 (155 ff.); 76, 256 (345 ff.).
129 BVerfGE 58, 300 (351).
130 Vgl. dazu BVerfGE 78, 249 (283 ff.).

a) Ungleichbehandlung

Art. 3 I GG umfaßt Rechtsanwendungs – und Rechtssetzungsgleichheit

Vom Wortlaut des Art. 3 I GG her wird nur die sog. Rechtsanwendungsgleichheit geschützt. Nach allgemeiner Meinung wird neben der Exekutive und Judikative aber auch die Legislative gebunden, also auch die Rechtsetzungsgleichheit geschützt.[131] Der Gleichheitssatz verbietet, wesentlich Gleiches ungleich und wesentlich Ungleiches in seiner jeweiligen Eigenart gleich zu behandeln.[132]

167

Ungleichbehandlung

Das BSnföG-ÄnderungsG behandelt in der Vergangenheit geförderte Sportler in Zukunft ungleich, da nur Sportler mit befriedigenden Wettkampfleistungen die Förderung erhalten sollen.

168

b) Rechtfertigung der Ungleichbehandlung

sachlicher Grund

Diese Ungleichbehandlung könnte hier ohne sachlichen Grund erfolgt sein. Nach der sog. "Neuen Formel" des BVerfG ist eine Ungleichbehandlung nur dann gerechtfertigt, wenn zwischen vergleichbaren Normadressaten Unterschiede von solcher Art und solchem Gewicht bestehen, daß sie die ungleiche Behandlung rechtfertigen könnten.[133] Es müßte also gerechtfertigt sein, gerade auf die ungleichen Merkmale (unterschiedliche sportliche Leistungen) abzustellen.

169

unterschiedliche sportliche Leistungen zulässiger Anknüpfungspunkt

Um die Förderung gerecht zu verteilen, sind ausreichende und bessere sportliche Leistungen Unterschiede von solcher Art und Gewicht, daß sie angemessen die unterschiedliche Förderung der betreffenden Sportler rechtfertigen.

HEMMER-METHODE: Die Prüfung von Art. 3 I GG konnte hier kurz erfolgen, da der Schwerpunkt der Begründetheit auf Art. 12 GG und Art. 2 I i.V.m. 20 III GG lag.

Genau aus dem gleichen Grund scheitert die grundrechtsdogmatisch mögliche Begründung eines Leistungsanspruchs aus Art. 3 I GG.

c) Ergebnis

Eine Verletzung von Art. 3 I GG scheidet aus.

III. Endergebnis

Die Verfassungsbeschwerde des B ist zulässig und begründet. Das BVerfG wird das Gesetz gem. § 95 III BVerfGG für nichtig erklären.

---

131 M/D-Dürig, Art. 3, Rn. 280 f.
132 Seit BVerfGE 1, 14 (52); Jarass/Pieroth, Art. 3, Rn. 5.
133 BVerfGE 55, 72 (88).

B. Einstweilige Anordnung nach § 32 BVerfGG

Die Herbeiführung einer baldigen gerichtlichen Entscheidung ermöglicht der Antrag auf Erlaß einer einstweiligen Anordnung, so daß der Vollzug des BSnföG-ÄnderungsG bis zur Entscheidung über die Verfassungsbeschwerde des B ausgesetzt werden müßte.

> **HEMMER-METHODE:** Bedenken Sie, daß das Verfahren einer Verfassungsbeschwerde vor dem BVerfG oft Jahre dauert, weshalb die Möglichkeit einer einstweiligen Anordnung in der Praxis eine gewichtige Rolle einnimmt, was auch die zahlreichen bedeutsamen Entscheidungen aus der jüngeren Zeit zeigen.[134]

Das BVerfG würde eine einstweilige Anordnung erlassen, wenn der Antrag des B zulässig und begründet wäre.

I. Zulässigkeit

Dazu müßten die Voraussetzungen des § 32 BVerfGG vorliegen.

1. Statthaftigkeit

Antrag statthaft in allen zulässigen Verfahren vor dem BVerfG

Ein Antrag auf Erlaß einer einstweiligen Anordnung ist in allen Verfahren vor dem BVerfG statthaft.[135] Im Hauptsacheverfahren handelt es sich um eine Verfassungsbeschwerde vor dem BVerfG. Der Antrag des B ist damit statthaft.

2. Antragsberechtigung

Antragsberechtigung in der Hauptsache

Antragsberechtigt ist derjenige, der in der Hauptsache antragsberechtigt ist. Wie bereits oben festgestellt wurde, ist dies bei B der Fall.

3. Keine Vorwegnahme der Hauptsache

bei bloßer Vollzugsaussetzung keine Vorwegnahme der Hauptsache

Weiterhin darf der Antrag nicht auf die Vorwegnahme der Hauptsache gerichtet sein. B will mit dem Antrag erreichen, daß der Vollzug des BSnföG-ÄnderungsG bis zur Entscheidung in der Hauptsache ausgesetzt wird. Somit würde seine weitere Förderung mittels BSnföG, wenn auch nur unter Vorbehalt, gewährleistet.

4. Rechtsschutzinteresse

Rechtsschutzinteresse i.d.R. indiziert

B müßte ein rechtliches Interesse am Erlaß der einstweiligen Anordnung haben.

---

134 BVerfG, NJW 1992, 2343 -- zu § 218 a StGB; BVerfG, NJW 1992, 3288 – Fernsehberichterstattung bei Honecker-Prozeß; BVerfG, NJW 1993, 1317 – Awacs Einsätze der BW; BVerfG, NJW 1993, 2038 – Somaliaeinsatz der BW; BVerfG, NJW 1994, 2143 – zum Asylrecht.

135 BVerfGE 1, 74 ff. (75); 1, 85 ff. (86); 12, 36 ff. (39); 55, 1 ff. (3).

Bei Vorliegen der übrigen Zulässigkeitsvoraussetzungen wird, sofern keine besonderen Bedenken bestehen, ein solches indiziert. Derartige Bedenken sind hier nicht ersichtlich.

5. Form, Frist

grds. keine Frist

Der Antrag ist gem. § 23 BVerfGG schriftlich einzureichen. Fristen sind in diesem Verfahren nicht vorgeschrieben, doch ist in jedem Falle die Frist der Hauptsache zu wahren. Davon ist hier auszugehen.

175

6. Ergebnis

Der Antrag des B ist zulässig.

II. Begründetheit

Glaubhaftmachung von Anordnungsanspruch und –grund

Der Antrag des B wäre begründet, wenn ein Anordnungsanspruch vorliegt und die einstweilige Anordnung zur Abwehr schwerer Nachteile, zur Verhinderung drohender Gewalt oder aus einem sonstigen wichtigen Grund zum gemeinen Wohl dringend geboten ist.

176

1. Anordnungsanspruch

Anordnungsanspruch: Erfolgsaussichten der Hauptsache

B müßte einen Anordnungsanspruch glaubhaft machen. Glaubhaft gemacht ist er dann, wenn die Erfolgsaussichten im Hauptsacheverfahren überwiegen, was nie bei erkennbarer Unzulässigkeit und/oder offensichtlicher Unbegründetheit des Hauptsacheantrags der Fall ist.[136]

177

Die Verfassungsbeschwerde des B ist zulässig und begründet, ein Anordnungsanspruch ist gegeben.

> **HEMMER-METHODE:** Normalerweise wäre hier zunächst inzident die Zulässigkeit im Hauptsacheverfahren zu prüfen. Offensichtliche Unbegründetheit liegt nicht vor, wenn die Notwendigkeit zur Prüfung schwieriger verfassungsrechtlicher Fragen gegeben ist.[137] Prüfen Sie hinsichtlich der Begründetheit also nur, ob ein Eingriff in den Schutzbereich vorliegt.

2. Anordnungsgrund

Anordnungsgrund: schwerer Nachteil

Als Anordnungsgrund kommt hier der "schwere Nachteil" in Betracht. Dieser liegt schon darin, daß B ohne einstweilige Anordnung zum Winter 1997/98 seine Ausbildung aufgeben müßte, weil bis zu diesem Zeitpunkt noch keine Hauptsacheentscheidung ergangen sein wird.

178

---

136 PESTALOZZA, § 18, Rn. 15; BUTZER, JuS 1994, 1048.
137 Dazu HEMMER/WÜST/CHRISTENSEN, Staatsrecht II, Rn. 57.

3. Sonstige Voraussetzungen

Die Anordnung müßte zum gemeinen Wohl geboten sein.

dringend geboten

Dringend geboten ist diese, da die Hauptsacheentscheidung zur Abwendung des "schweren Nachteils" zu spät ergehen würde.

zum gemeinen Wohl geboten: Abwägung Allgemein- und Individualinteresse

Ob sie auch zum gemeinen Wohl dringend geboten ist, muß durch eine Interessenabwägung mit dem Individualinteresse des Antragstellers geprüft werden. Bei dieser Abwägung sind die Folgen, die eintreten würden, wenn die einstweilige Anordnung nicht ergeht, die Verfassungsbeschwerde aber Erfolg hätte, gegenüber den Nachteilen abzuwägen, die entstünden, wenn die begehrte einstweilige Anordnung erlassen würde, der Verfassungsbeschwerde aber der Erfolg versagt wäre.

Ergeht die einstweilige Anordnung und die Verfassungsbeschwerde ist erfolglos, kann die zuständige BSnföG-Behörde die unter Vorbehalt gewährte Unterstützung von B zurückverlangen. Es entsteht dadurch dem Staat kein wesentlicher Nachteil.

Ergeht dagegen die einstweilige Anordnung nicht, die Verfassungsbeschwerde wäre aber erfolgreich, müßte B seine Ausbildung aus finanziellen Gründen abbrechen oder zumindest unterbrechen. Seine gesamte berufliche Laufbahnplanung wäre in großer Gefahr.

Daher ist das Interesse des B am Erlaß der einstweiligen Anordnung höher zu bewerten.

III. Ergebnis

Der Antrag auf Erlaß der einstweiligen Anordnung ist zulässig und begründet. Das BVerfG setzt den Gesetzesvollzug gem. § 32 BVerfGG bis zur Entscheidung über die Verfassungsbeschwerde im Hauptsacheverfahren aus.

§ 2 ORGANSTREITVERFAHREN

Überblick über die Zulässigkeitsvoraussetzungen eines Organstreitverfahrens gemäß Art. 93 I Nr.1 GG, §§ 13 Nr.5, 63 ff. BVerfGG

1. Parteifähigkeit

Antragsteller und Antragsgegner dürfen nur sein:

a) oberste Bundesorgane: Bundespräsident, Bundestag, Bundesrecht, Bundesregierung.

b) Teile dieser Organe, die im GG oder in den GeschO des BT oder des BR mit eigenen Rechten ausgestattet sind;

c) "andere Beteiligte" im Sinne des Art. 93 I Nr.1 GG (weiter als § 63 BVerfGG!) müssen in Rang und Funktion den obersten Bundesorganen gleichstehen: Politische Parteien, soweit (!) Rechte aus ihrem besonderen verfassungsrechtlichen Status betroffen sind.

2. Verfahrensgegenstand (Streitgegenstand)

Maßnahme/Unterlassung des Antragsgegners, die rechtserheblich ist (auch: Erlaß eines Gesetzes)

3. Antragsbefugnis

Antragsteller muß geltend machen, daß er (oder das Organ, dem er angehört) in seinen ihm durch das GG übertragenen Rechten oder Pflichten verletzt oder unmittelbar gefährdet wird:

a) Verletzung muß sich als mögliche Rechtsfolge aus dem Sachvortrag ergeben und zwischen den Beteiligten im Streit sein.

b) Gegenseitige Rechte und Pflichten müssen sich aus einem verfassungsrechtlichen Rechtsverhältnis ergeben.

c) Es muß sich um "subjektive" Rechte des Antragstellers handeln.

4. Form und Frist

§ 64 II, III BVerfGG

ANGRIFF AUF DIE PARTEIFREIHEIT

SACHVERHALT:

TEIL 1:

In einem im Namen der Bundesregierung vor dem Bundestag abgegebenen Jahresbericht bezeichnet der Bundesminister des Inneren (BMI) die nicht im Bundestag vertretene Partei der nationalen Erhebung (PNE) als rechtsradikale Organisation, die man eigentlich verbieten müsse. Die PNE habe aufgrund ihres Parteiprogramms keine moralische und politische Legitimation, an der demokratischen Gestaltung des pluralistischen Gemeinwesens mitzuwirken. Die PNE, vertreten durch den Bundesvorstand, sieht in dieser Äußerung einen fundamentalen Angriff auf ihre – wie sie es nennt – Parteifreiheit. Sie erwägt prozessuale Schritte vor dem Bundesverfassungsgericht.

Bearbeitervermerk:

Prüfen Sie die Erfolgsaussichten eines entsprechenden Rechtsbehelfes.

TEIL 2:

Als Folge der Einschätzung des Bundesinnenministers wird dem Passauer Ortsverband der PNE von der Stadtverwaltung Passau die Benutzung der kommunalen Stadthalle (einer öffentlichen Einrichtung im Sinne des Art. 21 BayGO[138]) zum Zwecke der Wahlwerbung aus Anlaß der bayerischen Kommunalwahlen verweigert. Andere politische Parteien durften die Stadthalle anstandslos benutzen. Als Begründung für die Nichtzulassung der PNE wird ausgeführt, diese Partei sei verfassungswidrig.

Rechtliche Schritte des Ortsverbandes der PNE vor den Verwaltungsgerichten blieben erfolglos. Die PNE möchte nun das Bundesverfassungsgericht anrufen.

Bearbeitervermerk:

Prüfen Sie die Erfolgsaussichten eines entsprechenden Rechtsbehelfes.

---

138 Vgl. Sie hierzu die entsprechende Regelung in Ihrer Landesgesetzsammlung!

LÖSUNG:

Teil 1

A. Zulässigkeit des Antrages im Organstreitverfahren, Art. 93 I Nr.1 GG

I. Parteifähigkeit

1. Antragsteller

Beteiligungsfähigkeit von Parteien, wenn die in Art. 21 I GG verankerte spezifisch verfassungsrechtliche Stellung in Streit steht

Die politischen Parteien sind überwiegend nichtrechtsfähige Vereine des bürgerlichen Rechts. Andererseits sind sie in Art. 21 I GG als verfassungsrechtlich notwendige Instrumente für die politische Willensbildung des Volkes anerkannt. Sie ragen in den Bereich der institutionalisierten Staatlichkeit hinein. Ihnen kommt deshalb eine Doppelstellung zu: Agieren sie im gesellschaftlichen Raum, kommt ihnen keine verfassungsorganschaftliche Qualität zu. Steht demgegenüber ihre in Art. 21 I GG verankerte spezifisch verfassungsrechtliche Stellung in Streit, die sie zu notwendigen Bestandteilen des Verfassungsaufbaus macht, haben sie die Qualität eines Verfassungsorgans. In diesem Fall können sie Beteiligte eines Organstreitverfahrens sein.[139]

Im vorliegenden Fall macht die PNE geltend, durch die Äußerungen des BMI, die in der Sache falsch seien, werde unmittelbar in ihre Rechte aus Art. 21 I GG eingegriffen. Durch die Abstempelung als eine eigentlich zu verbietende Partei solle ihr das Recht auf ungehinderte Mitwirkung bei der Staatswillensbildung bestritten werden. Insoweit geht es tatsächlich um die spezifisch verfassungsrechtliche Stellung der PNE, sie kann daher Beteiligte des Organstreitverfahrens sein.[140]

2. Antragsgegner

Antragsgegnerin: Bundesregierung

Der BMI ist zwar Teil des obersten Bundesorgans Bundesregierung. Er ist in Art. 65 S.2 GG mit eigenen Kompetenzen ausgestattet und kann deshalb auch grundsätzlich selbst Beteiligter eines Organstreitverfahrens sein. Hier ist der BMI jedoch nicht aufgrund eigener Kompetenz tätig geworden, sondern als Vertreter der Bundesregierung. Diese ist damit Antragsgegnerin. Als oberstes Bundesorgan (Art. 62 GG) ist die Bundesregierung auch beteiligtenfähig.

---

139 HEMMER/WÜST/CHRISTENSEN/KUDLICH, Staatsrecht I, Rn. 20.

140 Allg. zur Parteifähigkeit im Organstreitverfahren HEMMER/WÜST/CHRISTENSEN/KUDLICH, Staatsrecht II, Rn. 5.

ANGRIFF AUF DIE PARTEIFREIHEIT

II. Streitgegenstand

Streitgegenstand: rechtserhebliche Maßnahme:

Nach Auffassung des BVerfG muß die zur Nachprüfung gestellte Maßnahme rechtserheblich sein oder zumindest zu einem die Rechtsstellung des Antragstellers beeinträchtigenden, rechtserheblichen Verhalten führen können.[141] Folgt man dieser Prämisse, sind zwei Lösungsmöglichkeiten vertretbar:

(+) wenn Verletzung des Parteienprivilegs aus Art. 21 GG

1. Es kann argumentiert werden, aus dem Monopol des BVerfG, nach Art. 21 II GG über die Verfassungswidrigkeit einer politischen Partei zu entscheiden, folge, daß bis zu dieser Entscheidung niemand die Verfassungswidrigkeit einer Partei rechtlich geltend machen könne. Die Möglichkeit einer Verletzung dieses Parteienprivilegs durch die Äußerungen des BMI sei nicht auszuschließen.

(-) wenn bloß politische Auseinandersetzung

2. Ebensogut vertretbar ist aber auch die Argumentation, der BMI habe die behauptete Verfassungswidrigkeit der PNE nicht *rechtlich* geltend gemacht, sondern es habe lediglich eine nicht mit juristischen Mitteln geführte *politische* Auseinandersetzung stattgefunden. Eine Verletzung von Rechten der PNE aus Art. 21 I GG scheide deshalb von vornherein aus.

III. Antragsbefugnis

Rechtsverletzung aufgrund des streitgegenständlichen Verhaltens

Geht man von einem rechtserheblichen Verhalten des BMI aus (= Ansicht II.1., so ist nun kurz auf die Antragsbefugnis einzugehen. Die PNE muß geltend machen, durch jene Äußerungen des BMI in ihren Rechten aus Art. 21 I GG verletzt zu sein. Insoweit kann hier weitgehend auf obige Ausführungen zur Parteifähigkeit verwiesen werden.

IV. Form und Frist

Der Antrag ist form- und fristgerecht nach § 64 II, III BVerfGG einzulegen.

Der Antrag ist zulässig.

B. Begründetheit des Antrages

Vorliegen einer tatsächlichen Rechtsverletzung

Der Antrag ist begründet, wenn die Äußerungen des BMI die PNE tatsächlich in ihren Rechten aus Art. 21 I GG verletzen.

Eine Rechtsverletzung ist vorliegend zu verneinen, weil mit den Äußerungen des BMI keinerlei rechtliche Folgen verbunden sind. Der BMI hat lediglich eine rein politische Auseinandersetzung geführt.

Der Antrag ist mithin zulässig, aber unbegründet.

> **HEMMER-METHODE:** Sie kommen also zum gleichen Ergebnis wie die unter A.II.2. skizzierte Ansicht, nämlich zur Erfolglosigkeit des Rechtsbehelfes. Klausurtaktisch allerdings erscheint es geschickter, mit Hilfe einer möglichen Rechtsverletzung die „Zulässigkeitshürde" zu überspringen.

---

141 HEMMER/WÜST/CHRISTENSEN/KUDLICH, Staatsrecht I, Rn. 8.

Teil 2

Die PNE befindet sich bzgl. der Zulassung zur Benutzung der Stadthalle in einer allen anderen Bewerbern und damit nicht nur ihren politischen Konkurrenten vergleichbaren Situation. Zu prüfen sind deshalb die Erfolgsaussichten einer Verfassungsbeschwerde nach Art. 93 I Nr.4a GG, §§ 13 Nr.8a, 90 ff. BVerfGG.

A. Zulässigkeit

I. Beschwerdeberechtigung und -fähigkeit

Jedenfalls bezüglich Art. 3 I GG ist die PNE gemäß Art. 19 III GG beschwerdeberechtigt. Die Prozeßhandlungen können durch den Vorstand vorgenommen werden.

II. Beschwerdegegenstand

Angreifbare Akte der öffentlichen Gewalt sind hier die ablehnende Entscheidung der Stadt (Handeln der Exekutive) sowie die klageabweisenden Urteile.

III. Beschwerdebefugnis

Die PNE müßte beschwerdebefugt sein.

1. Grundrechtsrüge

Grundrecht aus Art. 3 I i.V.m. Art. 21 GG: Chancengleichheit der Parteien

Die PNE muß eine Grundrechtsverletzung geltend machen, die nicht von vornherein ausgeschlossen sein darf. Hier ist die PNE möglicherweise in ihrem Grundrecht aus Art. 3 I (i.V.m. Art. 21 I GG) - Chancengleichheit der Parteien als Ausprägung des allgemeinen Gleichheitssatzes - verletzt.

> **HEMMER-METHODE:** Auf Art. 21 I GG isoliert darf keinesfalls (!) abgestellt werden, da er kein Grundrecht bzw. grundrechtsähnliches Recht ist und deshalb im Katalog des Art. 93 I Nr.4a GG auch nicht genannt ist.

2. Betroffenheit

Die PNE ist durch die ablehnende Entscheidung selbst, gegenwärtig und auch unmittelbar betroffen.

IV. Rechtswegerschöpfung

Die PNE hat auch den Rechtsweg ausgeschöpft (§ 90 II 1 BVerfGG).

ANGRIFF AUF DIE PARTEIFREIHEIT

V. Form und Frist

Monatsfrist und Schriftform sind einzuhalten (§§ 92 i.V.m. 23; 93 I BVerfGG).

VI. Ergebnis

Die Verfassungsbeschwerde ist mithin zulässig.

B. Begründetheit der Verfassungsbeschwerde

Die Verfassungsbeschwerde ist begründet, wenn die angegriffenen Akte die PNE in Art. 3 I GG tatsächlich verletzen.

Verfassungswidrigkeit der PNE in Anbetracht des Parteienprivilegs kein zulässiges Differenzierungskriterium

Aus der Chancengleichheit der politischen Parteien folgt ein Anspruch der PNE, grundsätzlich gleichen Zugang zur Stadthalle zu erhalten wie die anderen politischen Parteien. Zulässig sind nur verfassungsgemäße Differenzierungskriterien. Die - angebliche - Verfassungswidrigkeit der PNE ist indes vor dem Hintergrund des Art. 21 II GG ein unzulässiges Differenzierungskriterium: Solange das BVerfG die Verfassungswidrigkeit der PNE nicht festgestellt hat, darf an ihre tatsächliche oder vermeintliche Verfassungswidrigkeit keine rechtliche Folge geknüpft werden.

> **HEMMER-METHODE:** Wiederholen Sie zunächst die Zwei-Schritt-Prüfung von Gleichheitsgrundrechten im Vergleich zur Drei-Schritt-Prüfung von Freiheitsgrundrechten! Beachten Sie ferner die sog. Doppelstellung der politischen Parteien: Die Partei kann sowohl beschwerdeberechtigt im Rahmen einer Verfassungsbeschwerde wie auch parteifähig im Rahmen eines Organstreitverfahrens sein. Letzteres ist allerdings nur dann der Fall, wenn gerade die Rechte der Partei als Verfassungsorgan aus Art. 21 GG in Streit stehen.

Die Entscheidung der Stadt sowie die klageabweisenden Urteile verstoßen demzufolge gegen Art. 3 I GG (i.V.m. Art. 21 I GG).

Die Verfassungsbeschwerde ist somit zulässig und auch begründet.

§ 3 DIE NORMENKONTROLLE

Überblick und Vergleich der Zulässigkeitsvoraussetzungen von abstrakter und konkreter Normenkontrolle

	abstrakt	konkret
1. Prüfungsgegenstand	Jegliches Bundes- oder Landesrecht a) muß noch nicht in Kraft, aber verkündet sein b) außer Kraft: Einfluß auf schwebende Verfahren? c) auch vorkonstitutionelles Recht	Gesetz des Bundes oder eines Landes, sofern: a) in Kraft (Entscheidungserheblichkeit!) b) formell c) nachkonstitutionell oder in den Willen des Gesetzgebers übernommen
2. Antrags-/ Vorlageberechtigung	Bundesregierung, Landesregierung, 1/3 der MdB (keine Analogie!)	Deutsche Gerichte = alle Spruchstellen, die in formell gültigem Gesetz mit Gerichtsaufgaben betraut sind und nach rechtsstaatl. Grds. verfahren
3. Weitere Voraussetzungen	a) Meinungsverschiedenheiten/Zweifel über Vereinbarkeit von Prüfungsgegenstand und -maßstab b) Objektives Interesse an Klarstellung	a) Überzeugung von der Verfassungswidrigkeit des Gesetzes (nicht nur Zweifel!) b) Entscheidungserheblichkeit der Verfassungsmäßigkeit d. Gesetzes im konkreten Fall: c) hypothetische Prüfung, ob bei Nichtigkeit d. Gesetzes im Ergebnis eine andere Entscheidung ergehen müßte

DAS MITTERNACHTSBRÖTCHEN

A: DIE KONKRETE NORMENKONTROLLE

SACHVERHALT:

B ist Inhaber einer Brotfabrik mit 35 Arbeitnehmern. Bei Überprüfung seines Betriebes stellte das Gewerbeaufsichtsamt fest, daß an mehreren Werktagen, zuletzt am 13. März 1997, jeweils sieben Arbeiter in der Zeit zwischen 0.00 Uhr und 4.00 Uhr mit der Brotherstellung beschäftigt waren. Mit Schreiben vom 20. März 1997 setzte das Gewerbeaufsichtsamt gegen B wegen Verstoßes gegen § 5 I des Gesetzes über die Arbeitszeit in Bäckereien und Konditoreien (BAZG aus dem Jahre 1936, § 5 zuletzt geändert 1969) eine Geldbuße in Höhe von 300 DM fest. Gegen diesen Bescheid hat B beim zuständigen Amtsgericht fristgerecht Einspruch eingelegt.

B fühlt sich durch das Nachtbackverbot in seinen Grundrechten auf allgemeine Handlungsfreiheit, Berufsfreiheit und Eigentumsfreiheit verletzt. Außerdem verstoße § 5 I BAZG gegen das "Willkürverbot". Er meint, § 5 I BAZG verfolge keine sachlich vertretbaren Ziele. Jedenfalls gebe es für Brotfabriken (im Gegensatz zu handwerklich betriebenen kleinen Familienunternehmen) weniger einschneidende Mittel, um etwa den Schutz der Arbeitnehmer oder die Nachtruhe der Nachbarschaft zu gewährleisten. Nach Ansicht des B käme es einer Enteignung gleich, wenn er seine Produktionsanlagen nicht auch nachts nutzen könne. Der Richter ist von dieser Argumentation des B nicht unbeeindruckt und zweifelt zunächst an der Verfassungsmäßigkeit des BAZG. Nach längerer Prüfung kommt er zu der Überzeugung, daß das BAZG zumindest gegen Art. 12 I GG verstößt und die Geldbuße somit unrechtmäßig ist.

Bearbeitervermerk:

1. Verletzt § 5 I BAZG den B in den von ihm angeführten Grundrechten?

2. Könnte das Amtsgericht eine Überprüfung dieser Fragen durch das Bundesverfassungsgericht erreichen?

Auszug aus dem Gesetz über die Arbeitszeit in Bäckereien und Konditoreien (BAZG):

§ 1 [Anwendungsbereich]

(1) 1. Das Gesetz gilt für gewerbliche Bäckereien und Konditoreien.

§ 2 [Regelmäßige Arbeitszeit]

Die regelmäßige werktägliche Arbeitszeit der Arbeiter darf ausschließlich der Pausen acht Stunden nicht überschreiten.

§ 5 [Nachtbackverbot]

(1) An Werktagen darf in den zur Herstellung von Bäcker- oder Konditorwaren dienenden Räumen während folgender Nachtzeit niemand arbeiten:

1. von Montag bis Freitag von 0.00 Uhr bis 4.00 Uhr und von 22.00 Uhr bis 24.00 Uhr,

2. am Sonnabend von 22.00 Uhr bis 24.00 Uhr.

§ 6 [Arbeitsverbot an Sonn- und Feiertagen]

(1) An Sonn- und Feiertagen darf in den zur Herstellung von Bäcker- oder Konditorwaren dienenden Räumen niemand arbeiten und eine Beschäftigung von Arbeitern in den im § 1 genannten Betrieben auch im übrigen nicht erfolgen.

§ 8 [Notfälle]

In Notfällen finden die Vorschriften der §§ 2 und 4 über die werktägliche Arbeitszeit, des § 5 über das Nachtbackverbot und des § 6 über die Sonntagsruhe keine Anwendung.

§ 15 [Ordnungswidrigkeiten]

Ordnungswidrig handelt, wer vorsätzlich oder fahrlässig der Vorschrift des § 5 I BAZG zuwiderhandelt.

DAS MITTERNACHTSBRÖTCHEN

LÖSUNG:

Frage 1: Verletzt § 5 I BAZG den B in den von ihm angeführten Grundrechten?

In Betracht kommt eine Verletzung der Grundrechte des B aus Art. 12 I, 14 I, 2 I und 3 I GG durch die gesetzliche Regelung des § 5 BAZG.

> **HEMMER-METHODE:** Für eine eigenständige Grundrechtsverletzung durch die Rechtsanwendung der Behörde sind keine Anhaltspunkte ersichtlich.

A. Verletzung von Art. 12 I GG

I. Schutzbereich

Art. 12 als einheitliches Grundrecht der Berufswahl- und Berufsausübungsfreiheit

Zunächst müßte der Schutzbereich des Grundrechts betroffen sein. Art. 12 I GG schützt als einheitliches Grundrecht nach h.M. sowohl die Berufswahl- als auch die Berufsausübungsfreiheit. Insoweit handelt es sich um ein einheitliches Grundrecht der Berufsfreiheit.

Beruf im Sinne der Vorschrift ist jede erlaubte Tätigkeit, die auf Dauer angelegt ist und zur Sicherung des Lebensunterhalts betrieben wird. Bei B liegt als Betreiber der Brotfabrik somit unzweifelhaft ein Beruf vor.

II. Eingriff

Eingriff durch § 5 I BAZG

In die Berufsfreiheit wird auch eingegriffen, denn dem B werden durch § 5 I BAZG einschränkende Regeln bzgl. der Fabrikation von Brot gemacht.

III. Verfassungsrechtliche Rechtfertigung

Der Eingriff in die Berufsfreiheit ist aber nur rechtswidrig, wenn er nicht durch Schranken gedeckt ist.

BVerfG: einheitliches Grundrecht mit einheitlicher Schranke

Nach dem Wortlaut steht nur die Berufsausübung unter einem Gesetzesvorbehalt (Art. 12 I 2 GG), während die Freiheit der Berufswahl schrankenlos gewährleistet wird. Nach dem BVerfG handelt es sich jedoch um ein einheitliches Grundrecht der Berufsfreiheit, so daß die Schranke auch für die Berufswahl gilt.[142]

formelles Gesetz

1. § 5 I BAZG ist ein vom Parlament erlassenes und mithin formelles Gesetz i.S.d. Art. 12 I 2 GG.

---

[142] Vgl. Fall 5, S.41.

Verhältnismäßigkeitsgrundsatz	**2.** Des weiteren müßte es dem Verhältnismäßigkeitsgrundsatz als Schranken-Schranke genügen. Diese Prüfung ist erforderlich, da jedes Gesetz, welches ein Grundrecht einschränkt, wiederum selbst im Lichte dieses Grundrechts beachtet werden muß. Erforderlich ist insoweit jedenfalls, daß es den Verhältnismäßigkeitsgrundsatz (Art. 14 II GG) beachtet.	**200**
legitimer Zweck, Geeignetheit	**a)** § 5 I BAZG verfolgt mit dem Schutz der Arbeitnehmer vor Gesundheitsgefahren durch Nachtarbeit einen legitimen Zweck und ist durch das Verbot der Nachtarbeit auch zur Erreichung dieses Ziels geeignet.[143]	**201**
– Berufsausübungsregel:	**b)** Bei § 5 I BAZG handelt es sich nicht um eine objektive oder subjektive Zulassungsbeschränkung zum Beruf des Bäckers, sondern lediglich um eine Berufsausübungsregel. Ein eigenständiges Berufsbild des "Brotfabrikanten mit Nachtproduktion" gibt es nicht.	**202**
Voraussetzung für Eingriff: vernünftige Erwägungen des Allgemeinwohls	In diesem Fall ist der Eingriff zulässig, soweit vernünftige Erwägungen des Allgemeinwohls es zweckmäßig erscheinen lassen. Zu beachten ist insoweit aber, daß es primär Aufgabe des demokratisch legitimierten Gesetzgebers ist, die Zweck-Mittel-Relation festzulegen. Dabei hat er einen weiten Beurteilungs- und Ermessensspielraum. Nur dessen Grenzen sind durch das BVerfG überprüfbar!	
	Das Nachtbackverbot des § 5 BAZG ist zum einen davon geleitet, die Arbeitnehmer in Bäckereibetrieben vor Gesundheitsgefahren durch Nachtarbeit zu schützen. Dazu kommt die Absicht des Gesetzgebers, einen ruinösen Wettbewerb der selbständigen Bäcker zu verhindern sowie eine ortsnahe Versorgung zu gewährleisten. Schließlich ist auch an die Nachtruhe der Nachbarn zu denken. Die Angemessenheit des Eingriffs ist damit gewahrt.	
Erforderlichkeit	**c)** § 5 I BAZG ist darüber hinaus auch erforderlich. Zwar wäre es denkbar, einzelne Zwecksetzungen durch Regelungen geringerer Intensität zu gewährleisten, doch nicht das gesamte oben angezeigte Zweckbündel.	**203**
Wesensgehalt	**3.** Auch wird der Wesensgehalt der Berufsausübungsfreiheit gem. Art. 19 II GG erkennbar nicht betroffen.	**204**

IV. Ergebnis

Art. 12 I GG ist nicht verletzt.

B. Verletzung von Art. 14 I GG

bloße Erwerbsmöglichkeit von Art. 14 I GG nicht geschützt	Art. 14 GG schützt das bereits Erworbene(!). Im vorliegenden Fall geht es aber um eine Ausdehnung der Erwerbsmöglichkeiten über den von § 5 BAZG bestimmten Zustand hinaus. Der Schutzbereich des Art. 14 I GG ist folglich nicht betroffen.	**205**

---

[143] Zur systematischeren Stellung in der Prüfung und den Voraussetzungen der Drei-Stufen-Theorie im einzelnen vgl. Fall 5, S.42.

C. Verletzung von Art. 2 I GG

Auch hier müßte zunächst der Schutzbereich des Grundrechts auf Handlungsfreiheit eröffnet sein.

Art. 2 I GG subsidiär, da Schutzbereich des Art. 12 I GG eröffnet

Nach h.M. ist der Rückgriff auf das Recht aus Art. 2 I GG als allgemeines Auffanggrundrecht nur noch insoweit zulässig, als grundrechtsrelevante Gesichtspunkte vorliegen, die noch nicht durch speziellere Grundrechte abgedeckt sind. Ein solcher Aspekt ist hier im Rahmen der Freiheitsrechte nicht mehr ersichtlich, da bereits der Schutzbereich des Art. 12 I GG eröffnet ist.

D. Verletzung von Art. 3 I GG

I. Gleich- bzw. Ungleichbehandlung

Art. 3 I GG verbietet auch ungerechtfertigte Gleichbehandlungen

Hier kommt schließlich noch eine Verletzung des allgemeinen Gleichheitsgrundrechts in Betracht. Art. 3 I GG schützt nicht nur vor Ungleichbehandlungen, wie der Wortlaut vermuten läßt, sondern darüber hinaus auch im umgekehrten Fall vor ungerechtfertigten Gleichbehandlungen. Insofern stellt Art. 3 I GG ein allgemeines "Willkürverbot" (Anführungszeichen wegen der sog. „neuen Formel", vgl. Fall 6) dar.

Nach dem Willkürverbot ist wesentlich Ungleiches auch ungleich zu behandeln. Fraglich ist daher, worin im Fall die wesentlichen Gleichheits- oder Ungleichheitsmerkmale liegen.

Vergleichspaar finden

Dazu ist zunächst das Vergleichspaar zu definieren.

sachlicher Grund für Gleichbehandlung

Hier muß ein Vergleich zwischen den kleinen Familienunternehmen und einer industriellen Brotfabrik angestellt werden. Zwar besteht bzgl. der Größe und Organisationsform ein erheblicher Unterschied, doch ist dieser nicht in der Lage, eine Ungleichbehandlung zu erzwingen, denn wesentliche sachliche Argumente sprechen für eine Gleichsetzung: So können die oben genannten drei Ziele, die das BAZG zugleich verfolgt (Zweckbündel), nur durch jene Gleichbehandlung erreicht werden.

II. Ergebnis

Da im Rahmen des Art. 3 I GG nur nach sachlichen Gründen, nicht aber nach den besten und zweckmäßigsten Regelungen gesucht werden darf, kommt somit eine Verletzung des Art. 3 I GG ebenfalls nicht in Betracht.

Ergebnis zu Frage 1: B ist durch das Nachtbackverbot nicht in seinen Grundrechten verletzt.

Frage 2: Könnte das Amtsgericht eine Überprüfung dieser Fragen durch das Bundesverfassungsgericht erreichen?

Das Gericht könnte hier das BAZG im Rahmen einer konkreten Normenkontrolle gemäß Art. 100 I GG i.V.m. §§ 13 Nr.11, 80 ff. BVerfGG vor dem BVerfG überprüfen lassen. Dazu müßte jene zulässig sein.[144]

A. Prüfungsgegenstand

Fraglich ist, ob hier ein zulässiger Prüfungsgegenstand vorliegt.

Prüfungsgegenstand: formelles, nachkonstitutionelles Gesetz

Nach h.M. beschränkt sich die konkrete Normenkontrolle auf formelle nachkonstitutionelle Gesetze. Nachkonstitutionell bedeutet dabei, daß die Norm nach dem 23.05.1949 (der Verkündung des Grundgesetzes, Art. 145 II GG) in Kraft getreten sein muß. Das BAZG wäre somit nicht zulässiger Prüfungsgegenstand. Etwas anderes gilt jedoch, wenn der Gesetzgeber nach dem Inkrafttreten des Grundgesetzes die entsprechende Norm "in seinen Willen aufgenommen" und damit bestätigt hat. Ein konkreter Bestätigungswille liegt in einer Neuverkündung oder einer Gesetzesänderung eines vorkonstitutionellen Gesetzes.[145]

konkreter Bestätigungswille

Das BAZG und insbesondere § 5 BAZG wurde zuletzt 1969 geändert. Der Gesetzgeber hat damit das BAZG in seinen Willen aufgenommen. Das BAZG ist zulässiger Prüfungsgegenstand.

B. Vorlageberechtigung

vorlageberechtigt: alle deutschen Gerichte

Vorlageberechtigt sind gemäß Art. 100 I GG alle deutschen Gerichte, wobei dies für alle Instanzen gilt.

Das Amtsgericht ist mithin vorlageberechtigt.

C. Sonstige Voraussetzungen

Weiterhin müßte das Gericht von der Verfassungswidrigkeit des Gesetzes überzeugt sein und dies auch für entscheidungserheblich halten.

I. Überzeugung von der Verfassungswidrigkeit

bloße Zweifel an Verfassungsmäßigkeit nicht ausreichend

Da bloße Zweifel an der Verfassungswidrigkeit nicht genügen, muß das Gericht überzeugt sein, daß die Norm nicht verfassungskonform ist. Nachdem der Richter zunächst nur zweifelte, ist er bei Vorlage an das BVerfG jedoch von der Verfassungswidrigkeit des BAZG überzeugt.

---

144 Allg. zur Zulässigkeit der konkreten Normenkontrolle HEMMER/WÜST/CHRISTENSEN/KUDLICH, Staatsrecht II, Rn. 26 f.
145 BVerfGE 29, 39 (42 f.); 63, 181 (187 ff.); 71, 224 (227).

II. Entscheidungserheblichkeit

entscheidungserheblich, wenn Gültigkeit maßgeblich für Ausgang des Rechtsstreits

Die Verfassungswidrigkeit des BAZG ist entscheidungserheblich, wenn die Entscheidung des Amtsgerichtes bei Gültigkeit des BAZG anders ausfällt als bei dessen Ungültigkeit.

Rechtsauffassung des vorlgenden Gerichts entscheidend

Dabei kommt es grundsätzlich auf die Rechtsauffassung des vorlegenden Gerichtes an, außer wenn diese offensichtlich nicht haltbar ist.[146]

hier: Bestand des Bußgeldbescheides von Gültigkeit des Gesetzes abhängig

Das Amtsgericht sieht in dem BAZG eine Verletzung des Art. 12 I GG. Wäre diese Auffassung richtig, so würde es dem Einspruch des B stattgeben und den Bußgeldbescheid aufheben. Anderenfalls müßte es von der Rechtmäßigkeit des Bußgeldbescheids ausgehen. Die Auffassung des Amtsgerichtes ist hier auch nicht offensichtlich unhaltbar.

Die Überprüfung der Verfassungsmäßigkeit des BAZG ist entscheidungserheblich.

> **HEMMER-METHODE:** Insofern werden in der Praxis hohe Anforderungen gestellt. Dies nicht nur, um einer Überlastung des BVerfG vorzubeugen, sondern auch, um das Vorlagegericht zu sorgfältigem und umfassendem Arbeiten anzuleiten. Großzügiger ist das BVerfG allerdings analog § 90 II S.2 BVerfGG, wenn die Sache von allgemeiner und grundsätzlicher Bedeutung ist.
> In der Klausur wird die Entscheidungserheblichkeit meistens relativ eindeutig sein. Vorsicht ist bei der Überzeugung von der Verfassungswidrigkeit geboten, wenn im Sachverhalt z.B. nur von "Zweifeln des Gerichts" die Rede ist.

IV. Ergebnis

Eine konkrete Normenkontrolle ist zulässig.

---

146 BVerfGE 44, 297 (299); 56, 128 (136 f.), st. Rspr.

Notizen

KEINE KOHLE FÜR DEN KIES

SACHVERHALT:

K betreibt eine Kiesbaggerei. Das Grundstück, auf dem die Aufbereitungsanlage steht, ist sein Eigentum. Seit 1936 baut der Betrieb auf zwei angrenzenden Parzellen, die K zu diesem Zweck von einem Landwirt gepachtet hat, bis in den Grundwasserbereich hinein Sand und Kies ab. Die Abbauflächen liegen in der Schutzzone eines von der Stadt R errichteten Wasserwerks. Das Wasserschutzgebiet wurde durch eine Verordnung vom 24.10.1973 festgesetzt, nachdem der Bereich am 06.02.1968 zunächst vorläufig unter Schutz gestellt worden war.

K beantragte, ihm zur Fortsetzung des Kiesabbaus eine Erlaubnis nach dem Wasserhaushaltsgesetz zu erteilen. Ende Oktober 1973 lehnte die Behörde den Antrag mit der Begründung ab, die Entfernung der Abbaustellen zur Brunnenanlage des Wasserwerks betrage teilweise nur 120 m; Verunreinigungen des Baggersees könnten daher den Brunnen erreichen und die öffentliche Wasserversorgung gefährden. Der Widerspruch des K blieb ohne Erfolg.

Eine Klage auf Erteilung der beantragten Erlaubnis erhob er nicht. Der Antrag des K auf Gewährung einer Entschädigung wurde gleichfalls abgelehnt. Daraufhin erhob er Klage auf Zahlung einer angemessenen, der Höhe nach in das Ermessen des Gerichts gestellten, Entschädigung. Er machte geltend, die Versagung der Erlaubnis zur Naßauskiesung stelle einen enteignenden Eingriff in seinen eingerichteten und ausgeübten Gewerbebetrieb sowie in das Grundeigentum dar. Etwaige Entschädigungsansprüche des Grundstückseigentümers, seines Verpächters, hatte er sich zuvor abtreten lassen.

Das LG erklärte die Klage dem Grunde nach für gerechtfertigt. Die dagegen gerichtete Berufung blieb erfolglos. Auf die Revision des beklagten Landes setzte der BGH das Verfahren aus und legte dem BVerfG die Frage zur Entscheidung vor, ob §§ 1a III, 2 I, 6 WHG mit Art. 14 I 2 GG insoweit vereinbar seien, als sie den Inhalt des Grundeigentums im Verhältnis zum Grundwasser regelten.

Zur Begründung der Vorlage führte der BGH aus: Art. 14 GG schütze den Eigentümer gegen Beeinträchtigungen, die ihn in einer ihm zustehenden subjektiven Rechtsposition träfen. Eine rechtlich gesicherte Möglichkeit des Zugriffs auf das Grundwasser stehe dem Grundeigentümer nach dem WHG aber nicht zu. Nach § 905 I BGB gehöre zum Grundstückseigentum auch die Befugnis, über auf dem Grundstück vorgefundenes Grundwasser zu verfügen. Diese Befugnis sei jedoch durch die öffentlich-rechtliche Benutzungsordnung des WHG erheblich eingeschränkt worden. Die Regelung, daß dem Grundstückseigentümer jede rechtlich gesicherte Möglichkeit des Zugriffs auf das Grundwasser versagt werde, genüge nicht den Anforderungen, die Art. 14 I GG an ein den Inhalt und die Schranken des Grundeigentums bestimmendes Gesetz stelle.

Der Gesetzgeber habe durch die beanstandeten Vorschriften "der Ausübung von Rechten aus dem Grundeigentum (§ 905 BGB) eine Schranke gesetzt". Der starke soziale Bezug des Grundwassers und seine soziale Funktion rechtfertigen es aber nicht, den Anspruch des Grundeigentümers auf Zugang zum Grundwasser derart weitgehend auszuschließen.

Die Zulässigkeit und Begründetheit der Vorlage zum BVerfG sind zu untersuchen.

Bearbeitervermerk:

Es ist die aktuelle Fassung des WHG zugrundezulegen, obgleich der vorliegende Fall die Entscheidung BVerfGE 58, 300 nachskizziert.

LÖSUNG:

A. Zulässigkeit der Vorlage nach Art. 100 GG (konkrete Normenkontrolle)

I. Prüfungsgegenstand

förmliches, nachkonstitutionelles Gesetz

Bei dem WHG handelt es sich um ein förmliches Gesetz nachkonstitutioneller Natur (23.09.1986, vgl. Sartorius Nr. 845).

214

II. Vorlageberechtigung

gerichtliche Überzeugung von Verfassungswidrigkeit

Die konkrete Normenkontrolle wurde von einem Gericht i.S.d. Art. 100 I GG in Gang gebracht, das die Vorschriften des WHG als nachkonstitutionellem Gesetz - jedenfalls soweit sie angeführt wurden - für verfassungswidrig hält.

215

III. Sonstige Voraussetzungen: Entscheidungserheblichkeit

Entscheidungserheblichkeit problematisch

Der Vorlagebeschluß ist jedoch nur dann zulässig, wenn die vorgelegte Rechtsvorschrift für die Entscheidung im konkreten Fall erheblich ist, wenn also die Entscheidung bei Gültigkeit der Norm im Ergebnis anders ausfallen müßte als bei deren Ungültigkeit.

216

Dabei ist grundsätzlich von der Auffassung des vorlegenden Gerichtes auszugehen. Im Ergebnis ging es hier um die Gewährung einer Entschädigung für einen Eingriff in das Eigentum des K.

BGH: WHG als Inhalts- und Schrankenbestimmung

Hier ging der BGH zunächst davon aus, daß es sich bei dem WHG um eine Inhalts- und Schrankenbestimmung i.S.d. Art. 14 I S.2 GG handele.

217

Sozialbindung des Eigentums überschritten

Des weiteren nahm er an, daß diese mit dem verfassungsrechtlichen Schutz des Eigentums nach Art. 14 I GG nicht vereinbar sei, da sie die Schwelle der Sozialbindung des Eigentums überschreite.

daher nach BGH entschädigungspflichtige Enteignung

Damit lag nach damaliger Ansicht des BGH ein Sonderopfer bei K vor, so daß in der Anwendung des WHG hier der Sache nach eine entschädigungspflichtige Enteignung gegeben war. Die Entschädigung wegen eines enteignungsgleichen Eingriffs sei aus Art. 14 III GG zu leisten.

<u>Problem: andere Rechtsauffassung des BVerfG: verfassungswidrige Inhalts- und Schrankenbestimmung keine Enteignung</u>

Allerdings setzt das BVerfG seine eigene Rechtsauffassung an die Stelle derer des vorlegenden Gerichtes, wenn jene offensichtlich unhaltbar ist. Nach der Auffassung des BVerfG schlägt eine Inhalts- und Schrankenbestimmung, die verfassungswidrig ist, nicht in eine Enteignung um, sondern behält ihren Charakter als Inhalts- und Schrankenbestimmung. Sie ist lediglich verfassungswidrig. Die Zuständigkeit der Zivilgerichte ist aber gem. Art. 14 III 4 GG darauf beschränkt, Enteignungsentschädigungen zuzusprechen, für die das zugrundeliegende Enteignungsgesetz eine Anspruchsgrundlage enthält.

218

KEINE KOHLE FÜR DEN KIES

Eine solche enthält das WHG jedoch nicht. Qualifiziert man demnach das WHG als Inhalts- und Schrankenbestimmung so ist selbst im Falle seiner Verfassungswidrigkeit keine Grundlage für eine Entschädigung gegeben (Vorrang des Primärrechtsschutzes!).

Zulässigkeit trotz fehlender Entscheidungserheblichkeit:

Dennoch kann die Vorlage im Ergebnis für zulässig gehalten werden:

Selbst bei einer Umdeutung der Vorlagefrage dahingehend, ob das WHG eine Enteignungsnorm darstelle, wäre zwar nach der Auffassung des BVerfG kein Anspruch auf Entschädigung nach Art. 14 III GG gegeben, da das einfache Gesetz keine Grundlage hierfür bereithält.

– Vertrauen des Klägers auf Rechtsprechung des BGH

Allerdings ist das Vertrauen des Klägers des Ausgangsverfahrens auf die bisherige, mit Art. 14 III GG nicht zu vereinbarende Rechtsprechung des BGH zu berücksichtigen.

– klärungsbedürftige Rechtsfrage von allgemeiner Bedeutung

Schließlich kann sich das BVerfG aber über die fehlende Entscheidungserheblichkeit auch in den Fällen hinwegsetzen, in denen eine klärungsbedürftige Rechtsfrage von allgemeiner Bedeutung im Raume steht.

Im Ergebnis ist also die Vorlage mit der Frage zulässig, ob die angeführten Vorschriften des WHG insoweit mit Art. 14 III 2 GG vereinbar sind, als sie die Versagung einer wasserrechtlichen Erlaubnis oder Bewilligung für das Zutageleiten von Grundwasser ohne Entschädigung zulassen.

HEMMER-METHODE: Der Argumentationsaufwand des BVerfG war in dieser "Ausnahmekonstellation" notwendig, um den Weg überhaupt frei zu machen. In einer Klausur wird Ihnen dies kaum als Problem gestellt werden.

Von einer ordnungsgemäßen Vorlagebegründung nach § 80 II BVerfGG durch den BGH kann ausgegangen werden.

B. Begründetheit der Vorlage gem. Art. 100 GG

Verfassungsverstoß

Die konkrete Normenkontrolle ist begründet, wenn die §§ 1a III, 21 I i.V.m. 6 WHG gegen die Verfassung verstoßen.

(+), wenn Enteignung aufgrund WHG

I. Zu prüfen ist hier also zunächst, ob die Regelung des WHG der Sache nach eine Enteignung ermöglicht. Ist dies der Fall, so liegt ein Verstoß gegen die Junktimklausel des Art. 14 III 2 GG vor mit der Folge der Verfassungswidrigkeit der Vorschrift.

1. Materielle Abgrenzung

BGH: materielle Abgrenzung von Enteignung und Inhalts/Schrankenbestimmung

Bisher wurde die Frage, ob eine Enteignung oder eine Inhalts- und Schrankenbestimmung vorliegt, seitens der Zivilrechtsprechung im Wege einer materiellen Abgrenzung beurteilt.

BVerwG: Schweretheorie (entscheidend Sonderopfer)	Ermöglichte das Gesetz eine Beeinträchtigung des Eigentums, die über die Sozialbindung hinausging, dem einzelnen also ein Sonderopfer auferlegte, so wurde stets das Vorliegen einer Enteignung bejaht (BVerwG: Schweretheorie). Diese materielle Abgrenzung ist jedoch mit der Systematik des Art. 14 I GG nicht vereinbar. Art. 14 I GG unterscheidet nämlich zwischen der Ermächtigung des Gesetzgebers zur Ausgestaltung des Schutzbereiches durch Inhalts- und Schrankenbestimmung in Art. 14 I S.2 GG einerseits und Einschränkungen dieses Schutzbereiches durch Enteignungen im Sinne des Art. 14 III GG andererseits. Art. 14 GG enthält also zwei Grundrechte. Während Art. 14 I 2, II GG vor rechtswidrigen Inhalts- und Schrankenbestimmungen schützt, schützt Art. 14 III GG vor rechtswidrigen Enteignungen. Entschädigungslose Sozialbindung (lediglich Inhalts- und Schrankenbestimmung) sowie entschädigungspflichtige Enteignung liegen nicht auf einer gleitenden Linie, sondern sind jeweils eigenständige Institute. Ein "Umschlagen" einer Inhalts- und Schrankenbestimmung in eine Enteignungsvorschrift ist nicht möglich.	223
BVerfG: Enteignung nur bei zielgerichtetem Eingriff in Eigentumsposition	Eine Enteignung im verfassungsrechtlichen Sinne liegt nach Ansicht des BVerfG nur vor bei einer zielgerichteten, vollständigen oder teilweisen Entziehung von konkreten Eigentumspositionen aus der Hand des konkreten Eigentümers zur Erfüllung bestimmter öffentlicher Aufgaben durch Regelungseingriff in Form eines Verwaltungsaktes (Administrativenteignung) oder eines unmittelbar wirkenden Gesetzes (Legalenteignung).	224
Kriterium der Finalität entscheidend	Abgrenzung zur Inhalts- und Schrankenbestimmung erfolgt damit nach dem Kriterium der Finalität, d.h. die Entziehung des Eigentums darf nicht lediglich Nebenfolge sein.	
Inhalts– und Schrankenbestimmung: abstrakt-generelle Festlegung von Rechten und Pflichten	Unter einer Inhalts- und Schrankenbestimmung wird damit jede abstrakt-generelle Festlegung von Rechten und Pflichten durch den Gesetzgeber hinsichtlich solcher Rechtsgüter verstanden, die als Eigentum im Sinne der Verfassung zu verstehen sind.	225
Zugriff auf Grundwasser nicht durch § 905 BGB gewährleistet	Eine Gewährleistung des Zugriffs auf das Grundwasser könnte sich aus § 905 S.1 BGB ergeben, wenn das Grundwasser als Bestandteil des Erdkörpers unter der Oberfläche anzusehen ist. Allerdings überlagerten sich schon bei Erlaß des BGB zwei Rechtsordnungen, nämlich das öffentliche Wasserrecht einerseits und die private Eigentumsordnung andererseits. Die rechtliche Ordnung des Grundwassers war den Ländern vorbehalten. Ferner weist auch das den Boden durchfließende Grundwasser nicht die Merkmale der festen Konsistenz und des "Eingeschlossenseins" durch die Grundstücksgrenzen auf, die den Begriff des Erdkörpers kennzeichnen.	226
auch nicht durch § 903	Der Zugriff könnte aber durch § 903 BGB gewährleistet sein. § 903 BGB begründet aber kein Eigentum, sondern setzt es vielmehr voraus. Ferner ist § 903 BGB eine Norm des einfachen Rechts und als solche nicht zwingend für die Interpretation des Art. 14 I GG. Abzustellen ist auf einen eigenständigen verfassungsrechtlichen Eigentumsbegriff, der sich aus der Zusammenschau aller die Eigentümerstellung regelnden Vorschriften ergibt.	227

damit i.E. keine Enteignung durch WHG

Jene Zusammenschau ergibt für den Zeitpunkt des Erlasses des WHG keine konkrete Rechtsposition des einzelnen Eigentümers bezüglich des Grundwassers. Die allgemein das Verhältnis von Grundeigentum und Grundwasser regelnden Vorschriften des WHG führen damit auch nicht zum Entzug einer konkreten subjektiven, durch Art. 14 GG geschützten Rechtsposition.

Die beanstandeten §§ 1a III, 2 I, 6 WHG stellen damit keine Enteignungsregelungen dar, so daß sie auch nicht wegen Verstoßes gegen Art. 14 III 2 GG verfassungswidrig sein können.

2. Verfassungsmäßige Inhalts- und Schrankenbestimmung, Art. 14 I S.2, II GG

Grenze der Inhalts- und Schrankenbestimmungen: Vertrauensschutz und Verhältnismäßigkeitsgrundsatz

Dem Gesetzgeber ist allerdings durch Art. 14 I 2 GG kein freies Bestimmungsrecht über die Reichweite des Art. 14 I GG zugebilligt worden, er ist vielmehr durch bestimmte verfassungsrechtliche Prinzipien gebunden. Insoweit sind in erster Linie zu nennen das Prinzip des Vertrauensschutzes sowie der Verhältnismäßigkeitsgrundsatz. Der Gesetzgeber kann also weder das privatnützige Eigentum vollständig oder in seiner Funktion abschaffen, da dies den Wesensgehalt (Art. 19 II GG) des in Art. 14 I 1 GG garantierten Instituts des Privateigentums antasten würde, noch kann er die Ausgestaltung des Eigentums so regeln, daß ein berechtigtes Vertrauen in den Fortbestand der bisherigen Regelung verletzt wird.

228

legitimer Zweck

Im vorliegenden Fall ist der verfassungsgemäße Zweck, die Aufrechterhaltung einer geordneten Wasserwirtschaft, offenkundig. Diese liegt im Interesse der Allgemeinheit, da das Wasser die Grundlage allen menschlichen, tierischen und pflanzlichen Lebens darstellt.

Verhältnismäßigkeit i.e.S. gegeben, da Grundwasser wichtiges Allgemeingut

Bei der Prüfung der Verhältnismäßigkeit im engeren Sinne schließlich spricht für die hier getroffene Regelung die erhebliche Sozialbindung, die für das Grundeigentum ohnehin besteht und im Falle des durchfließenden Wassers in verstärktem Maße zur Geltung gelangt. In Anbetracht der Bedeutung dieses knappen Gutes für die Allgemeinheit verpflichtet das Grundeigentum im Sinne des Art. 14 I GG, eine Regelung, die das auf oder in dem Grund enthaltene Wasser einer strengen öffentlich-rechtlichen Bewirtschaftung unterwirft, als verfassungskonform hinzunehmen.

229

C. Ergebnis

Die beanstandeten Regelungen des WHG stellen somit eine verfassungsgemäße, insbesondere verhältnismäßige Bestimmung von Inhalt und Schranken des Eigentums dar und stehen mit der Verfassung in Einklang.

> **HEMMER-METHODE:** Wichtig ist für Sie vor allem, die Konsequenzen der Naßauskiesungsentscheidung zu kennen, da diese dem Art. 14 GG seine heute gültige und für den Aufbau einer Überprüfung entscheidende Systematik gegeben hat:

1. Inhaltsbestimmung, Legal- und Administrativenteignung sind jeweils völlig selbständige Rechtsinstitute. Inhaltsbestimmung und Enteignung stehen zueinander in einem aliud-Verhältnis.
2. Für Enteignungen im verfassungsrechtlichen Sinne gem. Art. 14 III GG gibt es Entschädigung nur noch auf gesetzlicher Grundlage! Eine richterliche Enteignungsentschädigung ist im Anwendungsbereich des Art. 14 III GG ausgeschlossen.
3. Es gibt zwei Enteignungsbegriffe. Zum einen den restriktiv auszulegenden verfassungsrechtlichen sowie den wesentlich weiteren entschädigungsrechtlichen Enteignungsbegriff.
4. Es besteht kein Wahlrecht mehr zwischen Abwehr gegen den Rechtsakt und dem Verlangen von Entschädigung. Vielmehr gilt ein "Vorrang der Abwehr".

PECH FÜR DEN WASSERMANN

B: DIE ABSTRAKTE NORMENKONTROLLE

SACHVERHALT:

Aufgrund der starken Verunreinigung der bundesdeutschen Gewässer wird ein Gesetz zur Reinhaltung der Bundeswasserstraßen (ReWaG) beschlossen.

In diesem Gesetz heißt es unter anderem:

§ 1 ReWaG

Der Anwendungsbereich dieses Gesetzes umfaßt alle Binnen- und Seewasserstraßen des Bundes. Unter Binnen- und Seewasserstraßen fallen auch die im Eigentum des Bundes stehenden Häfen und Talsperren.

§ 2 ReWaG

Der Bundesminister wird ermächtigt, Rechtsverordnungen zur Reinhaltung zu erlassen, die einer schädlichen Veränderung von Bundeswasserstraßen in ihrer physikalischen, chemischen und biologischen Beschaffenheit entgegenwirken.

§ 4 ReWaG

Die Entnahme von Wasser sowie die Zuführung von Stoffen in die unter § 1 genannten Gewässer ohne Erlaubnis ist verboten. Eine Erlaubnis wird auf Antrag bei der zuständigen Behörde durch Bewilligung erteilt.

§ 10 ReWaG

Die zuständige Landesbehörde ist im Erlaubnis- und Bewilligungsverfahren anzuhören.

Werden Belange der Landeskultur oder der Wasserwirtschaft berührt, so darf die Erlaubnis nur erteilt werden, wenn die zuständige Landesbehörde der beteiligten Länder nicht widerspricht.

§ 36 ReWaG

Für die Durchführung dieses Gesetzes sind die Behörden der Wasser- und Schiffahrtsverwaltung des Bundes zuständig.

Der Bundesrat legt mit einer Stimme Mehrheit Einspruch gegen dieses Gesetz ein, den der Bundestag mit der Mehrheit seiner Mitglieder überstimmt. Nach Gegenzeichnung und Zuleitung des ReWaG an den Bundespräsidenten fertigt dieser planmäßig aus und verkündet das Gesetz. Sieben Monate nach der Veröffentlichung, aber noch vor Inkrafttreten, kommen der Regierung des Bundeslandes X, die sich dem Einspruch des Bundesrates nicht angeschlossen hatte, Zweifel an der Verfassungsmäßigkeit.

Bearbeitervermerk:

Welche Möglichkeiten hat sie, jetzt noch gegen das ReWaG vorzugehen und die Nichtigkeitserklärung desselben zu erreichen?

Haben diese Aussicht auf Erfolg?

Exkurs: Gesetzgebungszuständigkeiten

A. Verteilung zwischen Bund und Ländern

Gemäß der Grundregel des Art. 30 I GG stellt Art. 70 I GG folgenden Grundsatz auf:

Die Länder haben das Recht zur Gesetzgebung, soweit das GG nicht dem Bund Gesetzgebungsbefugnisse verleiht.

I. Bei der Kompetenzzuweisung an den Bund unterscheidet das GG im wesentlichen drei Arten von Gesetzgebungszuständigkeiten:

- Ausschließliche Gesetzgebungskompetenz des Bundes,
- konkurrierende Gesetzgebung,
- Rahmengesetzgebung.

Die Zuständigkeit wird dadurch begründet, daß das GG bestimmte Sachgebiete jeweils einer der genannten drei Arten zuordnet.

II. In den vom GG nicht aufgeführten Sachgebieten greift - mit Ausnahme der ungeschriebenen Bundeszuständigkeiten - die ausschließliche Gesetzgebungskompetenz der Länder ein. Jene umfaßt insbesondere folgende Sachgebiete:

1. Landesverfassungsrecht und innere Landesverwaltung
2. Schulwesen, Rundfunk, Fernsehen, Kunst (= Kulturhoheit der Länder)
3. Gemeinderecht
4. Polizei- und Ordnungsrecht

B. Ausschließliche Gesetzgebung des Bundes

I. Sachgebiete: Art. 73, 105 I GG sowie diejenigen Vorschriften, in denen das GG bestimmt, daß ein "Bundesgesetz" ergehen darf (Bsp.: Art. 4 III 2 GG)

II. Regelung: Die Länder sind grundsätzlich von der Gesetzgebung ausgeschlossen, es sei denn, sie sind in einem Bundesgesetz ausdrücklich ermächtigt (Art. 71 GG)

C. Konkurrierende Gesetzgebung

I. Sachgebiete: Art. 74, 74a, 105 II GG

II. Regelung: Der Bund ist im Rahmen der konkurrierenden Gesetzgebung zuständig, wenn die Materie im Katalog der genannten Artikel aufgeführt ist, und eine Erforderlichkeit nach bundesgesetzlicher Regelung besteht (Art. 72 II GG). Die Länder sind nach Art. 72 I GG von der Gesetzgebung ausgeschlossen, wenn und soweit der Bund von seiner Befugnis Gebrauch gemacht hat.

D. Rahmengesetzgebung

I. Sachgebiete: Art. 75 I GG

II. Regelung: Der Bund ist zuständig, wenn der Regelungsgegenstand einem der Rahmengesetzgebung angehörenden Sachgebiet zuzuordnen ist und die Voraussetzungen des Art. 72 GG vorliegen (Art. 75 GG).

Die Länder sind in diesem Bereich für den Erlaß gesetzlicher Vollregelungen zuständig, sofern der Bund von der Rahmenkompetenz keinen Gebrauch gemacht hat oder wegen des Fehlens der Voraussetzungen des Art. 72 GG kein Gesetz erlassen darf.

Auch innerhalb seiner Gesetzgebungszuständigkeit darf der Bund aber keine Vollregelungen erlassen, sondern ist auf Rahmenvorschriften (Art. 75 II GG!) beschränkt:

Die Gesetze müssen ausfüllungsbedürftig sein und dem Landesgesetzgeber einen Regelungsspielraum von "substantiellem Gewicht" zubilligen (Beachten Sie Art. 75 III GG!).

E. Ungeschriebene Gesetzgebungskompetenzen

EXKURS: GESETZGEBUNGSZUSTÄNDIGKEITEN

II. Anerkannt ist weiterhin die sog. Annexkompetenz: Sie dehnt die bestehende Kompetenz auf Fragen aus, die bei der Vorbereitung und Durchführung einer zugewiesenen Sachmaterie entstehen.

III. Schließlich gibt es Sachgebiete, die kraft Natur der Sache begriffsnotwendig vom Bund zu regeln sind: Eine sinnvolle Regelung durch die Länder muß zwingend ausgeschlossen sein, da sie nur einheitlich für das Bundesgebiet erfolgen kann (logisch zwingende Notwendigkeit).

LÖSUNG:

Abstrakte Normenkontrolle gemäß Art. 93 I Nr.2 GG i.V.m. §§ 13 Nr.6, 76 ff. BVerfGG

Das Land X begehrt, daß das Gesetz zur Reinhaltung der Bundeswasserstraßen (ReWaG) wegen Unvereinbarkeit mit dem Grundgesetz vom BVerfG für nichtig erklärt wird. Das Bundesland X wird daher einen Antrag auf Durchführung einer abstrakten Normenkontrolle stellen, § 78 BVerfGG. Dieser Antrag hat Aussicht auf Erfolg, wenn er zulässig und begründet ist.

> **HEMMER-METHODE:** In Betracht käme hier noch ein Bund-Länder-Streit gem. Art. 93 I Nr.3 i.V.m. §§ 13 Nr.7, 68 ff. BVerfGG. Eine stattgebende Entscheidung würde hier aber allenfalls feststellen, daß die Maßnahme des Bundes gegen das Grundgesetz verstößt, §§ 69, 67 BVerfGG. Die Nichtigkeit der angegriffenen Norm könnte das BVerfG nicht aussprechen.

A. Zulässigkeit

Die Zulässigkeit eines Antrags, der ein abstraktes Normenkontrollverfahren einleiten soll, beurteilt sich nach Art. 93 I Nr.2 GG, §§ 76 ff. BVerfGG.

I. Prüfungsgegenstand

Voraussetzung: Verkündung, nicht in Kraft treten

Weiterhin müßte ein zulässiger Prüfungsgegenstand vorliegen. Prüfungsgegenstand einer abstrakten Normenkontrolle kann deutsches Bundes- oder Landesrecht sein, Art. 93 I Nr.2 GG. Ein "Gesetz" i.S.d. Art. 93 I Nr.2 GG ist eine Norm grundsätzlich erst mit deren Verkündung; eine präventive Normenkontrolle ist somit unzulässig.[147] Nicht erforderlich ist jedoch, daß das Gesetz oder die Norm schon in Kraft getreten ist.[148] Das ReWaG ist damit ein geeigneter Prüfungsgegenstand.

> **HEMMER-METHODE:** Ausnahmsweise erlaubt ist eine präventive Normenkontrolle nur in Bezug auf Zustimmungsgesetze zu völkerrechtlichen Verträgen, damit keine nicht wieder aufhebbare völkerrechtliche Verpflichtung geschaffen wird, die verfassungsrechtlich dann innerstaatlich nicht zu erfüllen wäre.

II. Antragsberechtigung

Das Bundesland X müßte antragsberechtigt sein.

---

147 Ganz h.M., vgl. nur JARASS/PIEROTH, Art. 93, Rn. 18.
148 BVerfGE 1, 396 (413); 36, 1 (15).

Landesregierung antragsberechtigt

Antragsteller können nur die in Art. 93 Nr.2 GG Genannten sein. Da auch eine Landesregierung zum möglichen Kreis der Antragsteller zählt, ist die Landesregierung des Bundeslandes X antragsberechtigt.

> **HEMMER-METHODE:** Einen Sonderfall bildet der 1994 neu gefaßte Art. 93 I Nr.2a GG. In diesem Verfahren sind auch der Bundesrat und die Volksvertretungen der Länder antragsberechtigt. Es wird im Rahmen der konkurrierenden Bundesgesetzgebung das Vorliegen der Voraussetzungen nach Art. 72 II GG überprüft. Zweck der GG-Änderung ist die Stärkung der Länderkompetenzen.

III. Antragsgrund

Problem: unterschiedliche Formulierung in Art. 93 I Nr.2 GG und § 76 Nr.1 BVerfGG

Art. 93 I Nr.2 GG setzt darüber hinaus das Bestehen von Meinungsverschiedenheiten oder Zweifeln über die Vereinbarkeit das Prüfungsgegenstandes mit dem Grundgesetz oder sonstigem Bundesrecht voraus. Dem gegenüber verlangt § 76 Nr.1 BVerfGG, daß der Antragsteller die fragliche Norm für mit dem Prüfungsmaßstab unvereinbar und damit nichtig hält. Das Bundesland X hat lediglich Zweifel an der Verfassungmäßigkeit. Fraglich ist daher, ob sich die Voraussetzungen der Antragsbefugnis aus Art. 93 I Nr.2 GG oder aus § 76 BVerfGG ergeben.

233

Verfassungsrecht vorrangig

Aus Art. 20 III GG leitet sich eine Rangfolge zwischen den unterschiedlichen Arten von Normen ab, wonach das Verfassungsrecht dem einfachen Gesetzesrecht vorgeht. Das einfache Gesetz kann deshalb die Verfassung nicht ändern. Folglich darf § 76 BVerfGG die von Art. 93 I Nr.2 GG gezogenen Grenzen der Zulässigkeit nicht enger ziehen.[149] § 76 BVerfGG ist somit unbeachtlich, die Zweifel des Bundeslandes X genügen daher gem. Art. 93 I Nr.2 GG.

> **HEMMER-METHODE:** Wiederholen Sie das Prinzip der Normenhierarchie: Verfassungsrecht geht dem einfachen Gesetzesrecht vor, Gesetzesrecht den Rechtsverordnungen und Satzungen.

IV. Objektives Klarstellungsinteresse

objektives Klarstellungsinteresse i.d.R. gegeben

Bei abstrakten Normenkontrollen ist kein Rechtschutzbedürfnis des Antragstellers erforderlich, sondern lediglich das Bestehen eines objektiven Klarstellungsinteresses.[150] Grundsätzlich folgt dies schon aus dem Bestehen von Meinungsverschiedenheiten oder Zweifeln über die Verfassungsmäßigkeit einer Norm.[151] Ausnahmsweise soll dies fehlen, wenn die Streitfrage bereits vom BVerfG entschieden wurde oder in einem anderen Verfahren einfacher eingeholt werden kann bzw. außergerichtliche Wege dies bewirken können.[152]

234

---

149 Zu den Bedenken v.a. M/D-MAUNZ, Art. 93, Rn. 30; v.Mü-MEYER, Art. 93, Rn. 39.
150 DEGENHARDT, Rn. 499.
151 So PESTALOZZA, S.128, Rn. 14.
152 PESTALOZZA, a.a.O. m.w.N.

Derartige Anhaltspunkte sind dem Sachverhalt nicht zu entnehmen, ein objektives Klarstellungsinteresse ist gegeben.

V. Form, Frist

Der Antrag ist gem. § 23 BVerfGG schriftlich einzureichen und zu begründen, eine Antragsfrist besteht hingegen nicht.

B. Begründetheit

Vorliegen eines Verfassungsverstoßes

Das abstrakte Normenkontrollverfahren ist begründet, wenn die zu überprüfende Norm mit dem Prüfungsmaßstab unvereinbar ist.

I. Prüfungsmaßstab

Vorliegend handelt es sich bei dem ReWaG um Bundesrecht. Das BVerfG prüft daher gem. Art. 93 I Nr.2 GG dessen Gültigkeit ausschließlich am Grundgesetz als Prüfungsmaßstab.

II. Formelle Verfassungmäßigkeit des Gesetzes

Das ReWaG müßte formell mit der Verfassung in Einklang stehen.

Zu prüfen ist, ob das ReWaG unter Beachtung der im Grundgesetz statuierten Gesetzgebungskompetenz zustande gekommen ist.

1. Grundsatz der Länderkompetenz

Grundsätzlich Ländergesetzgebungskompetenz, Art. 30 GG, es sei denn andere Bestimmung

Ausgangspunkt für die Bestimmung der Gesetzgebungszuständigkeiten ist Art. 30 GG, der den Ländern generell die Ausübung staatlicher Gewalt zuweist, soweit ein anderes nicht bestimmt ist. Nach Art. 70 GG als lex specialis haben die Länder die Zuständigkeit zur Gesetzgebung, soweit nicht ausdrücklich dem Bund die Gesetzgebungskompetenz durch das Grundgesetz verliehen wird. Es besteht insofern eine Zuständigkeitsvermutung zugunsten der Länder.[153] Daher ist zu untersuchen, ob das Grundgesetz dem Bund eine Gesetzgebungskompetenz für den Erlaß des ReWaG verleiht.

2. Ausdrücklich geregelte Bundeskompetenzen

Das Grundgesetz regelt die Bundeskompetenz auf verschiedene Arten, als ausschließliche, konkurrierende oder als Rahmengesetzgebungskompetenz.

a) Ausschließliche Gesetzgebungskompetenz des Bundes

ausschließliche Gesetzgebungskompetenz, Art. 73 i.V.m. Art. 71 GG

Eine ausschließliche Gesetzgebungszuständigkeit aus Art. 73 i.V.m. Art. 71 GG scheidet hier aus, da sich das ReWaG nicht unter eine der in Art. 73 GG genannten Materien subsumieren läßt.

---

153 Vgl. BVerfGE 26, 281 (297).

b) Konkurrierende Gesetzgebung des Bundes

konkurrierende Gesetzgebungskompetenz, Art. 74 GG i.V.m. Art. 72 I GG

Bei der konkurrierenden Gesetzgebung steht die Befugnis zur Gesetzgebung gem. Art. 72 I GG den Ländern zu, solange und soweit der Bund von seiner Kompetenz keinen Gebrauch gemacht hat. Mit dem ReWaG könnte der Bund gem. Art. 72 I i.V.m. Art. 74 I GG von seinem Vorrang Gebrauch gemacht haben.

Art. 74 I Nr.21 GG betrifft nur Wasserstaßen in ihrer Eigenschaft als Verkehrswege

In Betracht kommt hier Art. 74 I Nr.21 GG, wonach sich die konkurrierende Gesetzgebungszuständigkeit des Bundes unter anderem auch auf die Gebiete der Seewasserstraßen und die dem allgemeinen Verkehr dienenden Binnenwasserstraßen erstreckt. Art. 74 I Nr.21 GG ist jedoch bezogen auf die Verkehrsfunktion der Wasserstraßen und rechtfertigt deshalb auch nur Regelungen, die sich auf die Wasserstraßen in ihrer Eigenschaft als Verkehrswege beziehen.

Bei dem vorliegenden Gesetz wird aber der Bereich der Wasserwirtschaft, genauer der Wassergütewirtschaft, geregelt. Die Materie des ReWaG fällt damit nicht unter die Ziffer 21 des Zuständigkeitskatalogs des Art. 74 I GG. Andere Einzelzuständigkeiten, wie z.B. aus Art. 74 I Nr.11, 17 oder 19 GG, kommen ebenfalls nicht in Betracht.

Eine konkurrierende Bundesgesetzgebungszuständigkeit liegt nicht vor.

> **HEMMER-METHODE:** Zu dem Problem der "Erforderlichkeit" i.S.d. Art. 72 II GG gelangt man hier nicht mehr. Nur soviel: Im Zuge einer Stärkung der Länderkompetenzen ist durch Gesetzesänderung vom 27.10.1994 das Merkmal der "Erforderlichkeit" an die Stelle der "Bedürfnisklausel" im Art. 72 II a.F. getreten. Da noch griffige Abgrenzungsformeln in Lit. und Rspr. fehlen, kann das vom BVerfG erwartete „Mehr an Nachprüfung" in der Klausur wohl kaum verlangt werden. Dennoch: Sprechen Sie diese Änderung an und "durchforsten" Sie den Sachverhalt auf mögliche Argumente!

c) Rahmengesetzgebungskompetenz des Bundes

Rahmengesetzgebungskompetenz gem. Art. 75 I Nr. 4 GG

Als ausdrücklich geregelte Gesetzgebungskompetenz des Bundes könnte das ReWaG nur noch in die in Art. 75 I GG geregelte Materie der Rahmengesetzgebung fallen. Gemäß Art. 75 I Nr.4 GG hat der Bund das Recht zum Erlaß von Rahmenvorschriften, wenn es um den "Wasserhaushalt" geht. Da diese Kompetenz auch alle Objekte umfaßt, die mit dem "Wasserhaushalt" zusammenhängen, sind auch die Bundeswasserstraßen in den Regelungsbereich eingeschlossen.

Das streitgegenständliche Gesetz betrifft die Wassergütewirtschaft, nicht aber das Wasserwegerecht[154] und läßt sich deshalb thematisch unter Art. 75 I Nr.4 GG subsumieren.

Voraussetzung für Rahmengesetz: verbleibender hinreichender Regelungsspielraum für Länder

Fraglich ist aber, ob mit dem ReWaG auch die Schranken einer zulässigen Rahmengesetzgebung eingehalten wurden. Rahmengesetze zeichnen sich dadurch aus, daß den Ländern ein hinreichender Raum für eigenständige Willensentscheidungen verbleibt. Dies ist dann der Fall, wenn erst durch die ausfüllenden Gesetze der Länder der Normenkomplex als Ganzes in sich geschlossen und nachvollziehbar wird.[155] Nach der früher h.M. konnten detaillierte Regelungen in Rahmengesetzen nur getroffen werden, wenn das, was von den Ländern näher bestimmt werden soll, noch von substantiellem Gewicht ist.[156]

240

hier (–). da Vollregelung durch ReWaG

Durch den mit Grundgesetzänderung vom 27.10.1994 neu eingeführten Abs. II des Art. 75 GG wurde klargestellt, daß jede ins Detail gehende Rahmenvorschrift des Bundes nur noch ausnahmsweise zulässig sein soll. Im vorliegenden Fall wurde durch das ReWaG jedoch eine Vollregelung getroffen. Den Ländern wird damit kein Raum mehr zu eigenständiger Regelung gelassen. Daran ändert auch weder das Anhörungsrecht noch das unter bestimmten Voraussetzungen bestehende Widerspruchsrecht gem. § 10 ReWaG etwas. Beide Rechte ermöglichen nämlich keine eigenverantwortliche Regelung des Sachverhalts durch die Länder selbst, sondern gibt ihnen nur eine mehr oder weniger starke Einwirkungsmöglichkeit auf die Schlußentscheidung des Bundes. Dies kann nach Sinn und Zweck des Art. 75 II GG offensichtlich nicht genügen. Ein Ausnahmefall ist hier nicht ersichtlich. Folglich ist das Gesetz auch nicht von der Rahmengesetzgebung des Bundes gedeckt.

241

> **HEMMER-METHODE:** Während früher diskutiert wurde, wann die verbleibenden Regelungen noch von "substanziellem Gewicht" sind, muß jetzt entschieden werden, wann sie "in Einzelheiten gehen" bzw. wann ein "Ausnahmefall" vorliegt, wobei hier aber durchaus strenge Anforderungen angemessen erscheinen. Das BVerfG hat sich dazu noch nicht geäußert, weshalb die Richtung solcher Ausnahmefälle noch unklar ist. Denken Sie aber immer an die Folgeprobleme. Hätten Sie hier einen Ausnahmefall angenommen, wären Sie mit der Klausur zwangsläufig am Ende. In den ungeschriebenen Gesetzgebungskompetenzen liegen aber noch wertvolle Punkte! Dies gilt hier um so mehr, als der Sachverhalt die materielle Rechtmäßigkeit nicht problematisiert („Echo- Prinzip"!).

3. Ungeschriebene Kompetenzen des Bundes

Das ReWaG könnte in die ungeschriebenen Gesetzgebungszuständigkeiten des Bundes fallen.

242

---

154 Vgl. JARASS/ PIEROTH, Art. 75 Rn. 9.
155 Vgl. BVerfGE 4, 115 (130); 43, 291 (343).
156 So z.B. noch BVerfGE 43, 291 (343).

a) Bundeskompetenz kraft Sachzusammenhangs

ungeschriebene Bundeskompetenz kraft Sachzusammenhangs nur, wenn Regelungsübergriff unerläßlich

Fraglich ist, ob eine ungeschriebene Bundeskompetenz kraft Sachzusammenhangs vorliegt. Eine solche Kompetenz setzt voraus, daß eine dem Bund ausdrücklich zugewiesene Materie verständlicherweise nicht geregelt werden kann, ohne daß zugleich eine ihm nicht ausdrücklich zugewiesene Materie mitgeregelt wird.[157] Voraussetzung ist aber, daß ein solcher Regelungsübergriff "unerläßlich" erscheint.[158]

243

Regelung des Wasserwegerechts auch ohne Wasserwirtschaft möglich

Für Regelungen, die die Wasserstraßen in ihrer Eigenschaft als Verkehrswege i.S. von Art. 74 I Nr.21 GG betreffen, ist ein Übergreifen in den Bereich der Wasserwirtschaft nicht unerläßlich.[159] Das Wasserwegerecht kann auch ohne die Wasserwirtschaft sinnvoll geregelt werden. Eine Bundeskompetenz kraft Sachzusammenhang scheidet daher aus.

b) Bundeskompetenz kraft Natur der Sache

Bundeskompetenz kraft Natur der Sache, wenn Sachverhalt begriffsnotwendig nur vom Bund geregelt werden kann

Letztlich könnte eine ungeschriebene Gesetzgebungskompetenz kraft Natur der Sache vorliegen. Eine solche erfordert, daß gewisse Sachverhalte a priori der Landesgesetzgebungskompetenz entzogen sind und "begriffsnotwendig[160]" vom Bundesgesetzgeber geregelt werden müssen.[161] Daß eine bundesrechtliche und von daher einheitliche Regelung der betreffenden Materie zweckmäßig ist, genügt für die Annahme einer Kompetenz kraft Natur der Sache nicht. Zwar erscheint es zweckmäßig, die Reinhaltung der Bundeswasserstraßen als eine über die Ländergrenzen hinausgehende Materie bundeseinheitlich zu regeln, doch handelt es sich hier nicht um ein Sachgebiet, daß die Länder nicht selbst sinnvoll regeln könnten. Auch eine Bundeskompetenz kraft Natur der Sache liegt nicht vor.

244

4. Ergebnis

Das ReWaG verstößt gegen Art. 70 I GG und ist damit formell verfassungswidrig.

C. Gesamtergebnis

Die abstrakte Normenkontrolle des Bundeslandes X ist sowohl zulässig als auch begründet. Gemäß § 78 BVerfGG wird das BVerfG das ReWaG für nichtig erklären.

---

157 Vgl. BVerfGE 3, 407 (421); 12, 205 (241).
158 Vgl. BVerfGE 3, 407 (421); 26, 246 (256).
159 Vgl. im Ergebnis auch mit weiteren Bsp.: JARASS/PIEROTH, Art 70, Rn. 6.
160 BVerfGE 11, 96 f.
161 BVerfGE 3, 407 (422), 26, 246 (257).

ÜBERSICHT ZUR ZULÄSSIGKEIT EINES ORGANSTREITVERFAHRENS

A. Parteifähigkeit, Art. 93 I Nr.1 GG

B. Geeigneter Verfahrensgegenstand, § 64 I BVerfGG

C. Antragsbefugnis

D. Form und Frist, §§ 23, 64 II-IV BVerfGG

E. Allg. Rechtsschutzbedürfnis

(F. Beitrittsmöglichkeit, § 65 BVerfGG)

DER EMPÖRTE BOTSCHAFTER

SACHVERHALT:

Im Staat Florida, mit welchem die Bundesrepublik Deutschland freundschaftliche Beziehungen unterhält, kommt es in letzter Zeit vermehrt zu tätlichen Überfällen auf deutsche Touristen. Der deutsche Botschafter beobachtet die zunehmende Gewalt gegen deutsche Staatsbürger schon seit längerer Zeit und ist entrüstet über die Gelassenheit, welche die zuständigen Sicherheitsbehörden dieser Tendenz entgegenbringen.

Auf einem Empfang des Staatschefs Richard Sunshine will der Botschafter endlich seine Empörung äußern. Ungebremst artikuliert er sich unsachlich und äußerst abwertend über die dortigen Sicherheitsorgane und bezeichnet die Polizei unter anderem als "korrupte Hohlköpfe, die weder den hiesigen Saustall auszumisten noch sich selbst zu schützen in der Lage sind".

Diese Äußerung konnte ein jeder am nächsten Morgen auf der Titelseite renommierter Tagesblätter der dortigen Presse lesen und führte zu einer empfindlichen Beeinträchtigung der zwischenstaatlichen Beziehungen.

Als der deutsche Bundeskanzler von dieser Angelegenheit erfährt, weist er sofort den Bundesminister des Auswärtigen an, den Botschafter abzuberufen. Er begründet dies damit, daß der Botschafter durch seine Äußerung die Beziehungen beider Staaten sehr belastet hat und diese auch geeignet seien, das Ansehen der Bundesrepublik weltweit zu schädigen und ihre außenpolitischen Interessen zu gefährden.

Der Außenminister weigert sich, dieser Weisung nachzukommen und verweist dabei auf seine Ressortkompetenz in außenpolitischen Fragen. Andererseits pflichtet er bei, daß sich der Botschafter diplomatischer hätte verhalten können, obwohl dies am Wahrheitsgehalt der Äußerung des Botschafters nichts ändere.

Da der Außenminister auf diesem Standpunkt beharrt, schlägt der Bundeskanzler dem Bundespräsidenten dessen Entlassung vor. Der Bundespräsident kommt dem Vorschlag des Bundeskanzlers unter Hinweis auf sein Prüfungsrecht nicht nach. Der Außenminister habe rechtmäßig gehandelt; darüber hinaus sei er von seiner Persönlichkeit her am besten geeignet, dieses Amt zu bekleiden.

Bearbeitervermerk:

1. Ist der Außenminister verpflichtet, der Weisung des Bundeskanzlers nachzukommen?

2. Der Bundeskanzler zieht in Erwägung, die Weigerung des Bundespräsidenten vom BVerfG überprüfen lassen. Welche Erfolgsaussichten hätte ein entsprechender Rechtsbehelf?

LÖSUNG:

Frage 1: Weisungsbefugnis des Bundeskanzlers

Der Außenminister muß der Weisung des Bundeskanzlers nachkommen, wenn dieser ihm gegenüber befugt war, eine solche zu erteilen, und diese auch bindend ist.

A. Befugnis des Bundeskanzlers aus der Richtlinienkompetenz

Weisungsrecht aus Richtlinienkompetenz, Art. 65 S.1 GG

Ein solches Weisungsrecht könnte sich aus dem Kanzlerprinzip (sog. Richtlinienkompetenz) des Bundeskanzlers gemäß Art. 65 S.1 GG ergeben. Dazu müßte die konkrete Weisung als eine Richtlinie zu verstehen sein.

> **HEMMER-METHODE:** Die Regierungsprinzipien (Kanzlerprinzip, Ressortprinzip, Kollegialprinzip) sollten Sie für staatsorganisationsrechtliche Klausuren kennen, da diese zu den Standardproblemen gehören. Lesen Sie dazu als Überblick Hemmer/Wüst/Christensen/Kudlich, Staatsrecht II, Rn. 231 ff.

I. Formelle Anforderungen an Richtlinien

Laut Sachverhalt weist der Bundeskanzler den Außenminister an und beruft sich dabei nicht auf seine Richtlinienkompetenz.

e.A.: audrückliche Berufung auf Richtlinienkompetenz und Schriftlichkeit erforderlich

Eine Ansicht vertritt die Auffassung, daß Schriftlichkeit und ausdrückliche Inanspruchnahme als ein Mindestmaß an Formalisierung erforderlich sind.[162] Dies wird damit begründet, daß die Richtlinie des Bundeskanzlers eine verfassungsrechtliche Bindungswirkung entfalte.[163]

h.M.: Richtlinienkundgabe in jeder Form möglich

Dagegen spricht jedoch der eindeutige Wortlaut des Art. 65 S.1 GG, der eine Formbedürftigkeit der Richtlinien nicht fordert. Folglich ist die Form der Richtlinie in das Ermessen des Bundeskanzlers gestellt.[164] Der Bundeskanzler kann die Richtlinien der Politik somit in jeder beliebigen Weise kundtun.[165]

Eine Formbedürftigkeit ist daher abzulehnen.

---

162 AK/GG-Schneider, Art. 65, Rn. 4.
163 A.a.O.
164 M/D-Herzog, Art. 65, Rn. 66.
165 V.Mü-Liesegang, Art. 65, Rn. 9.

II. Materielle Anforderungen an Richtlinien

1. Abgrenzung zwischen Richtlinienkompetenz und Ressortprinzip

Ressortprinzip des Art. 65 S.2 GG als Grenze der Richtlinienkompetenz

Der Begriff der Richtlinie ist weder im Grundgesetz noch in der Geschäftsordnung der Bundesregierung definiert. In erster Linie verwirklicht sie der Bundeskanzler durch Leitentscheidungen. Sie stehen als Regierungsakte in seinem politischen Ermessen.[166] Das Ressortprinzip aus Art. 65 S.2 GG bildet aber eine Grenze,[167] die die Richtlinienkompetenz einschränkt. Art. 65 S.2 GG regelt die Stellung des Ministers als Leiter des jeweiligen Geschäftsbereiches,[168] welchen er innerhalb der vom Kanzler vorgeschriebenen Richtlinien der Politik leitet.[169] Unter dieses "Ressort" fällt auch die Leitung der nachgeordneten Behörden, wobei der Minister auch über die Personalhoheit und über die Organisationshoheit verfügt.[170] Die diplomatische Vertretung stellt dabei organisationsrechtlich eine „Außenstelle" des Bundes dar.

247

2. Einzelentscheidungen als Richtlinie?

Richtlinienkompetenz umfaßt in der Regel nur Leitentscheidungen

Da in erster Linie Leitentscheidungen, also generell richtungsweisende Entscheidungen unter die Richtlinienkompetenz fallen, ist fraglich, ob auf einen bestimmten Fall bezogene Maßnahmen wie die Anweisung zur Abberufung des Botschafters nicht bereits als solche unzulässig in die Ressortkompetenz der Minister eingreifen.

248

dem Minister muß ein relevanter eigenverantwortlicher Spielraum verbleiben

In der Literatur wird dies teilweise bejaht,[171] doch ist daran angesichts der umfassenden politischen Verantwortung des Bundeskanzlers nicht festzuhalten. Bei politischen Fehlentscheidungen der Regierung steht gleichzeitig das Schicksal des Kanzlers in der Diskussion. (So ist z.B. das Mißtrauensvotum nach Art. 67 GG nur ihm gegenüber möglich, nicht aber gegenüber einzelnen Ministern.[172]) Deshalb ist ihm auch die umfassende Befugnis zur Lenkung der Politik an die Hand zu geben. Um das Ressortprinzip nicht auszuhöhlen, muß dem Minister aber noch ein relevanter Spielraum eigenverantwortlicher Gestaltung bleiben.[173] Es kann nicht Sinn und Zweck der Richtlinienkompetenz sein, die Eigenverantwortlichkeit des Ministers auf unbedeutende Bereiche oder Routineangelegenheiten zu reduzieren.[174] Demgegenüber trägt der Bundeskanzler aber die politische Verantwortung.

---

166 AK/GG-Schneider, Art 65, Rn. 3, 4.
167 A.a.O. Rn. 4.
168 V.Mü-Liesegang, Art. 65, Rn. 13.
169 A.a.O. Rn. 15; AK/GG-Schneider, Art. 65, Rn. 7.
170 AK/GG-Schneider, Art. 65, Rn. 7.
171 Vgl. Nachweise bei Kister, JuS 1985, 468 (470).
172 So noch in der WRV, vgl. dort Art. 54.
173 M/D-Herzog, Art. 65, Rn. 10 f.
174 Ders. a.a.O., Rn. 6-9.

Richtlinienkompetenz bei allen Fragen von gewichtiger Bedeutung

Deshalb wird zum einen vertreten, daß der Bundeskanzler grundsätzlich bei jeder Frage, die für ihn politisch "gefährlich" werden kann, die Entscheidung unter Berufung auf seine Richtlinienkompetenz an sich ziehen kann.[175] Eine andere Ansicht stellt auf das politische Gewicht der Weisung ab. Zulässig sind nur solche Weisungen, die ihrem Gegenstand nach eine politische Grundsatzentscheidung enthalten.[176] Letztlich wird vertreten, daß die Grenze zum Ressortprinzip dann überschritten ist, wenn die Richtlinienentscheidung so detailliert erfolgt, daß in den verwaltungsmäßigen Vollzug der Politik hinein konkrete Einzelanweisungen erteilt werden. Richtlinienentscheidungen müssen danach auf Gebieten von substantiellem politischem Gewicht den Bundesministern so viel Gestaltungsspielraum übrig lassen, daß dieser von ihnen aufgrund eigener Entschließung ausgefüllt werden kann.[177]

hier: Frage von entscheidender Bedeutung

Hier hat der Botschafter durch seine Äußerungen das internationale Ansehen in hohem Maße gefährdet. Das aus vielschichtigen, nicht zuletzt aus wirtschaftlichen Gründen von entscheidender Bedeutung ist. „Das Ansehen" zu bestimmen, ist daher von allgemeiner Bedeutung und ein politisches Ziel, für das der Bundeskanzler die Verantwortung trägt. Nach den beiden erstgenannten Auffassungen ist die Weisung des Bundeskanzlers somit als Richtlinie zu werten.

verbleibender Gestaltungsspielraum

Nach der letztgenannten Ansicht kommt es weiterhin noch darauf an, wie konkret die Weisung erfolgt ist. In Bezug auf die Abberufung des Botschafters in Florida ist der Minister gebunden. Die weitere Verwendung des Botschafters bleibt ihm jedoch überlassen; letztlich ist der Minister auch in der Neubesetzung der Botschafterstelle frei.

Ergebnis: Weisung ist Richtlinie

Die Grenze der Ressortverantwortlichkeit ist trotz der konkreten Anweisung folglich noch nicht überschritten. Die Weisung des Bundeskanzlers stellt somit eine Richtlinie dar.

> **HEMMER-METHODE:** Denken Sie insbesondere auch an den Aufbau: Gängig ist es, zuerst die ablehnende und dann die zu übernehmende Meinung darzustellen, ohne daß diese Reihenfolge verbindlich ist. Neben der Darstellung der verschiedenen Meinungen muß eine eigene Stellungnahme erfolgen. Der bloße Verweis auf die herrschende Meinung ist kein Ersatz für juristische Argumentationen.

II. Weisungsbefugnis aus dem allgemeinen Verhältnis zwischen Bundeskanzler und Bundesminister

keine allgemeine Weisungsbefugnis

Eine allgemeine Weisungsbefugnis geht aber weder aus der Geschäftsordnung der Bundesregierung noch aus dem Bundesministergesetz noch anderweitig hervor. Im Gegenteil wird die Selbständigkeit der Bundesminister im Hinblick auf die Leitung ihrer Ressorts gerade durch Art. 65 S.2 GG garantiert.

---

175 Ders. a.a.O., Rn. 9.
176 V.Mü-Liesegang, Art. 65, Rn. 7.
177 AK/GG-Schneider, Art. 65, Rn. 3; vgl. auch Jarass/Pieroth, Art. 65, Rn. 3 m.w.N.

Unabhängigkeit und Weisungsfreiheit der Minister innerhalb ihrer Ressorts werden durch das Ressortprinzip gegenüber dem Bundeskanzler und der Bundesregierung gewährleistet.[178]

> **HEMMER-METHODE:** Dieser Prüfungspunkt wird zwar nicht erwartet, doch erfreut es den Korrektor, wenn Sie "über den Tellerrand hinausschauen". Durch solche Ausführungen zeigen Sie dem Korrektor Überblick, und Sie können sich von den übrigen Bearbeitern abheben.

III. Ergebnis

Da es sich bei der Weisung des Bundeskanzlers um eine Richtlinie handelt, ist diese gem. Art. 65 S.2 GG und § 1 GeschOBReg für den Minister verbindlich. Der Außenminister muß den Botschafter abberufen.

Frage 2:

Der Bundeskanzler könnte die Frage im Wege eines Organstreitverfahrens vor dem BVerfG klären lassen. Dieses hätte Aussicht auf Erfolg, wenn es zulässig und begründet wäre.

> **HEMMER-METHODE:** Grundsätzlich wäre auch an eine Präsidentenanklage zu denken, die gem. Art. 61 I GG und § 13 Nr.4, §§ 49-57 BVerfGG zulässig wäre. Allerdings bedarf es dazu gem. § 49 III BVerfGG eines 2/3 Mehrheitsbeschlusses der Mitglieder des Bundestages oder Bundesrates. Der Kanzler wäre somit nicht vorlageberechtigt, so daß hierauf nicht einzugehen ist bzw. ein kurzer Hinweis genügt.

A. Zulässigkeit

Das Organstreitverfahren wäre zulässig, wenn die nach Art. 93 I Nr.1 GG i.V.m. §§ 13 Nr.5, 63 ff. BVerfGG erforderlichen Sachentscheidungsvoraussetzungen erfüllt sind.[179]

I. Parteifähigkeit

Parteifähig sind nach Art. 93 I Nr.1 GG die obersten Bundesorgane sowie andere Beteiligte, die durch das Grundgesetz oder die Geschäftsordnung eines obersten Bundesorgans mit eigenen Rechten ausgestattet sind.

1. Antragsteller

Als Teil der Bundesregierung gehört der Bundeskanzler zu den "anderen" Beteiligten, da er in Art. 64 I GG mit eigenen Rechten und Pflichten ausgestattet ist. Er ist somit parteifähig.

---

178 V.Mü-LIESEGANG, Art. 65, Rn. 15; AK/GG-SCHNEIDER, Art. 65, Rn. 7.

179 Allgemein zu den Zulässigkeitsvoraussetzungen eines Organstreites vgl. HEMMER/WÜST/CHRISTENSEN/KUDLICH, Staatsrecht II, Rn. 3 f.

Da das Organstreitverfahren ein kontradiktorisches Verfahren ist, muß auch der Antragsgegner parteifähig sein.

2. Antragsgegner

Auch dies ist hier gegeben, denn der Bundespräsident wird in § 63 BVerfGG ausdrücklich als möglicher Antragsgegner genannt.

> **HEMMER-METHODE:** § 63 BVerfGG ist seinem Wortlaut nach enger als Art. 93 I Nr.1 GG („andere Beteiligte"). Im Ergebnis geht der Verfassungstext dem BVerfGG vor. Als "andere Beteiligte" sind nach dem BVerfG auch einzelne Bundestagsabgeordnete und politische Parteien parteifähig. Zu beachten ist dabei, daß aber ihre Rechte als Verfassungsorgan streitig sein müssen, z.B. Art. 38 I S.2 bzw. Art. 21 GG. Sollte dies in einer Klausur entscheidend werden, müssen Sie prüfen, ob die Beteiligten in Rang und Funktion den obersten Bundesorganen gleich stehen.

II. Streitgegenstand

rechtserhebliche Maßnahme

Gemäß § 64 I BVerfGG kann nur eine rechtserhebliche Maßnahme oder Unterlassung des Antragsgegners zulässiger Verfahrensgegenstand sein.

Der Bundespräsident unterläßt die Entlassung des Außenministers. Die Verweigerung des Bundespräsidenten ist zulässiger Verfahrensgegenstand.

III. Antragsbefugnis

Der Bundeskanzler müßte antragsbefugt sein.

Möglichkeit der eigenen Rechtsverletzung

Nach § 64 I BVerfGG muß der Antragsteller geltend machen, durch den Verfahrensgegenstand in seinen verfassungsmäßigen Rechten und Pflichten verletzt oder unmittelbar gefährdet zu sein. Dies ist dann der Fall, wenn nach dem Sachvortrag des Antragstellers eine Verletzung oder eine unmittelbare Gefährdung als Folge des Verhaltens des Antragsgegners möglich erscheint.[180]

Es ist nicht ausgeschlossen, daß der Bundeskanzler aufgrund der Weigerung des Bundespräsidenten in seinem aus Art. 64 I GG folgenden Kabinettsbildungsrecht verletzt ist. Der Bundeskanzler ist antragsbefugt.

IV. Form, Frist

Gemäß § 64 III BVerfGG müßte der Bundeskanzler den Antrag binnen 6 Monaten nach der Weigerung des Bundespräsidenten stellen, wozu nach § 23 I BVerfGG (i.V.m. § 64 II BVerfGG) die Schriftform erforderlich ist.

---

180 PESTALOZZA, § 7, Rn. 19 ff., 26 ff.; BENDA/KLEIN, Rn. 956.

V. Ergebnis

Der Antrag ist zulässig.

> **HEMMER-METHODE:** Die Zulässigkeit war nur kurz zu prüfen, da der Sachverhalt hier keine schwierigen Fragen aufwirft. Lesen Sie zu den typischen Problemfeldern Hemmer/Wüst/Christensen, Staatsrecht II, Rn. 3 ff.

B. Begründetheit

Die Klage ist gem. § 67 BVerfGG begründet, wenn der Antragsgegner durch sein Verhalten gegenüber dem Antragsteller gegen verfassungsmäßige Rechte und Pflichten verstößt. Dies wäre hier der Fall, wenn dem Bundespräsidenten in Bezug auf Art. 64 I GG kein Prüfungsrecht zusteht oder jenes falsch angewandt wurde.

> **HEMMER-METHODE:** Hier geht es nicht um ein Prüfungsrecht in Bezug auf Gesetze, sondern bezüglich der Ernennung und Entlassung von Ministern. Gerade weil das Prüfungsrecht des Bundespräsidenten bei der Gesetzesausfertigung so "ausgekaut" ist, geht der Korrektor davon aus, daß Sie dieses beherrschen. Mit dem "ähnlichen Fall" stellt er ihnen eine Falle. Also verfallen Sie nicht in Oberflächlichkeit und unterscheiden Sie! Zu diesen Standardproblemen Hemmer/Wüst/Christensen, Staatsrecht II, Rn. 206 ff., 212 ff.

I. Rechtliches Prüfungsrecht

rechtliches Prüfungsrecht unstreitig wegen Art. 20 III GG

Auf Vorschlag des Bundeskanzlers ernennt und entläßt der Bundespräsident gem. Art. 64 I GG die Minister. Unstreitig ist, daß der Bundespräsident bezüglich der Ernennung von Ministern ein rechtliches Prüfungsrecht hat, d.h. er darf prüfen, ob die Voraussetzungen für eine Ernennung vorliegen. Dies ergibt sich aus Art. 20 III GG, da auch der Bundespräsident an Recht und Gesetz gebunden ist. Stehen Rechtsgründe einer Ernennung entgegen, hat er sogar die Verpflichtung, diese abzulehnen.[181] Aufgrund der geringen Anforderungen, die an eine Ministerernennung/-entlassung rechtlich gestellt werden, kommt jenem Prüfungsrecht in der Praxis allerdings kaum Bedeutung zu.

II. Politisches Prüfungsrecht

Fraglich ist jedoch, ob dem Bundespräsidenten auch ein politisches Prüfungsrecht zusteht.

e.A.: politisches Prüfungsrecht aus historischen und systematischen Gründen:

Dies ist umstritten. Einer Ansicht nach ergibt sich ein politisches Prüfungsrecht aus historischen und systematischen Gründen.

---

181 M/D-Herzog, Art. 64, Rn. 13 m.w.N.

historisch: Stellung des Reichspräsidenten in der WRV

systematisch: Vergleich mit anderen Verfassungsnormen

Einerseits wird dies mit der Stellung des Reichspräsidenten in der Weimarer Reichsverfassung begründet, was sich daraus ergibt, daß der Gesetzgeber den Wortlaut des Art. 53 WRV beibehalten hat.[182] Weiterhin spricht Art. 64 GG auch nur von "werden ... lassen", obwohl das Grundgesetz an anderen Stellen dem Bestehen einer Verpflichtung durch Formulierungen wie "muß, hat zu tun" Geltung verleiht, wie z.B. in Art. 52 II S.2 GG.

h.M.:

–keine historische Vergleichbarkeit, da andere Stellung des Bundespräsidenten

Gegen diese Auffassung spricht jedoch schon die grundlegend schwächere rechtliche und politische Stellung des Bundespräsidenten im Grundgesetz im Gegensatz zum Reichspräsidenten in der WRV.[183] Hätte der Bundespräsident die Möglichkeit, aufgrund politischer Erwägungen die Ernennung oder die Entlassung eines Ministers zu verweigern, dann würde er an der Gestaltung der Regierungsbildung teilhaben.

–systematisches Argument nicht überzeugend, da Sprache des GG nicht einheitlich

Auch aus systematischen Überlegungen läßt sich ein politisches Prüfungsrecht nicht herleiten, da die Sprache des Grundgesetzes nicht einheitlich ist.[184] Letztlich ist der Bundespräsident auch im Fall einer Ernennung oder Entlassung eines Ministers durch das Gegenzeichnungsgebot des Art. 58 S.1 GG an die Politik des Kanzlers gebunden.[185]

Ein politisches Prüfungsrecht des Bundespräsidenten ist folglich sowohl bei der Ernennung als auch bei der Entlassung eines Ministers abzulehnen.[186]

C. Ergebnis

Da rechtliche Gründe gegen eine Entlassung nicht vorliegen und der Bundespräsident kein politisches Prüfungsrecht hat, ist der Bundeskanzler durch die Weigerung des Bundespräsidenten in seinem Recht aus Art. 64 I GG verletzt.

Die Organklage wäre auch begründet.

> **HEMMER-METHODE:** Richtig ist, daß das Ergebnis von Klausuren grundsätzlich im Indikativ zu stehen hat. Hier ist jedoch auf die Fallfrage zu achten. Eine Organklage ist noch nicht erhoben worden, es wird nach den möglichen Erfolgsaussichten gefragt. Daher ist hier der Konjunktiv im Ergebnis geboten.

---

[182] V.Mangoldt/Klein, Art. 64, Anm. 3 III 4 d.

[183] BoK-Schenke, Art. 64, Rn. 29.

[184] Aus Art. 82 I GG läßt sich nur die Pflicht herleiten, daß (zumindest formell) verfassungsmäßige Gesetze zu verkünden sind, von einen "müssen" ist nach den Wortlaut nicht die Rede; BoK-Schenke, Art. 64, Rn. 12.

[185] M/D-Herzog, Art. 64, Rn. 12 ff.; AK/GG-Schneider, Art. 64, Rn. 4; v.Mü-Liesegang, Art. 64, Rn. 4; BoK-Schenke, Art. 64, Rn. 9-31, 37-39.

[186] So auch BoK-Schenke, Art. 64, Rn. 36.

DIE ANFECHTUNGSKLAGE

2. VERWALTUNGSRECHT

§ 4 DIE ANFECHTUNGSKLAGE

Die Anfechtungsklage ist nach § 42 I Alt. 1 VwGO nur statthaft, wenn das Klagebegehren auf die Aufhebung eines VA durch das Verwaltungsgericht gerichtet ist (§ 113 I 1 VwGO). Charakteristisch sind mithin: Kassationsbegehren und Vorliegen eines VA. Es handelt sich also um eine Gestaltungsklage, die den VA aufheben soll, ihn aber nicht durch einen anderen ersetzt.

Die Anfechtungsklage verdrängt als die speziellere Klageart, soweit der VA noch nicht bestandsfähig ist, grundsätzlich die auf dessen verwaltungsbehördliche Aufhebung (begünstigender VA) gerichtete Verpflichtungsklage.

Die Anfechtungsklage kann, wie sich aus § 113 I 1 VwGO entnehmen läßt ("soweit der Verwaltungsakt rechtswidrig ist"), auch auf die teilweise Aufhebung eines Verwaltungsaktes gerichtet sein.

Typische Fälle der Anfechtungsklage sind:

(1) Der Adressat begehrt die Aufhebung eines ihn belastenden VA.

(2) Ein Dritter wendet sich gegen einen ihn belastenden, den Adressaten begünstigenden VA (sog. VA mit Doppelwirkung).

Vor Erhebung der Anfechtungsklage ist in der Regel gem. § 68 I 1 VwGO ein Widerspruchsverfahren durchzuführen. Dies hat zur Folge, daß Gegenstand der Anfechtungsklage gem. § 79 I Nr.1 VwGO grundsätzlich der ursprüngliche VA in der Gestalt ist, die er durch den Widerspruchsbescheid erlangt.

Übersicht über die Sachentscheidungsvoraussetzungen der Anfechtungsklage, § 42 I 1.Alt VwGO

A. Eröffnung des Verwaltungsrechtsweges, § 40 I 1 VwGO, § 17a II GVG

B. Zulässigkeit der Anfechtungsklage

    I. Statthaftigkeit, § 42 I 1.Alt VwGO

    II. Klagebefugnis, § 42 II VwGO

    III. Vorverfahren, §§ 68 ff. VwGO

    IV. Klagefrist, § 74 VwGO

    V. Sachliche und örtliche Zuständigkeit des Verwaltungsgerichts, §§ 45, 52 VwGO

    VI. Beteiligten- und Prozeßfähigkeit, §§ 61, 62 VwGO

    VII. Ordnungsgemäße Klageerhebung, §§ 81, 82 VwGO

    VIII. Keine rechtskräftige Entscheidung in der gleichen Sache

    IX. Allgemeines Rechtsschutzbedürfnis (nur in Sonderfällen neben § 42 II VwGO problematisch)

Seite 104

SACHVERHALT:

Etwa 2 km außerhalb des Ortskerns von Ostheim liegen drei Siedlerstellen. Die Häuser stammen aus den zwanziger Jahren. Unmittelbar an das Grundstück des Siedlers Fuchs schließt sich ein Ödgelände an, das dem Raubein gehört. Dieser betreibt am Ortsrand von Ostheim eine Abdeckerei, eine genehmigungsbedürftige Anlage gem. § 4 BImSchV i.V.m. § 1 I und Ziff. 7.12 des Anhangs der 4. BImSchV. Da ihm dort das zur Erweiterung notwendige Gelände nicht zur Verfügung steht, will er den gesamten Betrieb auf das Ödgelände verlegen.

Obwohl Fuchs bei der Anhörung gegen das Vorhaben protestierte, erteilt die zuständige Regierung in ihrer Eigenschaft als mittlere Staatsbehörde dem Raubein die beantragte Genehmigung für die Errichtung der Anlage auf diesem Gelände, nachdem die Gemeinde - die froh war, den ganzen Betrieb am Ortsrand loszuwerden - zugestimmt hatte.

Nach erfolglosem Widerspruchsverfahren erhebt Fuchs Klage gegen die Genehmigung.

Er wendet sich vor allem dagegen, daß nach dem Plan des Raubein gerade an seiner Grundstücksgrenze die Sammelbehälter für die Tierleichen in offener Bauweise errichtet werden sollen. Dadurch werde die Geruchsbelästigung und die Fliegenplage unerträglich. Behälter in Bunkerform hingegen würden die Belästigung in einem erträglichen Umfang halten.

Bearbeitervermerk:

Hat die Klage Aussicht auf Erfolg?

LÖSUNG:

A. Verwaltungsrechtsweg, § 40 I VwGO, § 17a II GVG

> **"HEMMER-METHODE":** Seit der Aufhebung von § 41 VwGO (4. VwGOÄndG von 1990) gelten die §§ 17, 17a GVG über § 173 VwGO auch für die Verwaltungsgerichtsbarkeit. Eine Klage, die bei einem Gericht des unzuständigen Rechtsweges anhängig geworden ist, wurde früher nur auf Antrag an das zuständige Gericht des zulässigen Rechtsweges verwiesen. Wegen § 17a II GVG hat diese Verweisung jetzt von Amts wegen zu erfolgen.
> Das bedeutet, daß eine Klage niemals mit der Begründung der Unzulässigkeit des Rechtsweges mittels Prozeßurteil (also als unzulässig) abgewiesen werden kann. Deshalb ist es dogmatisch richtig, schon im Aufbau deutlich zwischen Rechtswegeröffnung und Zulässigkeit der Klage zu unterscheiden.

aufdrängende Sonderzuweisung

Eine aufdrängende Sonderzuweisung (vgl. § 126 I 2 BRRG) liegt nicht vor. 260

Verwaltungsrechtsweg, § 40I VwGO

Der Verwaltungsrechtsweg ist nach § 40 I VwGO für öffentlich-rechtliche Streitigkeiten nichtverfassungsrechtlicher Art eröffnet, soweit keine abdrängende Zuweisung besteht. 261

Begriff der öffentlich-rechtlichen Streitigkeit

Öffentlich-rechtlich ist eine Streitigkeit, wenn die wahre Natur des behaupteten Anspruch dem öffentlichen Recht zuzuordnen ist. Das Klagebegehren muß sich also als Folge eines Sachverhaltes darstellen, der nach öffentlichem Recht zu beurteilen ist. 262

Sonderrechtstheorie

Um öffentliches Recht handelt es sich bei Vorschriften, die nicht jedermann, sondern nur Trägern hoheitlicher Gewalt Rechte geben oder Pflichten auferlegen (Sonderrechtstheorie): Die streitentscheidenden Normen sind solche aus dem BImSchG; diese berechtigen und verpflichten ausschließlich Träger öffentlicher Gewalt.

nichtverfassungsrechtlich: doppelte Verfassungsunmittelbarkeit

Weiterhin müßte die Streitigkeit auch nichtverfassungsrechtlicher Art sein. Verfassungsrechtlich ist eine Streitigkeit nur dann, wenn sich Verfassungsorgane als unmittelbar am Verfassungsleben beteiligte Rechtsträger um ihre unmittelbar im Grundgesetz geregelten Kompetenzen streiten (doppelte Verfassungsunmittelbarkeit). Das ist hier nicht der Fall, denn es handelt sich um einen Streit zwischen einem Bürger und einer Behörde. 263

abdrängende Sonderzuweisung

Eine gesetzliche Zuweisung an ein anderes Gericht (abdrängende Sonderzuweisung, §§ 40 I Hs.1; 40 I 2 VwGO) besteht auch nicht. 264

Der Verwaltungsrechtsweg nach § 40 I VwGO ist somit eröffnet.

> **"HEMMER-METHODE":** Es empfiehlt sich in aller Regel, mit der Sonderrechtstheorie zu arbeiten. Dennoch können Sie bei der Qualifikation der gefundenen Norm durchaus auf die gerade am besten passende Theorie zurückgreifen.
> Wiederholen Sie deshalb nochmals die weiteren Abgrenzungstheorien:

> **(1) Interessentheorie**
> Eine öffentlich-rechtliche Streitigkeit liegt vor, wenn die streitentscheidenden Normen (!) vornehmlich im Interesse der Allgemeinheit bestehen.
> **(2) Subordinationstheorie**
> Danach liegt eine öffentlich-rechtliche Streitigkeit vor, wenn ein Über-/Unterordnungsverhältnis vorliegt.
> **(3) Zweistufentheorie (bei Subventionen und Zulassung zu öffentlichen Einrichtungen):**
> Unterscheidung zwischen "Ob" und "Wie" der Leistungsgewährung. An dieser Stelle ist bereits der öffentlich-rechtliche Charakter der Leistung darzulegen!
> **(4) actus-contrarius-Theorie i.V.m. einer der o.g. Theorien**
> Wäre für den actus primus der Verwaltungsrechtsweg gegeben gewesen, so gilt dies auch für den actus contrarius (vorwiegende Anwendung bei Streitigkeiten um den Widerruf von Äußerungen)

B. Zulässigkeit der Klage

I. Statthafte Klageart

Anfechtungsklage gem. § 42 I Alt. 1 VwGO

Richtige Klageart ist die Anfechtungsklage gem. § 42 I Alt. 1 VwGO, wenn die Genehmigung des R ein VA ist und der Fuchs dessen Aufhebung verlangt.

265

VA i.S.d. § 35 VwVfG

1. Die Genehmigung müßte also ein VA nach § 35 S.1 Landes-VwVfG sein. Danach ist ein VA die Maßnahme einer Behörde auf dem Gebiet des öffentlichen Rechts, die mit Außenwirkung in die Rechtssphäre des einzelnen Bürgers eingreift.

266

Die durch die Regierung erteilte Genehmigung trifft eine Regelung hinsichtlich der Abdeckerei des R und stellt mithin einen VA dar.

2. F begehrt die Aufhebung dieses VA.

Somit ist die Anfechtungsklage die richtige Klageart.

II. Klagebefugnis

Möglichkeitstheorie

F müßte gem. § 42 II VwGO auch klagebefugt sein (*Möglichkeitstheorie!*).

267

Klagebefugnis aufgrund Adressatenstellung

1. Unproblematisch wäre die Klagebefugnis i.R.d. Anfechtungsklage zu bejahen, wenn der Kläger Adressat eines ihn belastenden VA ist. Als Adressat ist zumindest immer eine Verletzung der durch Art. 2 I GG geschützten allgemeinen Handlungsfreiheit möglich. Da allerdings nicht F, sondern R Adressat des VA ist, ergibt sich keine Klagebefugnis aus der Adressatenstellung.

> **HEMMER-METHODE:** Daß sich die Klagebefugnis bei einem belastenden VA aus der Adressatenstellung des Empfängers ergibt, wird in der Lit. teilweise als "Adressatentheorie" bezeichnet. Vermeiden Sie diesen Ausdruck in der Klausur, denn eine solche Theorie gibt es nicht.

> Es handelt sich lediglich um einen Unterfall der Möglichkeitstheorie, da bei dem Adressaten eines belastenden VA eine Rechtsverletzung eben immer möglich ist. Besser ist etwa wie folgt zu formulieren: "Die Klagebefugnis des A ergibt sich hier aus seiner Stellung als Adressat des belastenden VA."

Möglichkeitstheorie

2. Fraglich ist, ob sich dennoch eine Klagebefugnis innerhalb der Möglichkeitstheorie ergeben könnte. Der Kläger F müßte dann plausibel geltend machen können, durch den angefochtenen VA in seinen Rechten verletzt zu sein; diese Rechtsverletzung muß also aufgrund des Sachverhalts möglich sein.

Verletzung in eigener Rechtsposition

Die Klagebefugnis eines Nichtadressaten ergibt sich nicht schon aus seiner faktischen Betroffenheit. Vielmehr muß er zusätzlich möglicherweise in einem ihm zustehenden und ihn gerade auch gegenüber solchen Eingriffen schützenden Recht verletzt sein.

Rechtsposition aus Verfassungs- oder sonstigem Recht

Die Klagebefugnis kann sich grundsätzlich auch aus Grundrechten, aber vor allem aus sonstigen einfach-gesetzlichen Bestimmungen ergeben, soweit diese dem Kläger ein subjektiv-öffentliches Recht gewähren.

Art. 14 GG drittschützend, wenn Grundstückssituation nachhaltig verändert, und Veränderung schwer und unzumutbar

Fraglich ist, ob sich aus Art. 14 I GG ein solches Recht für F ergibt. Grundsätzlich schützt Art. 14 I GG vor finalen Eingriffen des Staates in das Eigentumsrecht. Genauso grundsätzlich schützt Art. 14 I GG nicht vor einer Nutzung eines Nachbargrundstücks in einer bestimmten Weise, da nicht der Staat (dieser beseitigt durch die Erteilung einer Genehmigung lediglich das präventive Verbot einer bestimmten Nutzung), sondern der Nachbar beeinträchtigend tätig wird. Eine Ausnahme ist nur in den Fällen gegeben, in denen durch die Genehmigung die Grundstückssituation des Dritten nachhaltig verändert wird und diese Veränderung den Dritten besonders schwer und unzumutbar trifft. In diesen Fällen hat nach der Rechtsprechung Art. 14 I GG drittschützende Wirkung, so daß F klagebefugt wäre.

> **HEMMER-METHODE:** Es geht hier nicht um die klassische Abwehrfunktion der Grundrechte, da der Staat selbst nicht eingreift! Entscheidend für die Klagebefugnis ist dann also, ob Art. 14 I GG dem Nachbarn einen Anspruch auf Schutz gegen den Staat gewährt, ihn vor Eingriffen durch den Bauherrn zu schützen. Ein solcher Anspruch kann sich aber von vornherein nur über die objektiv-rechtliche Seite der Grundrechte ergeben. Diese ist aber als bloße Institutsgarantie eben nur bei "schweren und unzumutbaren" Beeinträchtigungen betroffen!
> Falls dieser Anspruch im konkreten Fall aber tatsächlich einmal bestehen sollte, wäre durch die trotzdem erfolgte Erteilung der Genehmigung durch die Behörde Art. 14 I GG von dieser verletzt worden.
> Vermeiden Sie also, vorschnell auf Grundrechte als Schutznormen zurückzugreifen! Sehr instruktiv zu diesem Problem Schwerdtfeger, Rn 197 f., 200; zum Problem der Ansprüche aus Grundrechten vgl. Fall 6.

Dies kann jedoch dahingestellt bleiben, wenn eine andere drittschützende Norm einschlägig ist.

Schutznormtheorie

Dies bestimmt sich nach der *Schutznormtheorie*. Danach ist eine Norm drittschützend, d.h. sie gewährt dem Dritten ein subjektiv-öffentliches Recht, wenn die Norm den Dritten tatsächlich und rechtlich begünstigen will und der geschützte Personenkreis abgegrenzt werden kann (z.B. auf die Nachbarschaft).

§ 6 Nr.1 i.V.m. § 5 Nr.1 BImSchG grds. drittschützend

Gem. § 6 Nr.1 i.V.m. § 5 Nr.1 BImSchG ist Genehmigungsvoraussetzung, daß die Anlage nicht erhebliche Belästigungen für die Allgemeinheit und die Nachbarschaft hervorruft. Die oben genannten Vorschriften wollen auch einen abgrenzbaren Personenkreis, nämlich die Nachbarschaft, schützen. Regelmäßig handelt es sich um eine drittschützende Norm, wenn das Wort "Nachbarn" im Gesetz vorkommt. Ob die Norm dann tatsächlich verletzt ist, ist eine Frage der Begründetheit.

F ist daher möglicherweise in seinen subjektiv-öffentlichen Rechten aus § 6 Nr.1 i.V.m. § 5 Nr.1 BImSchG verletzt, da er als Nachbar auch zum geschützten Personenkreis gehört und damit klagebefugt ist.

> **"HEMMER-METHODE"**: Die Schutznormtheorie hat also folgende Voraussetzungen:
> 1. Vorliegen einer (zumind. möglicherweise) drittschützenden Norm? Auslegung, ob die Norm zumindest auch (!) Individualinteressen zu schützen bestimmt ist,
> 2. Einbeziehung des Klägers in den Schutzbereich dieser Norm,
> 3. zumindest mögliche Verletzung dieser Norm.

III. Vorverfahren

Nach § 68 I 1 VwGO muß grundsätzlich ein Vorverfahren durchgeführt werden. Dies hat A laut Sachverhalt ordnungsgemäß und erfolglos durchgeführt.

IV. Klagefrist

Von der Einhaltung der Klagefrist von einem Monat gem. § 74 I VwGO kann ausgegangen werden.

> **"HEMMER-METHODE"**: Unterscheiden Sie auch hier (vgl. das schon zur VB Gesagte) sauber, ob die Klage bereits eingelegt worden ist oder erst noch eingelegt werden soll (anwaltlicher Rat)!
> Zu den übrigen Zulässigkeitsvoraussetzungen brauchen Sie nur Ausführungen zu machen, wenn dies im Einzelfall nach dem Sachverhalt angezeigt ist.

V. Zwischenergebnis

Die Klage des F ist somit zulässig.[187]

---

[187] Allg. und zu den besonderen Einzelproblemen bei der Zulässigkeit der Anfechtungsklage vgl. HEMMER/WÜST/CHRISTENSEN, Verwaltungsrecht I, Rn. 54 f.

C. Begründetheit

Nach § 113 I 1 VwGO ist die Anfechtungsklage begründet, wenn der VA rechtswidrig ist und der Kläger dadurch in seinen Rechten verletzt wird. Außerdem muß die Klage gem. § 78 I VwGO gegen den richtigen Beklagten gerichtet sein.

I. Passivlegitimation

§ 78 VwGO: Rechtsträgerprinzip

Die Passivlegitimation betrifft die Frage, wer richtiger Beklagter ist. Sie ist in § 78 VwGO geregelt. Nach § 78 V Nr.1 VwGO gilt das Rechtsträgerprinzip, d.h. die Klage ist gegen die Körperschaft zu richten, deren Behörde gehandelt hat, wobei zur Bezeichnung des Beklagten auch die Angabe der Behörde genügt (§ 78 I Nr.1 HS.2 VwGO).

Laut Sachverhalt wurde die Genehmigung von der Regierung erteilt. Da diese als mittlere Staatsbehörde gehandelt hat, ist ihr Träger das Bundesland selbst. Dieses ist damit richtiger Beklagter.

> **HEMMER-METHODE:** Die Passivlegitimation ist Teil der Begründetheit und an deren Anfang zu stellen. Das gilt zumindest in Bayern; in vielen anderen Bundesländern erfolgt regelmäßig keine Prüfung der Passivlegitimation.
> Die Klage kann auch gegen die Behörde selbst gerichtet werden, wenn das Landesrecht eine derartige Bestimmung trifft, § 78 I Nr.2 VwGO. In Bayern ist das nicht der Fall. Ob dies in den anderen Bundesländern der Fall ist, läßt sich durch einen Blick in das jeweilige Ausführungsgesetz zur VwGO (AGVwGO, Landesgesetz!) leicht ermitteln.

II. Rechtmäßigkeit der Genehmigung

1. Rechtsgrundlage der Genehmigung

Rechtsgrundlage sind die §§ 4, 6 BImSchG i.V.m. Ziff. 7.12. des Anhangs der 4. BImSchV.

a) Zuständigkeit

Zunächst müßte die zuständige Behörde gehandelt haben. Aus dem Sachverhalt geht hervor, daß die zuständige Regierung dem R die beantragte Genehmigung erteilt hat. Damit hat die zuständige Behörde gehandelt.

b) Verfahren

Nach § 28 I LandesVwVfG hat eine Anhörung zu erfolgen.

Die Anhörung als Ausprägung der rechtsstaatlichen Gewährleistung rechtlichen Gehörs ist erforderlich vor dem Erlaß von VAen, die einen Rechtseingriff darstellen, d.h. wenn durch den beabsichtigten VA dem Betroffenen eine von ihm bereits innegehabte Rechtsposition entzogen werden soll.

Inhalt des Anhörungsrechts: Gelegenheit zur Stellungnahme

Dem Anhörungsrecht wurde Genüge getan, wenn dem Betroffenen Gelegenheit zur Äußerung gegeben wurde. Ob er diese wahr nimmt, spielt keine Rolle.

Aus dem Sachverhalt geht hervor, daß F vor dem Erlaß des VA angehört wurde. Damit wurde der Anhörung nach § 28 I LandesVwVfG Genüge getan.

> **"HEMMER-METHODE"**: Eine unterbliebene Anhörung stellt einen Verfahrensfehler dar, der allerdings durch Nachholung im Widerspruchsverfahren geheilt werden kann, § 45 I Nr.3 LandesVwVfG. Diese Behebung tritt nach h.M. mit der Durchführung des Widerspruchsverfahrens ein, ohne daß es besonderer Maßnahmen von Ausgangs- oder Widerspruchsbehörde bedarf. Dies wird damit begründet, daß dem Widerspruchsführer durch die Begründung des ursprünglichen VAs die maßgeblichen Tatsachen bekannt sind. Durch die Rechtsbehelfsbelehrung wurde ihm eine Äußerungsmöglichkeit eingeräumt.

c) Form

formell ausreichend, daß überhaupt begründet wurde

Der VA müßte gem. § 39 I LandesVwVfG von der Behörde auch begründet worden sein. § 39 LandesVwVfG verlangt grundsätzlich nur, daß die Behörde überhaupt irgendwelche Tatsachen anführt, die aus ihrer Sicht zum Zeitpunkt des Erlasses des VA erheblich waren. Auf die materielle Richtigkeit der Begründung kommt es hier also nicht an.

278

Die Begründung einer Ermessensentscheidung muß zeigen, daß die Behörde ihr Ermessen erkannt und dieses auch ausgeübt hat.

Mangels Angaben im Sachverhalt kann davon ausgegangen werden, daß der VA ordnungsgemäß begründet wurde.

Zwischenergebnis: Der VA ist somit formell rechtmäßig von der Behörde erlassen worden.

2. Materielle Rechtmäßigkeit

a) Genehmigungspflichtigkeit

Die Genehmigungspflichtigkeit ergibt sich aus § 4 I 1 BImSchG i.V.m. Ziff. 7.12. des Anhangs der 4. BImSchV.

279

b) Genehmigungsfähigkeit

genehmigungsfähig, wenn Pflichten des § 5 Nr.1 BImSchG erfüllt

Gem. § 6 I Nr.1 BImSchG ist die Genehmigung nur dann zu erteilen, wenn sichergestellt ist, daß die sich aus § 5 Nr.1 BImSchG ergebenden Pflichten erfüllt werden. Diese Voraussetzungen, nämlich die Anlage so zu erstellen und zu betreiben, daß erhebliche Belästigungen für die Nachbarschaft nicht hervorgerufen werden können, mußten auch bei der Genehmigung des Bauvorhabens des R berücksichtigt werden, vgl. auch § 3 I, II BImSchG.

hier (–)

Laut Sachverhalt würde sich durch die Bauweise der Sammelbehälter in Bunkerform die Belästigung durch Geruch und Fliegen in erträglichem Umfang halten. Dagegen werden bei der genehmigten offenen Bauweise erhebliche Belästigungen für den Nachbarn F verursacht.

daher Genehmigung materiell rechtswidrig

Die Genehmigung wurde dem R unter Verstoß gegen § 6 Nr.1 und § 5 Nr.1 BImSchG erteilt und ist daher materiell rechtswidrig, da der Nachbarschutz nicht stark genug berücksichtigt wurde.

R kann auch zugemutet werden, in Bunkerform zu bauen. Gegenteilige Anhaltspunkte sind nicht ersichtlich.

III. Rechtsverletzung des F

Der angefochtene VA ist daher rechtswidrig und der Kläger F ist in seinen Rechten aus § 6 Nr.1 i.V.m. § 5 Nr.1 BImSchG verletzt.

IV. Ergebnis

Die Klage des F gegen die dem R erteilte Anlagengenehmigung ist zulässig und begründet.

DIE VERPFLICHTUNGSKLAGE

§ 5 VERPFLICHTUNGSKLAGE

Die Verpflichtungsklage ist nach § 42 I 2.Alt VwGO nur statthaft, wenn das Klagebegehren auf den Erlaß eines VA gerichtet ist, dessen Erteilung abgelehnt oder unterlassen wurde. Sie ist damit ein spezieller Fall der Leistungsklage. Die Verpflichtungsklage auf Vornahme eines beantragten, aber abgelehnten VA nennt man Versagungsgegenklage, die Klage auf Vornahme eines schlicht unterlassenen (nicht abgelehnten) VA Untätigkeitsklage (diese ist gerade keine eigene Klageart!). Die Versagungsgegenklage schließt zugleich eine Klage auf Aufhebung der Ablehnungsentscheidung mit ein (vgl. Wortlaut des § 113 V 1 VwGO).

Der Urteilsspruch wirkt im Gegensatz zur Anfechtungsklage grundsätzlich nicht rechtsgestaltend. Die Verwaltung wird im Falle eines Vornahmeurteils (§ 113 V S.1 VwGO) lediglich verpflichtet, den begehrten VA zu erlassen bzw. im Falle eines Verbescheidungsurteils (§ 113 V S.2 VwGO) unter Beachtung der Rechtsauffassung des Gerichts neu zu verbescheiden, da die Sache noch nicht spruchreif ist.

Folgt die Verwaltung dem rechtskräftigen Urteilsspruch nicht, so muß der Bürger nach § 17a VwGO die Vollstreckung mittels Zwangsgeld einleiten. Eine Fiktion des VA-Erlasses mit Rechtskraft des Urteils, wie sie § 894 ZPO für Willenserklärungen vorsieht, kennt das Verwaltungsvollstreckungsrecht nicht.

Die Verpflichtungsklage braucht nicht auf den vollständigen Neuerlaß eines VA gerichtet zu sein, sondern kann, wie sich aus § 113 V 1 VwGO schließen läßt ("soweit die Ablehnung oder Unterlassung des VA rechtswidrig ist"), auch auf den Neuerlaß eines Teils eines schon existenten Verwaltungsaktes beschränkt werden.

Typische Fälle der Verpflichtungsklage sind:

1. Der Kläger begehrt den Erlaß eines ihn begünstigenden VA.

2. Der Kläger begehrt den Erlaß eines VA, der einen dritten Adressaten belastet und ihn selbst begünstigt (sog. VA mit Doppelwirkung).

Zur Übersicht über die Sachentscheidungsvoraussetzungen der Verpflichtungsklage, § 42 I 2.Alt VwGO, vgl. die Übersicht zur Anfechtungsklage auf S. 93. Diese gilt für die Verpflichtungsklage entsprechend.

ES GEHT UM DIE WURST

SACHVERHALT:

Um bei Heimspielen des örtlichen Fußballvereins, aber auch an anderen Tagen Würstchen, Limonade und Bier an Besucher und Passanten verkaufen zu können, beantragte M unter Benennung des Nutzungszwecks bei der zuständigen Behörde eine gaststättenrechtliche Erlaubnis. M wollte dazu einen Verkaufsstand auf einem an der Zufahrtsstraße zum Fußballstadion gelegenen, dem Verein gehörenden Grundstück betreiben.

Diese Erlaubnis wurde von der Behörde mit der Begründung verweigert, daß wegen des ungünstig plazierten Verkaufsstandes der Verkehr zum Stadion stark behindert würde.

Darüber hinaus habe die Behörde erfahren, daß der M eine sich auf 60.000 DM belaufende Steuerschuld habe.

Aufgrund seines eingelegten Widerspruches erhält der M zusammen mit der ordnungsgemäßen Rechtsbehelfsbelehrung einen ablehnenden Widerspruchsbescheid, den die Widerspruchsbehörde am Montag, den 19. Mai 1997 bei der Post aufgegeben hat.

Bearbeitervermerk:

Hätte eine von M am Montag, den 23. Juni 1997 zum zuständigen Verwaltungsgericht (VG) erhobene Klage Aussicht auf Erfolg?

LÖSUNG:

Die Klage des M auf Erteilung einer Gaststättenerlaubnis hätte Aussicht auf Erfolg, wenn sie zulässig und begründet wäre.

A. Verwaltungsrechtsweg

Der Verwaltungsrechtsweg müßte gem. § 40 I VwGO eröffnet sein.

Es müßte sich um eine öffentlich-rechtliche Streitigkeit handeln.

Sonderrechtstheorie

Nach der Sonderrechtstheorie liegt eine öffentlich-rechtliche Streitigkeit vor, wenn Normen im Streit sind, die ausschließlich einen Träger hoheitlicher Gewalt berechtigen und verpflichten. Der Streit beruht hier auf dem Gaststättenrecht. Die Normen des Gaststättenrechts richten sich ausschließlich an die Verwaltung als Träger hoheitlicher Gewalt, so daß der Streit öffentlich-rechtlich ist.

> **"HEMMER-METHODE":** Wiederholen Sie: Auch nach der Subordinationstheorie liegt eine öffentlich-rechtliche Streitigkeit vor, da das Gaststättenrecht auch Eingriffsverwaltung ist und die Behörde gegenüber M in einem Über-/Unterordnungsverhältnis steht.
> Hier ergäbe sich das Vorliegen einer öffentlich-rechtlichen Streitigkeit auch ferner aus der Interessentheorie, da die Normen des GastG vornehmlich im Interesse der Allgemeinheit bestehen.

Die Streitigkeit ist auch nichtverfassungsrechtlicher Art, da keine doppelte Verfassungsunmittelbarkeit gegeben ist.

Weiterhin liegt auch keine bundesgesetzliche Zuweisung an ein anderes Gericht vor.

Der Verwaltungsrechtsweg ist somit eröffnet.

B. Zulässigkeit der Klage

I. Klageart

Verpflichtungsklage gem. § 42 I Alt. 2 VwGO

Die Klageart richtet sich nach dem Begehren des Klägers. Das Klagebegehren des M geht auf Erteilung der Genehmigung, daher könnte die Verpflichtungsklage in Form der Versagungsgegenklage gem. § 42 I Alt. 2 VwGO in Betracht kommen.

Genehmigung = VA i.S.d. § 35 VwVfG

1. Voraussetzung dafür ist, daß die Genehmigung ein VA nach § 35 S.1 Landes-VwVfG ist. Der M bedarf der Erlaubnis der zuständigen Behörde, um einen Verkaufsstand an der Zufahrtsstraße zum Fußballstadion betreiben zu können. Diese stellt eine Maßnahme der Behörde auf dem Gebiet des öffentlichen Rechts dar, die eine Rechtsfolge setzt. Ferner betrifft diese Maßnahme nur die Person des M (Einzelfall) und greift über den verwaltungsinternen Bereich hinaus (Außenwirkung). Ein VA nach § 35 S.1 VwVfG liegt somit vor.

2. Weiterhin wird mit der Erteilung der Genehmigung eine Leistung begehrt.

ES GEHT UM DIE WURST

Seite 117

Die Verpflichtungsklage ist damit die richtige Klageart.

II. Klagebefugnis

Möglichkeitstheorie

Die Klagebefugnis ist anders zu formulieren als bei der Anfechtungsklage, auch wenn die Möglichkeitstheorie hier ebenfalls gilt.

285

aber: Adressatentheorie untauglich

Insbesondere darf nicht auf die Adressatentheorie abgestellt werden, da es nicht nur um die Beseitigung des Ablehnungsbescheides, sondern auch um das Erreichen einer behördlichen Leistung geht.

entscheidend: Möglichkeit eines Anspruchs auf Erlaß des begehrten VA

Demzufolge müßte M gem. § 42 II VwGO geltend machen können, daß möglicherweise ein Anspruch auf jene Leistung besteht (Anspruchsgrundlage!). Auf Erteilung einer Gaststättenerlaubnis hat der Gewerbetreibende (im Hinblick auf § 2 GastG i.V.m. Art. 12 I GG) einen Anspruch, wenn Versagungsgründe gem. § 4 GastG nicht vorliegen. M ist daher klagebefugt.

> **HEMMER-METHODE:** Grundrechte dürfen Sie im Rahmen einer Verpflichtungsklage nur zitieren, wenn Teilhaberechte gewährt werden! Immer wenn eine angestrebte Tätigkeit von den Grundrechten gedeckt ist, darf der Gesetzgeber lediglich ein sog. "präventives Verbot mit gebundenem Erlaubnistatbestand" konstituieren. Das heißt bei Erfüllung der Voraussetzungen muß der begünstigende VA erteilt werden. Es besteht dann kein Ermessen der Behörde mehr. Vorliegend ist das Tätigsein als Gaststättenbetreiber von Art. 12 I GG gedeckt.

III. Widerspruchsverfahren

Das gem. §§ 68 ff. VwGO erforderliche Widerspruchsverfahren hat der M ordnungsgemäß und erfolglos durchgeführt.

286

IV. Klagefrist

Problem: Verfristung

Die Klage könnte aber wegen Verfristung gem. § 74 I 1 VwGO unzulässig sein. Nach § 74 II VwGO gilt die Monatsfrist nach Abs. 1 auch für die Verpflichtungsklage entsprechend.

287

Fristbeginn: Zugangsfiktion gem. § 4 I VwZG

Der Widerspruchsbescheid wurde am Montag, den 19. Mai 1997, zur Post gegeben. Gem. § 4 I VwZG i.V.m. §§ 56 II, 73 III VwGO gilt der Widerspruch mit dem dritten Tage nach der Aufgabe als bekanntgegeben. Diese Zugangsfiktion tritt lediglich dann nicht ein, wenn der VA später oder gar nicht zugegangen ist.

> **HEMMER-METHODE** Beachten Sie, daß der Widerspruchsbescheid immer förmlich zugestellt werden muß, § 73 III VwGO. Die Zustellung richtet sich dabei gemäß § 56 II VwGO nach dem Bundes-VwZG (vgl. auch z.B. Art. 1 I 2 BayVwZVG bzw. ihre entsprechenden Landesregelungen).

> **Sonstige Bescheide müssen grundsätzlich nur bekanntgegeben werden, soweit nicht förmliche Zustellung vorgeschrieben ist. Werden Sie jedoch förmlich zugestellt, so findet § 41 V Bundes- bzw. Landes-VwVfG Anwendung. Handelt eine Bundesbehörde, so wird nach dem Bundes-VwZG zugestellt. Handelt eine Landesbehörde, so wird nach dem Landes-VwZG zugestellt. Hier können entscheidende Unterschiede auftreten, vgl. z.B. die Heilung von Zustellungsmängeln nach Art. 9 II BayVwZVG bzw. Ihre entsprechende Landesregelung und § 9 II VwZG.**

Damit gilt der VA als am Donnerstag, den 22. Mai 1997, dem M zugegangen. Da der VA an diesem Tage dem M tatsächlich zugegangen ist, kommt ein Ausschluß der Fiktion wegen späteren Zugangs nicht in Betracht.

Fristbeginn war gem. §§ 57 II VwGO i.V.m. 222 I ZPO, 187 I BGB Freitag, der 23. Mai 1997, 0.00 Uhr.

entscheidend für Fristende: 222 II ZPO

Fristende war daher gem. § 57 II VwGO i.V.m. § 222 I ZPO, § 188 II BGB Sonntag, der 22. Juni 1997, 24.00 Uhr.

Demnach verlängert sich die Frist gem. § 222 II ZPO auf Montag, den 23. Juni 1995, 24.00 Uhr, so daß M noch fristgemäß Klage erhoben hat.

V. Rechtsschutzbedürfnis

M hat auch ein Rechtsschutzbedürfnis, da ihm kein einfacherer Weg zur Verfügung steht, die begehrte Erlaubnis zu bekommen.

288

VI. Zwischenergebnis

Die Klage ist damit zulässig.[188]

C. Begründetheit

Die Klage ist begründet, wenn die Ablehnung des VA rechtswidrig und M dadurch in seinen Rechten verletzt ist, § 113 V 1 VwGO. Das ist zumindest dann der Fall, wenn er einen Anspruch auf Erlaß des VA hat.

289

Außerdem müßte die Klage gem. § 78 I VwGO gegen den richtigen Beklagten gerichtet sein.

I. Passivlegitimation

Rechtsträgerprinzip

Passivlegitimiert ist nach § 78 I Nr.1 VwGO der Träger der - im Sachverhalt nicht näher genannten - zuständigen Behörde.

290

---

188 Allg. und zu den besonderen Problemen der Zulässigkeit einer Verpflichtungsklage vgl. HEMMER/WÜST/CHRISTENSEN, Verwaltungsrecht II, Rn. 16 f.

II. Anspruch des M auf Erlaß des VA

1. Genehmigungspflichtigkeit, § 2 I GastG

Anspruch auf Genehmigung

Grundsätzlich steht dem M ein Anspruch auf Genehmigung der "Würstchenbude" aus dem Grundsatz der Berufsfreiheit aus Art. 12 I GG und der Gewerbefreiheit des § 1 GewO zu, sofern keine Versagungsgründe vorliegen. Voraussetzung dafür ist aber, daß das Betreiben einer Würstchenbude überhaupt genehmigungspflichtig ist.

Genehmigungspflicht gem. § 2 GastG:

Die Genehmigungspflicht könnte sich aus § 2 GastG ergeben. Das setzt voraus, daß es sich bei der Würstchenbude des M um eine Gaststätte i.S.d. § 1 GastG handelt.

–Gewerbe

Die von M ausgeübte Tätigkeit soll gewerbsmäßig ausgeübt werden, d.h. als eine erlaubte, auf gewisse Dauer angelegte und auf Gewinnerzielung gerichtete selbständige Tätigkeit.

–stehend

Der Verkauf von Würstchen, Limonade und Bier beinhaltet eine Verabreichung von Speisen und Getränken zum Verzehr an Ort und Stelle i.S.d. § 1 I Nr.1 und 2 GastG. Es handelt sich dabei ferner um ein stehendes Gewerbe i.S.d. § 1 I GastG. Ein erlaubnisfreier Tatbestand nach § 2 II GastG liegt nicht vor.

M bedarf somit zum Betreiben der Würstchenbude einer Genehmigung.

2. Genehmigungsfähigkeit, § 4 I GastG

a) Versagungsgrund gem. § 4 I Nr.3 GastG

Versagungsgrund des § 4 I Nr. 3 GastG

Im Bescheid wird auf die Gefahr der Verkehrssicherheit abgestellt. Nach § 4 I Nr. 3 GastG ist die gaststättenrechtliche Erlaubnis zu versagen, wenn der beabsichtigte Gewerbebetrieb im Hinblick auf die örtliche Lage dem öffentlichen Interesse widerspricht, insbesondere wenn Belästigungen oder Gefahren zu befürchten sind.

Die Sicherheit und Leichtigkeit des Straßenverkehrs, die hier betroffen ist, wird vom Begriff des öffentlichen Interesses i.S.d. § 4 I Nr.3 GastG umfaßt.

erhebliche Gefahr für Verkehrssicherheit, nicht anders abwendbar

Der Versagungsgrund des § 4 I Nr.3 GastG liegt aber nur dann vor, wenn eine ernste Bedrohung der Verkehrssicherheit besteht und die Gefahr nicht anders abgewendet werden kann. Dies ist hier aufgrund der örtlichen Lage des Standes an der Zufahrtsstraße zum Fußballstadion der Fall, weil nicht unerhebliche Gefahren für Fußgänger und Autofahrer drohen, wenn bei großem Andrang Gäste des M bis auf die Straße stehen.

Gem. § 4 I Nr.3 GastG war die Genehmigung daher zu versagen.

b) Versagungsgrund gem. § 4 I Nr.1 GastG

Unzuverlässigkeit i.S.d. Gewerberechts

M müßte dann unzuverlässig sein. Unzuverlässig ist ein Gewerbetreibender dann, wenn er nicht die Gewähr dafür bietet, daß er sein Gewerbe künftig ordnungsgemäß im Einklang mit dem geltenden Recht ausüben wird.

verschuldensunabhängig

Die gewerberechtliche Unzuverlässigkeit setzt kein Verschulden voraus, so daß es nicht auf die Ursache ankommt, die zur Verschuldung des M geführt hat.

Unzuverlässigkeit aufgrund der Steuerschuld

Im Interesse eines ordnungsgemäßen und redlichen Wirtschaftsverkehrs kann bei M wegen seiner hohen Steuerschuld nicht davon ausgegangen werden, daß er das beantragte Gaststättengewerbe ordnungsgemäß ausübt, denn diese sind nicht nur Indiz für seine mangelnde wirtschaftliche Leistungsfähigkeit. Steuerschulden offenbaren vielmehr den fehlenden Willen des Gewerbetreibenden, seinen Zahlungsverpflichtungen korrekt nachzukommen. (a.A. aufgrund anderer Gewichtung der Konnexität zwischen Steuerschuld und in Rede stehender beruflicher Tätigkeit vertretbar).

Da M somit auch unzuverlässig ist, liegt daher auch ein Versagungsgrund gem. § 4 I Nr.1 GastG vor. Die Verweigerung der Genehmigung war daher unzulässig.

III. Ergebnis

Die Klage des M ist zwar zulässig, aber unbegründet.

> **"HEMMER-METHODE"**: Aufbau, wenn das Klagebegehren auf den Erlaß eines Ermessens-VA gerichtet ist:
> Zunächst muß festgestellt werden, daß der Kläger keinen gebundenen Anspruch auf den von ihm begehrten VA hat, sondern nur ein Anspruch auf fehlerfreie Ermessensentscheidung verbleibt (es sei denn, es liegt eine Ermessenreduzierung auf Null vor).
> Es ist darauf einzugehen, ob dieser Anspruch bereits durch den Ablehnungsbescheid erfüllt ist, denn auch eine korrekte Ablehnung kann eine ermessensfehlerfreie Entscheidung sein. Dies ist aber nur dann der Fall, wenn der Ablehnungsbescheid formell und materiell rechtmäßig ist. Insbesondere sind die dort getroffenen Ermessenserwägungen im Rahmen des § 114 VwGO zu überprüfen. Ergibt sich die Rechtswidrigkeit des Ablehnungsbescheides, so ergeht ein Bescheidungsurteil nach § 113 V 2 VwGO, d.h. die Behörde wird zur nochmaligen Bescheidung des Klägers verpflichtet.

DAS WIDERSPRUCHSVERFAHREN

§ 6 WIDERSPRUCHSVERFAHREN

Nach §§ 68 ff. VwGO muß vor Erhebung einer Anfechtungsklage (vgl. § 68 I VwGO) sowie einer Verpflichtungsklage in Form einer Versagungsklage (vgl. § 68 II VwGO) grundsätzlich ein Widerspruchsverfahren durchgeführt werden. In ihm ist die Rechtmäßigkeit und gegebenenfalls (bei Ermessensverwaltungsakten) die Zweckmäßigkeit des VA zu prüfen.

Das Widerspruchsverfahren hat Doppelcharakter. Es ist zum einen ein echtes Verwaltungsverfahren, zum anderen aber gleichzeitig auch Sachentscheidungsvoraussetzung und muß als solche spätestens zum Zeitpunkt der letzten mündlichen Verhandlung absolviert sein (es handelt sich also – entgegen dem Wortlaut von § 68 I 1 VwGO – nicht um eine Zulässigkeitsvoraussetzung für die Erhebung der Klage selbst). Diesem Doppelcharakter entsprechend ist es teils in den verwaltungsprozessualen Vorschriften der §§ 68 ff. VwGO sowie teils in den Verwaltungsverfahrensgesetzen des Bundes und der Länder geregelt, deren Vorschriften (vgl. §§ 79 f., 9 ff., 35 ff. VwGO) hier ergänzend heranzuziehen sind.

Die Durchführung des Widerspruchsverfahrens dient vor allem drei Zwecken:

1. Es stellt einen zusätzlichen Rechtsschutz für den Bürger dar. Dieser ist sogar insoweit effektiver als eine Klage, als neben der Rechtmäßigkeit grundsätzlich auch die Zweckmäßigkeit des VA überprüft wird, vgl. § 68 I 1 VwGO. Dagegen darf das Gericht nicht sein Ermessen an die Stelle des Ermessens der Verwaltung setzen, sondern ist auf die Überprüfung der Ermessensschranken begrenzt, vgl. § 114 S.1 VwGO. Dieser Rechtsschutz wird noch dadurch flankiert, daß über den Widerspruch grundsätzlich eine höhere Behörde (§ 73 I Nr.1 VwGO) entscheidet (sog. Doppeleffekt) und er außerdem gem. § 80 I VwGO regelmäßig eine aufschiebende Wirkung (sog. Suspensiveffekt) herbeiführt.

2. Es dient weiter der Entlastung der Verwaltungsgerichte. Soweit dem Widerspruch abgeholfen wird, wird dadurch ein Prozeß verhindert.

3. Durch das Widerspruchsverfahren ist die Selbstkontrolle der Verwaltung gegeben. Ihr wird die Möglichkeit gegeben, ihre Entscheidung noch einmal zu überprüfen und gegebenenfalls selbst zu ändern.

HEMMER-METHODE: Diese Funktionen sind nicht nur von theoretischem Interesse, sondern können auch für die Klausur als Argumente für und gegen eine bestimmte Auslegung eine Rolle spielen.
Das Widerspruchsverfahren kann in der Klausur nicht nur als Sachentscheidungsvoraussetzung einer Anfechtungs- oder Verpflichtungsklage eine Rolle spielen. Es ist vielmehr auch denkbar, daß in der Klausur nach der Entscheidung der Widerspruchsbehörde gefragt ist, mithin also Zulässigkeit und Begründetheit des Widerspruchs selbst zu prüfen sind.

Übersicht über die Zulässigkeitsvoraussetzungen eines Widerspruchs

I. Verwaltungsrechtsweg, § 40 I VwGO analog

II. Statthaftigkeit des Widerspruchs, § 68 VwGO

III. Widerspruchsbefugnis, § 42 II VwGO analog

IV. Widerspruchsfrist, §§ 70, 58 VwGO

V. Zuständigkeit der angerufenen Behörde, §§ 72, 73 VwGO

VI. Beteiligten- und Handlungsfähigkeit, § 79 Bundes- und Landes-VwVfG i.V.m. §§ 11, 12, 14 Bundes- bzw. Landes-VwVfG

VII. Formgerechte Einlegung, § 70 VwGO

VIII. Allg. Rechtsschutzbedürfnis

DER TEURE LUXUSPELZ

SACHVERHALT:

Die bayerische kreisfreie Stadt B ist in großen Geldnöten. Da Not erfinderisch macht und in der Gemeinde bereits eine Hundesteuersatzung existiert, beschließt der Stadtrat mit überwältigender Mehrheit nachfolgende - formell rechtmäßige und genehmigte - Satzung, die zum 1. 1. 1997 in Kraft getreten ist und durch die die Haushaltslage der Gemeinde nachhaltig verbessert werden soll.

Satzung zur Besteuerung von Luxustieren (gem. §§ 1-3 Landes-Kommunalabgabengesetz (Landes-KAG):

§ 1 Luxustiersatzung

Gegenstand der Steuer ist das Halten von Luxustieren jeder Art, insbesondere von Katzen, Ziervögeln, Kaninchen, Meerschweinchen und Hamstern, ausgenommen Hunde.

§ 2 Luxustiersatzung

Die Jahressteuer pro Luxustier beträgt 30,- DM. Diese wird zwei Wochen nach förmlicher Zustellung des Steuerbescheides mittels eingeschriebenem Brief fällig. Bei mehr als drei der Steuer unterliegenden Tieren kann die Steuer ab dem vierten Tier um jeweils 50 % ermäßigt werden, sofern es sich dabei um Tiere handelt, die im Haus oder Garten gehalten werden und öffentliche Flächen nicht beschmutzen.

Tierliebhaber T besitzt derzeit drei männliche und drei weibliche Hamster, die - den Naturgesetzen Folge leistend - sich emsig vermehren.

Mit Bescheid vom 28. 02. 1997, dem T zugestellt am 03. 03. 1997, fordert das Stadtsteueramt der Stadt B den T auf, für seine sechs Hamster die Jahresluxustiersteuer i.H.v. 220,- DM bei der Stadtkasse binnen zwei Wochen nach Erhalt des Bescheides einzuzahlen. Als Rechtsgrundlage des Steuerbescheides werden §§ 1, 2 Luxustiersatzung angeführt, wonach T sechs zu besteuernde Tiere halte und die Steuer somit auf 220,- DM festzusetzen war. Dem Steuerbescheid war eine Rechtsbehelfsbelehrung beigefügt, daß gegen den Bescheid innerhalb von 4 Wochen maschinenschriftlich Widerspruch erhoben werden kann. Widerspruch und Begründung müßten in 3-facher Ausfertigung eingereicht werden.

T wehrte sich am 07. 04. 1997 gegen den Bescheid mit folgendem Brief:

"Gegen den mir am 03.03.1997 zugestellten Bescheid lege ich hiermit Widerspruch ein. Zur Begründung verweise ich auf § 3 KAG."

Bearbeitervermerk:

In einem Gutachten sind die Erfolgsaussichten des Rechtsbehelfs des T zu prüfen. Dabei ist auf alle aufgeworfenen Rechtsfragen einzugehen. Von der Rechtmäßigkeit und Wirksamkeit des KAG ist auszugehen.

Anhang:

§ 3 KAG

(1) Die Gemeinden können örtliche Verbrauchs- und Aufwandsteuern erheben, solange und soweit diese nicht bundesrechtlich geregelten Steuern gleichartig sind.

LÖSUNG:

A. Zulässigkeit des Widerspruches

Da die Zulässigkeitsvoraussetzungen für einen Widerspruch in der VwGO nur unvollständig geregelt sind, wendet man die Zulässigkeitsvoraussetzungen für eine Klage analog an.

I. Verwaltungsrechtsweg § 40 I VwGO analog

Zunächst müßte dann der Verwaltungsrechtsweg nach § 40 I VwGO analog eröffnet sein.

> **HEMMER-METHODE** Beachten Sie, daß die Eröffnung des Verwaltungsrechtsweges im Widerspruchsverfahren im Gegensatz zum Klageverfahren als echte Zulässigkeitsvoraussetzung zu prüfen ist, da § 17a GVG nur für das Klageverfahren gilt.

öffentlich-rechtliche Streitigkeit

Dies ist der Fall, wenn es sich um eine öffentlich-rechtliche Streitigkeit nichtverfassungsrechtlicher Art handelt, für die keine abdrängende Sonderzuweisung besteht. Streitentscheidende Norm ist die gemeindliche Satzung, die aufgrund des öffentlich-rechtlichen Kommunalabgabengesetzes erlassen wurde. Damit liegt eine öffentlich-rechtliche Streitigkeit vor.

Eine abdrängende Sonderzuweisung ist nicht zu erkennen.

nichtverfassungsrechtlicher Art

Weiterhin müßte die Streitigkeit nichtverfassungsrechtlicher Art sein. Eine Streitigkeit ist nur dann eine verfassungsrechtliche, wenn zwei unmittelbar am Verfassungsleben Beteiligte sich um materielles Verfassungsrecht streiten (sog. doppelte Verfassungsunmittelbarkeit). In diesem Fall streiten sich die Stadt B und der T über die Satzung zur Besteuerung von Luxustieren. Eine doppelte Verfassungsunmittelbarkeit liegt somit nicht vor, so daß die Streitigkeit nichtverfassungsrechtlicher Art ist.

II. Statthaftigkeit, § 68 VwGO

statthaft, wenn Hauptsacheverfahren Anfechtungsklage

Der Widerspruch müßte der statthafte Rechtsbehelf sein. Gem. § 68 I VwGO ist dies dann der Fall, wenn der Widerspruch Sachurteilsvoraussetzung für eine spätere Anfechtungsklage gem. § 68 II VwGO nach der Ablehnung eines beantragten VA ist.

> **"HEMMER-METHODE"**: In Anlehnung an § 42 I VwGO kann man begrifflich zwischen Anfechtungs- und Verpflichtungswidersprüchen unterscheiden, je nachdem, ob ein erlassener VA beseitigt oder ein abgelehnter bzw. nicht erlassener VA erreicht werden soll.
> Beachten Sie, daß sich die Statthaftigkeit aus Spezialregelungen ergeben kann, von denen § 126 III BRRG die wichtigste ist.

DER TEURE LUXUSPELZ

Voraussetzung: Bescheid = VA i.S.d. § 35 VwVfG

Dies setzt zunächst in beiden Fällen voraus, daß der Bescheid ein VA nach § 35 S.1 Landes-VwVfG ist. Der Bescheid müßte demzufolge eine Maßnahme einer Behörde zur Regelung eines Einzelfalls auf dem Gebiet des öffentlichen Rechts mit Außenwirkung sein.

Behörde

Die Stadt B ist eine Behörde.

Regelung

Eine Regelung liegt vor, wenn die Stadt B eine rechtsverbindliche Anordnung treffen wollte. T sollte aufgrund des Bescheides 220,- DM an die Stadt zahlen. Damit wollte die Stadt eine Regelung gegenüber T treffen. Diese Regelung ist auch auf dem Gebiet des öffentlichen Rechts, wie bereits oben ausgeführt wurde, anzusiedeln.

Einzelfall

Dadurch, daß der Bescheid nur an T gerichtet war, liegt auch eine Einzelfallregelung vor.

Außenwirkung

Weiterhin müßte der Bescheid auch unmittelbar Rechtswirkung nach außen entfalten. Dies setzt voraus, daß die Regelung über den verwaltungsinternen Bereich hinaus für den Bürger Rechte und Pflichten begründen soll. Durch den Bescheid wird T verpflichtet, an die Stadt B 220,- DM zu zahlen, so daß die Regelung Außenwirkung hat.

Der Bescheid ist somit ein VA.

Durch den Widerspruch will T erreichen, daß er die Luxustiersteuer nicht zu bezahlen braucht. T will also die Aufhebung des VA erreichen. Damit ist der Widerspruch Sachurteilsvoraussetzung für eine spätere Anfechtungsklage. Der Widerspruch ist damit gem. § 68 I VwGO statthaft.

> **HEMMER-METHODE:** Das *Gesetz* (!) kann eine Ausnahme von der Notwendigkeit eines Vorverfahrens bestimmen. Beachten Sie dabei im besonderen folgende Konstellationen:
> 1. Ein Vorverfahren entfällt, wenn der VA durch eine oberste Bundes- oder Landesbehörde erlassen wurde, § 68 I 2 Nr.1 VwGO.
> 2. (2)Weiterhin entfällt ein Widerspruchsverfahren, wenn durch den Widerspruchsbescheid erstmalig eine Beschwer eintritt, § 68 I S.2 Nr.2 VwGO.
> 3. Nach § 68 I 1 VwGO können besonders gesetzliche Bestimmungen ein Widerspruchsverfahren unstatthaft machen (vgl. §§ 70, 74 I 2 Bundes- bzw. Landes-VwVfG).
> 4. Im Falle der Untätigkeit der Behörden, § 75 VwGO.

III. Widerspruchsbefugnis, § 42 II VwGO analog

Widerspruchsbefugnis aufgrund Adressatenstellung

T müßte dann weiterhin geltend machen können, durch den VA in eigenen Rechten verletzt zu sein. Als Adressat eines belastenden VA ist er klagebefugt, da jedenfalls die Möglichkeit einer Verletzung von Art. 2 I GG besteht.

T ist Adressat des Steuerbescheides und somit gem. § 42 II VwGO analog klagebefugt.

IV. Form

Gem. § 70 I VwGO müßte T den Widerspruch schriftlich bei der Behörde, die ihn erlassen hat, eingelegt haben. Dies hat T laut Sachverhalt brieflich getan.

> **"HEMMER-METHODE":** Der Widerspruch muß nicht als solcher bezeichnet werden. Es genügt die Erkennbarkeit des Willens, eine Nachprüfung eines VA herbeizuführen. Auch eine Begründung ist nicht erforderlich, da die Widerspruchsbehörde den gesamten Sachverhalt von Amts wegen erneut in vollem Umfang überprüfen muß.
> Ebenso kann die Form gewahrt sein, obwohl der Widerspruch nicht unterschrieben ist. Wegen der größeren Bürgernähe genügt es, wenn sich aus der Widerspruchsschrift allein oder in Verbindung mit beigefügten Anlagen hinreichend sicher ergibt, daß sie vom Widerspruchsführer herrührt und mit dessen Willen in den Verkehr gelangt ist.

V. Frist

Verfristung

Fraglich ist jedoch, ob T den Widerspruch fristgerecht eingelegt hat, da das Schreiben der Behörde erst am 07. 04. 1997 zuging.

Zugangsfiktion

Nach § 4 I Landes-VwVZG gilt der Bescheid mit dem dritten Tag nach der Aufgabe als zugestellt. Dies bedeutet, daß der Bescheid so behandelt wird, als wäre er dem T erst am 03.03.1997 zugestellt worden.

Ob die Fristberechnung nach § 57 II VwGO i.V.m. § 222 I ZPO i.V.m. §§ 187 ff. BGB oder nach §§ 79 i.V.m. 31 I VwVfG i.V.m. §§ 187 ff. BGB erfolgt, kann dahinstehen, da im Hinblick auf die Frist identische Ergebnisse erzielt werden. Nach beiden Berechnungen war die Frist bereits am 03.04.1997 um 24.00 Uhr abgelaufen.

Der Widerspruch wäre somit verfristet.

> **"HEMMER-METHODE":** Gegen die zuletzt genannte Ansicht spricht aber: Widerspruchsverfahren ist Verwaltungsverfahren; § 70 II VwGO verweist gerade nicht auf § 57 VwGO.
> Auswirkung hat der Streit ohnehin nur dann, wenn das Ende der Frist auf einen Sonn- oder Feiertag fällt: Dann gilt nämlich nach h.M. Art. 31 I BayVwVfG i.V.m. § 193 BGB, nach der a.A. § 222 II ZPO (praktisches Ergebnis aber auch hier gleich).

Jahresfrist gem. § 58 II VwGO

Allerdings könnte die Jahresfrist nach § 70 II i.V.m. § 58 II VwGO analog gelten. Dann müßte die Rechtsbehelfsbelehrung gegenüber T unrichtig erteilt worden sein.

unrichtige Rechtsbehelfsbelehrung:

Unrichtigkeit liegt dann vor, wenn unzutreffende oder irreführende Zusätze in irgendeiner Art und Weise geeignet sind, die Rechtsbehelfseinlegung zu erschweren.

–falsche Frist

Nach der Rechtsbehelfsbelehrung hätte T innerhalb von 4 Wochen Widerspruch einlegen müssen. Nach § 70 I VwGO hat T *einen Monat* Zeit, Widerspruch einzulegen.

DER TEURE LUXUSPELZ

Ein Monat stellt aber regelmäßig einen längeren Zeitraum dar als vier Wochen. In der Rechtsbehelfsbelehrung ist somit eine falsche Angabe der formellen Anforderungen enthalten, wodurch die Rechtsbehelfseinlegung erschwert wird.

–über das Gesetz hinausgehende formelle Anforderungen

Zudem wurde von T verlangt, daß der Widerspruch mit Maschine geschrieben sein und in 3-facher Ausfertigung eingereicht werden muß. Auch dieser Hinweis auf ein gesetzlich nicht vorgesehenes Anfordernis beeinträchtigt die Rechtsverfolgung erheblich

–fehlender Hinweis

Die Rechtsbehelfsbelehrung enthielt weiterhin nicht den Hinweis auf die Möglichkeit der Einlegung des Widerspruches zur Niederschrift bei der Behörde.

> **HEMMER-METHODE** In Bayern können Sie für die Frage, ob im Fall eine korrekte Rechtsbehelfsbelehrung vorliegt, die Musterrechtsbehelfsbelehrung Nr.904 im Ziegler/Tremel zum Vergleich heranziehen. Dies kann jedoch nur eine Hilfestellung sein. Die Voraussetzungen einer richtigen Rechtsbehelfsbelehrung ergeben sich allein aus der VwGO, § 58 VwGO.

Demzufolge wurde die Rechtsbehelfsbelehrung unrichtig erteilt, so daß in diesem Fall die Jahresfrist gilt. Danach ist das Fristende am 03.03.1998 um 24.00 Uhr.

T hat somit den Widerspruch am 07.04.1997 fristgerecht eingelegt.

> **HEMMER-METHODE:** Ein Sonderproblem ergibt sich, wenn eine Widerspruchsbehörde über einen Widerspruch noch eine Sachentscheidung trifft, obwohl dieser Rechtsbehelf verfristet eingelegt wurde, der VA also eigentlich schon bestandskräftig war.
> Grundsätzlich müßte das VG, da die ordnungsgemäße Durchführung des Vorverfahrens von Amts wegen zu prüfen ist, die Klage wegen der eingetretenen Bestandskraft als unzulässig zurückweisen. Davon macht die h.M. aber eine Ausnahme, wenn die Widerspruchsbehörde trotz bereits eingetretener Verfristung noch in der Sache entschieden hat. Da sie "Herrin" des Vorverfahrens sei, habe sie auch die Sachentscheidungskompetenz nicht verloren. Die Fristvorschrift schütze nicht den Widerspruchsführer, sondern den Rechtsträger der Widerspruchsbehörde. Darauf könne verzichtet werden. Diese Begründung führt zwangsläufig zu einer Ausnahme, wenn sich ein Dritter auf die Bestandskraft des VA verlassen kann, also in den Fällen des drittbegünstigenden oder -belastenden VA.
> Ein weiteres Problem, das in Klausuren häufig auftritt: Der Widerspruch wurde bei einer unzuständigen Behörde eingelegt. Gem. § 70 I 1 VwGO bzw. § 70 I 2 VwGO kann der Widerspruch nur bei der Ausgangsbehörde oder bei der Widerspruchsbehörde erhoben werden. Wurde nun der Widerspruch bei der unzuständigen Behörde eingelegt, so wird dieser nicht unzulässig, es ergibt sich lediglich ein Fristproblem, wenn diese Behörde das Schreiben nicht sofort weiterleitet. Die Frist ist nur gewahrt, wenn der Widerspruch bei der richtigen Behörde rechtzeitig eingeht, es gibt insoweit keine "Einheit der Verwaltung".

VI. Zuständigkeit der Behörde

> **HEMMER-METHODE:** Abhilfebehörde ist immer die Ausgangsbehörde. Die Zuständigkeit der Widerspruchsbehörde richtet sich nach § 73 I VwGO!

Der Sachverhalt enthält zur Zuständigkeit der Behörde keine Angaben, so daß sich nähere Ausführungen erübrigen ("Echo-Prinzip").

Zwischenergebnis: Der Widerspruch des T ist zulässig.[189]

C. Begründetheit

Der Widerspruch des T ist begründet, wenn der angegriffene VA rechtswidrig ist und T dadurch in seinen Rechten verletzt wird (§ 113 I 1 VwGO analog).

I. Rechtsgrundlage

Ermächtigungsgrundlage: §§ 1, 2 LuxustierS

Da der VA in die Rechte des T eingreift, muß er aufgrund einer Ermächtigungsgrundlage erlassen worden sein. Als solche kommen die §§ 1, 2 LuxustierS in Betracht.

II. Formelle Rechtmäßigkeit des Bescheides

Zuständigkeit

1. Die Stadt B war zum Erlaß zuständig. Gemäß Art. 27 I BayGO[190] vollziehen Gemeinden ihre Satzungen selbst.

Verfahren

2. Falls eine nach § 28 Landes-VwVfG erforderliche Anhörung nicht stattgefunden hat, wird dieser Verfahrensfehler durch das jetzt mögliche Vorbringen von Einwendungen im Widerspruchsverfahren geheilt gem. § 45 I Nr.3 Landes-VwVfG.

Form

3. Von der Einhaltung der Form, insbesondere § 39 Landes-VwVfG, kann ausgegangen werden.

III. Materielle Rechtmäßigkeit des Bescheides

Erforderlich wäre zum einen die Wirksamkeit der Ermächtigungsgrundlage selbst sowie zum anderen die ordnungsgemäße Anwendung auf den konkreten Steuerbescheid.

> **HEMMER-METHODE:** In welcher Reihenfolge diese beiden Schritte geprüft werden, bleibt Ihnen überlassen. Das Ergebnis ist denknotwendig immer gleich.

---

[189] Allg. und zu den besonderen Problemen der Zulässigkeitsprüfung beim Widerspruch vgl. HEMMER/WÜST/CHRISTENSEN, Verwaltungsrecht III, Rn. 25 f.

[190] Bzw. der entsprechenden Regelung ihres Landesgesetzes.

1. Wirksamkeit von §§ 1, 2 LuxustierS

a) Ermächtigungsgrundlage

Ermächtigungsgrundlage: § 3 I KAG

Ermächtigungsgrundlage für die Satzung ist § 3 I KAG. Dieser ist selbst auch wirksam, so daß eine Überprüfung insoweit nicht nötig ist.

305

b) formelle Rechtmäßigkeit

Laut Sachverhalt wurde die Satzung formell rechtmäßig erlassen, so daß Zuständigkeit, Verfahren und Form nicht geprüft werden müssen.

306

c) materielle Rechtmäßigkeit

grds. Steuerfindungsrecht der Gemeinden aufgrund Selbstverwaltungsrecht

Sie müßte mit § 3 I KAG vereinbar sein und auch i.ü. nicht gegen höherrangiges Recht verstoßen. Grundsätzlich haben die Gemeinden i.R.d. Selbstverwaltungsrechts ein Steuerfindungsrecht, so daß die Kommunen die Möglichkeit der zusätzlichen Einnahmebeschaffung haben.

307

Einschränkung: Subsidiaritätsgrundsatz gem. Art. 62 II BayGO

Das Steuerfindungsrecht wird jedoch gem. Art. 62 II BayGO[191] durch den Grundsatz der Subsidiarität eingeschränkt. Danach sollen durch Steuereinnahmen möglichst nur diejenigen öffentlichen Leistungen finanziert werden, die mit sonstigen Einnahmen nicht bestritten werden können.

308

nur Verbrauchs- oder Aufwandssteuern

Die eben angesprochene Subsidiarität vorausgesetzt, ergibt sich eine weitere Einschränkung des Steuerfindungsrechts dadurch, daß die Gemeinden nur örtliche Verbrauchs- oder Aufwandssteuern erheben dürfen. In diesem Fall müßte die Luxustiersatzung eine örtliche Aufwandssteuer sein: Örtlich nachvollziehbar sind solche Steuern, die an örtliche Gegebenheiten, vor allem an die Belegenheit einer Sache oder an Vorgänge innerhalb des Gebietes der steuererhebenden Gemeinde anknüpfen. Letzteres ist beim Halten von Tieren anzunehmen.

309

Begriff der Aufwandssteuer

Aufwandssteuern sind Steuern auf die in der bestimmten Einkommensteuerverwendung für den persönlichen Lebensbedarf zum Ausdruck kommende wirtschaftliche Leistungsfähigkeit. Eine solche kann im Halten von Hamstern, Ziervögeln, Kaninchen etc. – ganz abgesehen von der Verhältnismäßigkeit der Regelung – nicht gesehen werden. Der Sachverhalt ist insoweit völlig anders gelagert als z.B. bei wesentlich kostenintensiveren Hunden.

Satzung materiell rechtswidrig

Die Satzung ist folglich materiell rechtswidrig und damit aus sich heraus nichtig. Damit fehlt es dem Steuerbescheid schon an einer Ermächtigungsgrundlage, und er ist mithin rechtswidrig.

---

191 Bzw. der entsprechenden Regelung ihres Landesgesetzes.

> **HEMMER-METHODE:** Beachten Sie unbedingt den wichtigen Unterschied zwischen einem rechtswidrigen VA und einer rechtswidrigen Norm. Während ein rechtswidriger VA grundsätzlich trotzdem wirksam ist, soweit er nicht ausnahmsweise gem. § 44 Bundes- bzw. Landes-VwVfG nichtig ist, ist eine rechtswidrige Norm automatisch aus sich heraus (ipso iure) nichtig und unwirksam.

2. Ordnungsgemäße Anwendung der Satzung

Die (nichtige) Satzung könnte zudem auch noch konkret fehlerhaft angewendet worden sein.

falsche Berechnung der Steuer

T ist Besitzer von insgesamt sechs Hamstern und somit Halter von Luxustieren gem. § 1 LuxustierS. Fraglich ist jedoch, ob die Jahressteuer i.H.v. 220,- DM richtig berechnet wurde. Nach LuxustierS müßte die Steuer allerdings bei 135,- DM (3 x 30,- DM + 3 x 15,- DM) liegen.

Steuerbescheid materiell rechtswidrig

Damit ist der Steuerbescheid auch aus diesem Grunde rechtswidrig.

IV. Ergebnis

Der Steuerbescheid ist rechtswidrig und verletzt den T in seinen Rechten. Der Widerspruch ist zulässig und begründet.

DIE FORTSETZUNGSFESTSTELLUNGSKLAGE

§ 7 FORTSETZUNGSFESTSTELLUNGSKLAGE

Die FFK dient in ihrer ursprünglichen, in § 113 I 4 VwGO geregelten Form der Feststellung der Rechtswidrigkeit eines VA, der sich im laufenden Verfahren einer Anfechtungsklage erledigt hat.

§ 113 I 4 VwGO betrifft unmittelbar nur den Fall, daß sich ein VA nach Klageerhebung erledigt. Die Regelung ist analog jedoch auch auf die Fälle anwendbar, in denen sich die Hauptsache schon vor Erhebung einer Anfechtungsklage erledigt hat und auch auf die Fälle, in denen ein VA begehrt wird (Verpflichtungsklage), der Zeitpunkt des gewünschten Erlasses des VA aber bereits verstrichen ist.

Eine Erledigung liegt im Rahmen einer Anfechtungssituation vor, wenn die mit dem VA verbundene rechtliche Beschwer nachträglich weggefallen ist oder wenn aus anderen Gründen dem Kläger mit der Aufhebung nicht mehr gedient ist. Die Erledigung muß dabei objektiv feststehen, eine bloße Erledigungserklärung genügt nicht.

Innerhalb der Situation der Verpflichtungsklage liegt eine Erledigung vor, wenn das gewünschte Klagebegehren nicht mehr erreicht werden kann, etwa weil der gewünschte Termin vor oder während des Prozesses verstreicht oder weil die letzte zu vergebende Konzession ausgehändigt wurde.

Der FFK bedarf es aus folgendem Grund. Die Anfechtungsklage ist nur zulässig, wenn sich der angefochtene VA bis zum Zeitpunkt der letzten mündlichen Verhandlung noch nicht erledigt hat. Andernfalls ist die Klage mangels Rechtsschutzbedürfnis abzuweisen. Es fehlt nach der Erledigung an der sachlichen Substanz des VA für die Aufhebung. Entsprechendes gilt für die Verpflichtungsklage. Die FFK gem. § 113 I 4 VwGO (analog) ist von der allgemeinen Feststellungsklage gem. § 43 VwGO streng zu unterscheiden.

Übersicht über die Sachentscheidungsvoraussetzungen der FFK

I. Eröffnung des Verwaltungsrechtsweges, § 40 I VwGO, § 17a II GVG

II. Zulässigkeit der FFK

   1. Statthafte Klageart, § 113 I 4 VwGO direkt bzw. analog

   2. Klagebefugnis, § 42 II VwGO analog

   3. Vorverfahren, §§ 68 ff. VwGO (str.)

   4. Klagefrist, § 74 VwGO (str.)

   5. Berechtigtes Interesse, § 113 I 4 VwGO

   6. Weitere allg. Zulässigkeitsvoraussetzungen (sofern problematisch)

Seite 132

FALSCHES MITLEID

SACHVERHALT:

Die 70-jährige Rentnerin Lisa Lorenz möchte sich noch lange nicht zur Ruhe setzen. Weil sie immer wieder von Wohnungseinbrüchen während der Urlaubszeit hört, kommt ihr die Idee, ein Unternehmen zur Vermittlung sogenannter "Homesitter" zu gründen. Ihre Mitarbeiter sollen in die Wohnung oder das Haus eines verreisten Eigentümers einziehen und gewisse Nebenpflichten - wie Blumen gießen, Rasen mähen, Haustiere versorgen etc. - verrichten. Gefährliche Aufgaben, wie z.B. nächtliche Kontrollgänge außerhalb eines Hauses will sie dagegen niemandem zumuten.

Pfingsten 1997 nimmt die "Homesitter-Agentur" ihre Tätigkeit auf. Schon in der ersten Urlaubssaison läuft das Geschäft sehr gut. Frau Lorenz muß sogar einige Aufträge ablehnen. Als das Landratsamt als zuständige Behörde von dem Unternehmen erfährt, teilt sie der erfolgreichen Unternehmerin mit, sie benötige eine gewerbliche Erlaubnis. Sollte sie nicht innerhalb von vier Wochen einen entsprechenden Antrag einreichen, werde man die Fortsetzung des Betriebes untersagen.

Frau Lorenz telefoniert mit dem zuständigen Sachbearbeiter und legt ihm dar, daß sie der Meinung sei, bei der Homesitter-Vermittlung handele es sich um eine genehmigungsfreie Tätigkeit. Einen Antrag werde sie deshalb nicht stellen.

Mit Bescheid vom 08.09.1997 verbietet das Landratsamt Frau Lorenz aufgrund § 15 II 1 GewO die Fortsetzung ihres Betriebes. Als Begründung wurde angeführt, daß sie ein Bewachungsunternehmen ohne die dafür erforderliche Genehmigung ausübe. Dem Bescheid war eine ordnungsgemäße Rechtsbehelfsbelehrung beigefügt.

Die Adressatin des Bescheids legte mit Schreiben vom 15.09.1997 beim Landratsamt erfolglos Widerspruch ein.

Daraufhin erhebt Frau Lorenz am 8.10.1997 Klage zum Verwaltungsgericht und bittet um die Aufhebung des Verbotes. Die Aufregungen der letzten Zeit waren jedoch zu viel für die Unternehmerin; sie erleidet einen Nervenzusammenbruch. Aus Mitleid nimmt die Behörde den Bescheid zurück. Als Frau Lorenz unerwartet schnell wieder genesen ist, erfährt sie aus sicherer Quelle, daß das Landratsamt einen neuen Bescheid mit dem Verbot der Fortführung des Betriebes in Erwägung zieht.

Bearbeitervermerk:

In einem Gutachten sind Zulässigkeit und Begründetheit der Klage zu prüfen.

LÖSUNG:

A. Verwaltungsrechtsweg

Eröffnung des Verwaltungsrechtswegs

Der Verwaltungsrechtsweg ist nach § 40 I VwGO für öffentlich-rechtliche Streitigkeiten nichtverfassungsrechtlicher Art eröffnet, es sei denn, sie sind durch Gesetz einem anderen Gericht zugewiesen. Öffentlich-rechtlich ist eine Streitigkeit dann, wenn eine Vorschrift nur einem Träger hoheitlicher Gewalt Rechte und Pflichten auferlegt. § 15 II 1 GewO berechtigt nur die zuständige Behörde, die Fortsetzung eines Gewerbebetriebes zu untersagen, und gehört deshalb zum öffentlichen Recht. Damit ist die Streitigkeit öffentlich-rechtlicher Natur.

Nichtverfassungsrechtlicher Art ist sie auch, da keine doppelte Verfassungsunmittelbarkeit vorliegt. Eine gesetzliche Zuweisung an ein anderes Gericht besteht ebenfalls nicht. Der Verwaltungsrechtsweg ist damit eröffnet.

> **HEMMER-METHODE:** Im Rahmen der FFK ist aber besonders die Frage nach einer abdrängenden Sonderzuweisung zu beachten, da spezifische Fragestellungen (insbes. des Polizeirechts) regelmäßig nur im Zusammenhang mit der FFK Klausurrelevanz besitzen (vgl. § 40 I 1 VwGO i.V.m. § 23 I 1 EGGVG).

B. Zulässigkeit

I. Klageart

Fortsetzungsfeststellungsklage gem. § 113 I 4 VwGO

L könnte die gerichtliche Feststellung der Rechtswidrigkeit des Bescheides mit einer Fortsetzungsfeststellungsklage gem. § 113 I 4 VwGO erreichen. Erledigt sich der mit der Anfechtungsklage angefochtene VA nach Klageerhebung und vor dem Urteilserlaß, so hat das Gericht auf Antrag festzustellen, ob der angefochtene VA rechtswidrig war, wenn die Klägerin ein berechtigtes Interesse an der Feststellung hat.

Umstellung der ursprünglichen Anfechtungsklage

Die Klägerin hat ihre bisherige Anfechtungsklage umzustellen. Sie erhebt dann also keine völlig neue Klage, sondern setzt die bisherige Anfechtungsklage in Form der Fortsetzungsfeststellungsklage fort. Deshalb ist zunächst zu prüfen, ob die bisherige Anfechtungsklage statthaft gewesen ist, jetzt aber eine Erledigung des VA vorliegt.

Zu prüfen sind somit die Statthaftigkeit der Anfechtungsklage, die Erledigung des Verwaltungsaktes und das berechtigte Interesse an der begehrten Feststellung.

FALSCHES MITLEID

1. Anfechtungsklage

Untersagung = VA i.S.d. § 35 S.1 VwVfG

a) Eine Anfechtungsklage kann sich nur gegen einen VA gem. § 35 S.1 Landes-VwVfG richten. Die Untersagung der Fortsetzung des Betriebes ist eine Maßnahme der Behörde auf dem Gebiet des öffentlichen Rechts mit der rechtsfolgenbegründenden Regelung, daß Lisa Lorenz ihren Betrieb nicht weiterführen darf. Diese Maßnahme betrifft nur Lisa Lorenz (Einzelfall) und greift über den verwaltungsinternen Bereich hinaus (Außenwirkung). Ein VA nach § 35 S.1 VwVfG liegt somit vor.

b) Mit der am 08.10.1997 erhobenen Klage wurde die Kassation des VA begehrt.

2. Erledigung des VA

Begriff der Erledigung

Der angefochtene VA muß sich nach Klageerhebung und vor dem Schluß der mündlichen Verhandlung erledigt haben. Eine Erledigung liegt im Rahmen einer Anfechtungssituation vor, wenn die mit dem VA verbundene rechtliche Beschwer nachträglich weggefallen ist oder wenn aus anderen Gründen dem Kläger mit der Aufhebung nicht mehr gedient ist. Die Erledigung muß dabei objektiv feststehen. Im vorliegenden Fall hat die Behörde den angefochtenen Bescheid zurückgenommen. Dieser Fall der Erledigung ist direkt in § 113 I 4 VwGO aufgeführt. Der VA hat sich somit nach Klageerhebung erledigt.

Mithin ist die FFK gem. § 113 I 4 VwGO in direkter Anwendung statthafte Klageart.

> **HEMMER-METHODE:**
> **Anfechtungsklage (+), Erledigung nach Klageerhebung**
> 1. **§ 113 I 4 VwGO direkt**
>   **Anfechtungsklage (+), Erledigung vor Klageerhebung**
> 2. **§ 113 I 4 VwGO analog**
>   **Verpflichtungsklage (+), Erledigung nach Klageerhebung**
> 3. **§ 113 I 4 VwGO analog**
>   **Verpflichtungsklage (+), Erledigung vor Klageerhebung**
> 4. **§ 113 I 4 VwGO in doppelter Analogie**

II. Besonderes Feststellungsinteresse

Wiederholungsgefahr

Die Rechtswidrigkeit des erledigten VA wird vom Gericht nur festgestellt, wenn L ein berechtigtes Interesse an der Feststellung hat. Ein berechtigtes Interesse liegt regelmäßig dann vor, wenn Wiederholungsgefahr besteht.

konkret

Das Landratsamt hat den ersten Bescheid gegen L zwar aufgehoben. L hat nun aber aus einer sicheren Quelle erfahren, daß dieser Bescheid durch einen neuen mit der gleichlautenden Regelung ersetzt werden soll. Damit besteht konkret eine Wiederholungsgefahr. L hat ein berechtigtes Interesse.

> **HEMMER-METHODE:** Das Feststellungsinteresse ist ferner zu bejahen im Falle eines Rehabilitationsinteresses sowie bezüglich der Vorbereitung eines Zivilprozesses.
> Ein Rehabilitationsinteresse liegt vor, wenn der VA diskriminierende Wirkung hatte, diese Wirkung noch andauert und der Kläger objektiv noch in seinen Persönlichkeitsrechten durch eine Herabwürdigung seines sozialen Geltungsanspruches beeinträchtigt ist.
> In der dritten Gruppe erstrebt der Kläger die Feststellung der Rechtswidrigkeit, um damit einen Amtshaftungsprozeß vorzubereiten. Hierbei sind zwei Fallkonstellationen zu unterscheiden:
> • Erledigung des VA oder des Klagebegehrens nach Klageerhebung
> Ein Feststellungsinteresse liegt bei Erledigung nach Klageerhebung immer dann vor, wenn der Prozeß mit hinreichender Sicherheit zu erwarten ist und nicht offensichtlich aussichtslos erscheint.
> • Erledigung des VA oder des Klagebegehrens vor Klageerhebung
> In diesem Fall ist es strittig, ob die Vorbereitung eines Amtshaftungsprozesses als Feststellungsinteresse ausreicht. Die h.M. verneint das Feststellungsinteresse. Das Zivilgericht könne die Vorfrage der Rechtswidrigkeit des VA aufgrund der ihm durch § 17 II GVG verliehenen Durchentscheidungskompetenz selbst prüfen und entscheiden. Einen Anspruch auf den sachnäheren Richter (das VG) gebe es aber nicht, was gerade durch die Wertung des § 17 II GVG deutlich werde.

III. Weitere Zulässigkeitsvoraussetzungen

Zu prüfen ist, ob der "ursprünglichen" Klage im Zeitpunkt der Erledigung endgültige Zulässigkeitserfordernisse entgegenstanden.

1. Klagebefugnis

Da es sich bei der FFK um eine "fortgesetzte Klage" handelt, muß diese andere Klage im Zeitpunkt des den VA erledigenden Ereignisses zulässig gewesen sein. Die FFK kann nicht dazu führen, daß plötzlich wieder eine Klagemöglichkeit eröffnet wird, nur weil sich zufällig der VA erledigt hat. Insoweit ist zu prüfen, ob die Klagebefugnis gem. § 42 II VwGO vorlag.

Klagebefugnis aufgrund Adressatenstellung

Nach § 42 II VwGO ist eine Anfechtungsklage nur dann zulässig, wenn L geltend machen kann, durch den VA in eigenen Rechten verletzt zu sein.

L ist Adressatin eines belastenden VA, so daß eine Verletzung der allgemeinen Handlungsfreiheit aus Art. 2 I GG nicht ausgeschlossen ist. L ist somit klagebefugt.

2. Vorverfahren

bei Erledigung nach Ablauf der Widerspruchsfrist Durchführung des Vorverfahrens erforderlich

Erledigt sich nach Ablauf der Widerspruchsfrist der VA, so ist die Erhebung eines Widerspruches zwingend notwendig. Denn bis zur Erledigung laufen die maßgeblichen Fristen. Sie sind bis dahin vom Rechtsschutzsuchenden zu beachten. Ist dies nicht erfolgt, so war der VA im Zeitpunkt seiner Erledigung bereits bestandskräftig, eine Aufhebung käme dann nicht mehr in Frage.

Da die Frist erst mit Ablauf des 08.10.1997 endete, war der am 15.09.1997 eingelegte Widerspruch fristgerecht. Ein gem. §§ 68 ff. VwGO durchgeführtes Vorverfahren liegt vor.

> **HEMMER-METHODE:** Ein weiteres Problem liegt vor, wenn die Erledigung vor Ablauf der Widerspruchsfrist eintritt. In dieser Konstellation herrscht Streit, ob noch ein Widerspruchsverfahren durchgeführt werden muß.
> Nach wohl überwiegender Ansicht ist ein Vorverfahren nicht durchzuführen, wenn die Erledigung vor Ablauf der Widerspruchsfrist eingetreten ist. Dies ergebe sich aus dem Zweck des Vorverfahrens, das auf die Aufhebung oder Änderung eines rechtswidrigen VA's gerichtet sei. Dieser Aufhebungszweck könne nicht mehr erreicht werden. Außerdem handele es sich bei der FFK dem Charakter nach eher um eine Feststellungsklage als um eine fortgesetzte Anfechtungsklage; bei dieser ist ein Vorverfahren aber nicht erforderlich.
> Nach anderer Ansicht ist auch hier das Widerspruchsverfahren durchzuführen, da der Zweck dieses Verfahrens in der Selbstkontrolle der Verwaltung liege und auch ein feststellender Widerspruchsbescheid ergehen könne. Dafür wird insbesondere § 44 V Landes-VwVfG herangezogen, der eine Feststellungsentscheidung der Verwaltung normiert.
> Das schlagende Argument der h.M. ist jedoch, daß ein Feststellungsurteil eines Gerichts eine weitreichendere Bindungswirkung entfaltet als die Feststellungsentscheidung einer Behörde. Die Rechtssicherheit für den Bürger ist somit größer. Der h.M. ist somit zu folgen.

3. Klagefrist

Zur Klagefrist lassen sich keine weiteren Ausführungen machen, da das Datum der Zustellung des Widerspruchsbescheides im Sachverhalt nicht genannt ist.

317

Von der Einhaltung der Klagefrist ist auszugehen, § 74 VwGO.

> **HEMMER-METHODE:** Auch hier ist umstritten, ob bei Erledigung vor Klageerhebung die Klagefrist des § 74 VwGO noch zu beachten ist.
> Auch dies ist nach wohl h.M. nicht der Fall. Zum einen handele es sich dem Wesen nach bei der FFK eher um eine Feststellungsklage, welche nicht fristgebunden ist, zum anderen sei Zweck der Klagefrist, den VA bestandskräftig werden zu lassen. Dieser Zweck lasse sich nach Erledigung nicht mehr erfüllen.

Zwischenergebnis: Die Klage der L ist zulässig.[192]

C. Begründetheit

Die FFK ist begründet, wenn die Ablehnung oder Unterlassung des VA's rechtswidrig war, und die Klägerin in ihren Rechten verletzt und sich das Klagebegehren aber erledigt hat, §§ 113 I 4 i.V.m. 113 I 1 VwGO.

318

---

192 Allg. zur Zulässigkeit der FFK HEMMER/WÜST/CHRISTENSEN, Verwaltungsrecht II, Rn. 102.

Zudem muß die Klage gegen den richtigen Beklagten gerichtet worden sein.

I. Passivlegitimation

Rechtsträgerprinzip

Richtiger Beklagter ist nach § 78 I Nr.1 VwGO die Körperschaft, deren Behörde den angefochtenen VA erlassen hat.

Die Unterlassungsverfügung wurde vom Landratsamt erlassen. Damit ist das jeweilige Bundesland selbst richtiger Beklagter, da das Landratsamt im Bereich der Gewerbeaufsicht als Staatsbehörde gehandelt hat.[193]

II. Rechtsgrundlage

Ermächtigungsgrundlage:
§ 15 II 1 GewO

Die Verwaltung braucht für Eingriffe in Freiheit und Eigentum der Bürger eine gesetzliche Ermächtigungsgrundlage (Grundsatz vom Vorbehalt des Gesetzes). Als Rechtsgrundlage für das Verbot, den Betrieb fortzusetzen, kommt § 15 II 1 GewO in Betracht.

III. Formelle Rechtmäßigkeit des VA

1. Zuständige Behörde

Die handelnde Behörde müßte für den Erlaß des VA zuständig gewesen sein. Nach § 15 II GewO bestimmt die Landesregierung die zuständige Behörde.

Landratsamt als Kreisverwaltungsbehörde

Laut Sachverhalt hat das Landratsamt als zuständige Kreisverwaltungsbehörde gehandelt. Die örtliche Zuständigkeit des Landratsamtes ergibt sich aus § 3 I Nr.2 Landes-VwVfG.

2. Verfahren / Form

a) Anhörung

§ 28 VwVfG

L hatte vor der Untersagung die Gelegenheit, sich zu äußern, so daß der Anhörungspflicht aus § 28 I VwVfG Genüge getan wurde. Zu verweisen ist insbesondere auf das Telefonat mit dem zuständigen Sachbearbeiter.

b) Begründung

Der schriftliche VA enthielt zudem eine schriftliche Begründung, wie es § 39 I 1 Landes-VwVfG verlangt.

---

193 Vgl. für Bayern § 2 I GewV (Z/T Nr. 310) i.V.m. Art. 37 I 2 BayLKrO (Z/T Nr. 440); für die anderen Bundesländer vgl. die entsprechenden Landesbestimmungen.

IV. Materielle Rechtmäßigkeit des VA

Voraussetzungen der Ermächtigungsgrundlage

Der angefochtene VA ist nur dann materiell rechtmäßig, wenn die Behörde sich bei dessen Erlaß an die Grenzen der Ermächtigungsgrundlage gehalten hat. Es müßten also die Voraussetzungen des § 15 II 1 GewO erfüllt sein.

L müßte dann zunächst ein Gewerbe ausüben.

Begriff des Gewerbes

Ein Gewerbe ist jede erlaubte, auf Gewinnerzielung gerichtete, selbständige Tätigkeit, die auf eine gewisse Dauer ausgeübt wird. Die Vermittlung von "Homesittern" ist grundsätzlich erlaubt. Die L betreibt die Agentur im eigenen Namen und auf eigene Rechnung und somit selbständig. Weiterhin kann man davon ausgehen, daß sie auf Gewinnerzielung aus ist. Dafür, daß der Betrieb nur vorübergehend betrieben werden soll, gibt es keine Anhaltspunkte. Damit betreibt sie ein Gewerbe.

gewerberechtliche Zulassungspflicht

Fraglich ist, ob L eine gewerberechtliche Zulassung benötigt. Dies wäre dann der Fall, wenn es sich bei der "Homesitter-Agentur" um ein Bewachungsgewerbe gem. § 34a I GewO handelt.

Nach Abs. 1 S.1 dieser Vorschrift benötigt derjenige eine behördliche Erlaubnis, der gewerbsmäßig Leben oder Eigentum fremder Personen bewachen will.

(–), da kein Bewachungsgewerbe i.S.d. § 34a I GewO

Die Mitarbeiter der Agentur bewohnen während der Abwesenheit der Eigentümer deren Wohnungen und Häuser. Bewachen ist die auf den Schutz fremden Lebens oder Eigentums gerichtete Tätigkeit. Dabei handelt es sich um eine Obhutstätigkeit. Die "Homesitter" nehmen die Häuser und Wohnungen zwar in ihre Obhut und sind verpflichtet, für deren Erhalt Sorge zu tragen sowie gewisse Nebenpflichten zu erfüllen. Das bloße Bewohnen der Häuser und Wohnungen soll aber auf potentielle Einbrecher bereits eine abschreckende Wirkung haben. Darüber hinausgehende Pflichten, wie nächtliche Kontrollgänge, sind nicht Bestandteil des Vertrages. Der "Homesitter" soll somit nur nach außen den Schein aufrechterhalten, daß das Haus oder die Wohnung nicht für eine gewisse Zeit unbewohnt ist. Allein die Abschreckungswirkung, die von einem bewohnten Haus ausgeht, stellt allerdings noch keine Bewachung im Sinne des § 34a I 1 GewO dar.

Die L braucht somit für ihre Agentur keine gewerberechtliche Erlaubnis, da die Voraussetzungen des § 34a I 1 GewO nicht vorliegen.

Zwischenergebnis: Die Untersagungsverfügung ist somit rechtswidrig.

V. Rechtsverletzung der L

Weiterhin ist L als Adressatin zumindest in Art. 2 I GG verletzt. Die Erledigung des Klagebegehrens ist - wie oben bereits dargestellt - mit der Rücknahme eingetreten.

327

D. Ergebnis

Die Klage der L ist somit zulässig und begründet.

DIE NEBENBESTIMMUNGEN

§ 8 NEBENBESTIMMUNGEN

A. Voraussetzungen für das Vorliegen einer Nebenbestimmung

I. Grund-VA

II. Hiervon unterscheidbarer, eigenständiger Regelungsgehalt

Keine Nebenbestimmung ist die "modifizierte Genehmigung": Einschränkungen von essentieller Bedeutung für die Genehmigung

⇨ im Ergebnis liegt eine inhaltliche Beschränkung des Genehmigungstatbestandes vor (= aliud gegenüber Antragsgegenstand)

B. Arten von Nebenbestimmungen

Vergleiche § 36 II Nr.1-5 Bundes- bzw. Landes-VwVfG. Diese Begriffsbestimmungen gelten im allgemeinen auch im Bereich der Sondergesetze.

C. Rechtmäßigkeit von Nebenbestimmungen

I. Spezialgesetzliche Grundlage?

II. Prüfung anhand abstrakter Kriterien, ob § 36 I (= gebundene Verwaltung) oder § 36 II Bundes- bzw. Landes-VwVfG (= Ermessensverwaltung) einschlägig ist (jeweils beachten: § 36 III Bundes- bzw. Landes-VwVfG!)

D. Isolierte Anfechtbarkeit von Nebenbestimmungen?

I. Grundsatz: Teilbarkeit von VAen (vgl. §§ 113 I 1 VwGO; 44 IV, 48, 49 VwVfG)

II. Teilbarkeit (-) bei untrennbarem inneren Zusammenhang:

1. Die frühere Rspr. differenzierte grds. nach der Art der NB. Im Falle des § 36 II Nr.1-3 wurde Unteilbarkeit, im Falle des § 36 II Nr.4-5 isolierte Anfechtbarkeit angenommen.

2. Unterscheidung nach gebundener Verwaltung bzw. Ermessensverwaltung: Bei Ermessensentscheidungen seien VA und NB nicht trennbar. Durch die gerichtliche Aufhebung einer NB würde der Verwaltung ein VA aufgedrängt, den sie möglicherweise nicht/nicht in dieser Weise erlassen hätte.

3. Ansicht des BVerwG: Teilbarkeit (+), wenn der Grund-VA ohne NB rechtmäßigerweise fortbestehen kann. Demzufolge ist grds. *eine isolierte Anfechtbarkeit möglich*. Stellt sich allerdings im Rahmen der Begründetheitsprüfung (!) die Unteilbarkeit des VA's heraus, so muß eine Umdeutung des Klageantrages in eine *Verpflichtungsklage* erfolgen.

E. Zum Aufbau der Prüfung von Nebenbestimmungen

I. Zulässigkeit

zu Klageart: Auszugehen ist von der Zulässigkeit der Anfechtungsklage. Die Prüfung der Rechtmäßigkeit des Grund-VA ist eine Frage der Begründetheit.

zu Klagebefugnis: Im Hinblick auf eine mögliche Umdeutung (s.o.) ist bereits hier die Möglichkeit des Bestehens eines Anspruches auf den VA ohne die NB darzulegen.

II. Begründetheit

1. Die Anfechtungsklage gegen die NB ist begründet, wenn *die NB rechtswidrig ist, der Kläger in seinen Rechten verletzt ist* (§ 113 I 1 VwGO) *und der Grund- VA ohne die NB rechtmäßigerweise fortbestehen kann:*

Rechtmäßigkeit der NB?

a) wenn (+): Klage unbegründet

b) wenn (-):

c) Rechtmäßigkeit des Grund- VA ohne die NB?

⇨ wenn (+): Klage begründet (soweit zusätzlich Rechtsverletzung gegeben ist)

⇨ wenn (-): Klage ist in Verpflichtungsklage umzudeuten, VA ist nicht teilbar (!)

2. Die Verpflichtungsklage ist begründet, *wenn der Kläger einen Anspruch auf Erlaß eines neuen, rechtmäßigen VA mit rechtmäßiger NB hat* (§ 113 V 2 VwGO).

NACHBARS OHREN

SACHVERHALT:

A will in der Stadt W eine Gaststätte eröffnen. Zu diesem Zweck beantragt er bei der zuständigen Behörde der Stadt W eine Gaststättenerlaubnis.

Am 17. Juli 1997 wird dem A die Gaststättenerlaubnis erteilt. Der Bescheid enthält inhaltlich jedoch folgende Zusätze:

1. In der Zeit vom 1. April bis 31. Oktober eines jeden Jahres dürfen ab 22.00 Uhr keine Getränke mehr über die Straße, d.h. an Personen, die das Getränk außerhalb der Schankräume trinken, abgegeben werden, weil sich die so versorgten Personen regelmäßig in der Nähe des Lokals niederlassen und die Nachbarn durch ihren Lärm stören. Dieser Zusatz wird auf § 5 I Ziff. 3 GastG gestützt.

In der Vergangenheit haben sich die Nachbarn beschwert, daß die Personen, die sich in anderen Lokalen so versorgt haben, insbesondere an warmen Sommerabenden erheblichen Lärm verursachen. Aus diesem Grund sind auch der Genehmigung der anderen Lokale in dieser Gegend die gleichen Zusätze beigefügt worden.

Nachdem "schädliche Umwelteinwirkungen" i.S.d. § 5 I Ziff. 3 GastG durch die Gäste des A zu befürchten sind, ist die Behörde kraft Gesetzes zum Einschreiten ohne jede Wahlmöglichkeit verpflichtet.

2. Da der Gastraum wegen der geringen Anzahl an Fenstern nur schwer zu belüften ist, werden Sie verpflichtet, einen zweiten Ventilator einbauen zu lassen. Dies wird auf § 5 I Ziff. 1 GastG gestützt, da nur so die Gesundheit der Gäste geschützt werden kann. Ein anderes Mittel ist nach Überzeugung der Behörde nicht geeignet und erforderlich, insbesondere wäre es für Sie erheblich teurer, ein zusätzliches Fenster einbauen zu lassen.

In der dem Bescheid beigefügten Rechtsbehelfsbelehrung wurde A dahingehend belehrt, daß er innerhalb der Frist von vier Wochen nach dem Erlaß des Bescheides Widerspruch einlegen kann.

Gegen diesen Bescheid legt der A am 22. August 1997 formgerecht Widerspruch ein. Dieser wurde aber von der Widerspruchsbehörde nicht verbeschieden, da die Bearbeitung des Widerspruchs vom zuständigen Sachbearbeiter vergessen wurde.

Nach Rücksprache mit seinem Anwalt will der A jetzt Klage zum örtlich und sachlich zuständigen Verwaltungsgericht erheben mit dem Ziel, eine Gaststättenerlaubnis ohne jede Einschränkung zu bekommen.

Dazu führt A aus, daß er den möglichen Lärm seiner Gäste nicht zu vertreten habe. Zudem sei in der Vergangenheit bei den anderen Lokalen der Gegend die Polizei geholt worden, die jedoch laut den - zutreffenden - Polizeiberichten nichts beanstanden konnten. Die Stadt W hätte sich daher nicht allein auf die Beschwerde der Nachbarn verlassen dürfen. Des weiteren habe die Behörde das ihr eingeräumte Ermessen überhaupt nicht ausgeübt. Auch wolle er einen weiteren Ventilator nicht anschaffen, da ihm dies zu teuer sei.

Bearbeitervermerk:

Prüfen Sie gutachtlich die Erfolgsaussichten der Klage des A!

LÖSUNG:

Die erhobene Klage hat Aussicht auf Erfolg, wenn sie zulässig und begründet ist.

A. Verwaltungsrechtsweg

öffentlich-rechtliche Streitigkeit

Der Verwaltungsrechtsweg ist nach § 40 I VwGO eröffnet, wenn eine öffentlich-rechtliche Streitigkeit vorliegt.

Sonderrechtstheorie

Entscheidend für die Einordnung des Streites als öffentlich-rechtlich ist der Streitgegenstand, hier also die Gaststättenerlaubnis. Sie beruht auf dem GastG, das nach der Sonderrechtstheorie als ein Sonderrecht des Staates anzusehen ist, weil allein dem Staat und seinen sonstigen Hoheitsträgern durch das GastG bestimmte Befugnisse eingeräumt sind. Demnach ist die Streitigkeit öffentlich-rechtlich.

nichtverfassungsrechtlicher Art

Die Streitigkeit ist auch nichtverfassungsrechtlicher Art, da es an der doppelten Verfassungsunmittelbarkeit fehlt. Eine bundesgesetzliche Zuweisung an ein anderes Gericht besteht nicht.

Der Verwaltungsrechtsweg ist somit eröffnet.

B. Zulässigkeit

I. Klageart

entscheidend für Klageart: Klagebegehren:

Die Klageart richtet sich nach dem Begehren des Klägers. A will die Gaststättenerlaubnis ohne jede Einschränkung erteilt bekommen. Hierfür kommen prinzipiell zwei Möglichkeiten in Betracht:

– Verpflichtungsklage auf Erteilung des begehrten VA

- Die Verpflichtungsklage in Form der Versagungsgegenklage, gerichtet auf Erteilung eines beantragten und abgelehnten VA, hier also auf eine uneingeschränkte Gaststättenerlaubnis.

– Anfechtungsklage bezüglich der Nebenbestimmungen

- Die Anfechtungsklage, gerichtet auf Beseitigung der einzelnen Nebenbestimmungen.

Soweit eine Anfechtungsklage möglich ist, ist dies der primär gebotene Rechtsbehelf, weil sie der einfachste Weg zur Erreichung des Klageziels ist.

Voraussetzung für Anfechtungsklage:

Die Anfechtungsklage wäre unter zwei Voraussetzungen möglich:

– Nebenbestimmung

- Zum einen müßte es sich tatsächlich um eine Nebenbestimmung handeln und

– Teilbarkeit des VA

- weiterhin müßte diese vom Rest-VA (Grund-VA) abteilbar sein, d.h. sie dürfte nicht mit diesem untrennbar verbunden sein.

Nebenbestimmung i.S.d. § 36 VwVfG

1. Es müßte also eine Nebenbestimmung i.S.d. § 36 Landes-VwVfG vorliegen.

NACHBARS OHREN Seite 145

Faustformel

Dabei gilt folgende Faustformel: "Ja, wir genehmigen Deinen Antrag, aber außerdem noch...". Der Antragsteller bekommt also genau das, was er wollte, und zusätzlich noch etwas anderes. Sein Antrag als solcher wird nicht modifiziert.

Hierbei ist die Nebenbestimmung abzugrenzen zur:

Inhaltsbestimmung

a) Inhaltsbestimmung. Diese ist keine selbständige Nebenbestimmung, sondern regelt nur den Inhalt der Hauptregelung näher. Eine isolierte Anfechtung ist nicht möglich. Gleiches gilt für einen "bloßen Hinweis auf die Rechtsfolge". 332

modifizierte Gewährung

b) modifizierte Gewährung. Diese kommt als "minus" oder als "aliud" in Betracht, wobei eine qualifizierte wesentliche Abweichung vorliegen muß. Faustregel: "Nein, so nicht, aber statt dessen so...". Auch sie ist nicht isoliert anfechtbar. 333

Vorliegend wurde dem Antrag als solchem voll entsprochen.

hier: Nebenbestimmung

Die Zusätze haben beide eigenständige Bedeutung und begründen eine Verpflichtung außerhalb der Erlaubnis als solcher, insb. bestimmen sie nicht lediglich deren Inhalt näher.

> **HEMMER-METHODE:** Ob es auch eine sog. "modifizierende Auflage" gibt, ist strittig. Sie wird teilweise dann angenommen, wenn gerade die Modifikation bei einer modifizierten Gewährung selbständig vollstreckbar gemacht wird, z.B.: A beantragt Genehmigung (ohne jede Einschränkung) und bekommt eine solche mit Grenzwert. Dazu bekommt er die Auflage, einen Filter einzubauen.
> Vgl. Sie die Darstellung bei Hemmer/Wüst/Christensen, Verwaltungsrecht I, Rn. 427 f.

Abgrenzung : Bedingung – Auflage

2. Damit liegt hier eine Nebenbestimmung vor. Innerhalb dieser ist lediglich die Abgrenzung zwischen Bedingung und Auflage relevant, da eine Bedingung jedenfalls nicht isoliert anfechtbar ist. Maßgebend ist primär nicht die Bezeichnung, sondern der Wille der Behörde. Eine Bedingung ist dann anzunehmen, wenn durch die Nebenbestimmung sichergestellt werden soll, daß zunächst die gesetzlichen Vorschriften für den Erlaß des VA erfüllt werden. 334

hier: Auflage

Hier sind beide Zusätze als Auflage zu charakterisieren, da nicht davon auszugehen ist, daß die Genehmigung "mit jenen Anforderungen stehen und fallen soll" (a.A. vertretbar).

Ermittlung der Teilbarkeit des VA str.:

3. Problematisch ist die Teilbarkeit vom Rest-VA. Wie diese zu ermitteln ist, ist umstritten. Daß eine Teilbarkeit grundsätzlich möglich ist, geht jedenfalls aus § 113 I 1 VwGO ("soweit") hervor. 335

e.A.:Unterscheidung nach Art der Nebenbestimmung

Eine Ansicht unterscheidet nach der Art der Nebenbestimmung. Nur bei Auflagen bestehe kein untrennbarer innerer Zusammenhang und deshalb sei nur die Auflage isoliert anfechtbar.

a.A.: Unterscheidung zwischen gebundenen und Ermessensentscheidungen

Eine andere Ansicht unterscheidet zwischen gebundenen und Ermessensentscheidungen. Bei einheitlicher Ermessensentscheidung bzgl. Haupt-VA und Nebenbestimmung sei die Teilbarkeit abzulehnen. Hierfür spricht, daß ansonsten ein VA übrig bleibt, den die Verwaltung so nicht erlassen hätte, und auch nicht hätte erlassen müssen.

Trotzdem sind beide Wege abzulehnen. Gegen den ersten spricht, daß allein mit dem formalen Kriterium der Art der Nebenbestimmung eine im Einzelfall richtige Entscheidung kaum immer möglich ist. Gegen den zweiten Weg ist vorzubringen, daß er wegen der Häufigkeit von Ermessensentscheidungen zu einer faktischen Aufhebung des Teilbarkeitsgrundsatzes führen würde. Überdies steht der Verwaltung in solchen Fällen § 49 II Nr.2 Landes-VwVfG analog zu, da die Aufhebung der Nichterfüllung entspricht.

BVerwG: entscheidend ist Rechtmäßigkeit des Rest-VA

Das BVerwG unterscheidet deshalb richtigerweise nach der Rechtmäßigkeit des Rest-VA. Teilbarkeit bestehe dann, wenn dieser rechtmäßig bleibt. Dies ist bei allen Arten selbständiger Nebenbestimmungen relevant. Das BVerwG stützt dies auf die Bindung an Recht und Gesetz, denn die Gerichte dürfen keinen rechtswidrigen VA "zurücklassen". Da die Rechtmäßigkeit des Rest-VA aber Sache der Begründetheit ist, ist zunächst von der grundsätzlich vorrangigen Anfechtungsklage auszugehen.

II. Klagebefugnis

A müßte nach § 42 II VwGO klagebefugt sein.

Anspruch aus § 2 I GastG

Die Klagebefugnis ergibt sich aus dem möglicherweise bestehenden Anspruch auf Erteilung einer Gaststättenerlaubnis ohne jede Einschränkung aus § 2 I GastG (Art. 12 I GG).

III. Vorverfahren

1. A müßte gem. § 68 I 1 VwGO form- und fristgerecht Widerspruch gegen die behördliche Anordnung eingelegt haben. Vom Einhalten der Formerfordernisse ist laut Sachverhalt auszugehen.

Weiterhin müßte A auch die Monatsfrist eingehalten haben. Die Gaststättenerlaubnis wurde dem A am 17.07.1997 erteilt, wobei davon auszugehen ist, daß sie ihm auch an diesem Tage zugegangen ist (sog. Ereignistag). Die Monatsfrist des § 70 VwGO begann daher am 18.07.1997 gem. §§ 79, 31 VwVfG i.V.m. § 187 I BGB zu laufen. Fristende war gem. §§ 79, 31 VwVfG i.V.m. §§ 188 II, 193 BGB somit am 18.08.1997.

keine Verfristung, da Rechtsbehelfsbelehrung fehlerhaft

Zwar war die Monatsfrist des § 70 I VwGO bei Einlegung des Widerspruchs am 22.08.1997 bereits verstrichen. Die beigefügte Rechtsbehelfsbelehrung könnte aber rechtsfehlerhaft gewesen sein. Gem. § 70 I VwGO gilt die Monatsfrist und nicht die Frist von vier Wochen, so daß die Rechtsbehelfsbelehrung fehlerhaft war. Damit gilt gem. § 58 II VwGO analog die Jahresfrist. A hatte innerhalb der Jahresfrist den Widerspruch eingelegt. Der Widerspruch wurde somit fristgerecht eingelegt.

sog. Untätigkeitsklage

2. Allerdings wurde der Widerspruch noch nicht verbeschieden und damit das Widerspruchsverfahren noch nicht erfolglos durchgeführt. Dies war hier aber gem. § 75 S.1 Alt. 1 VwGO entbehrlich, da die Behörde ohne zureichenden Grund in angemessener Frist nicht sachlich entschieden hat. Es liegt damit der Sonderfall einer Untätigkeitsklage vor, bei dem die Klage auch abweichend von § 68 I VwGO zulässig ist. Die Sperrfrist von drei Monaten gem. § 75 S.2 VwGO ab Einlegung des Widerspruchs läuft am 24.11.1997 ab.

IV. Zwischenergebnis

Die Klage des A ist damit zulässig, wenn sie nach dem 24.11.1997 erhoben wird.

C. Begründetheit

Die Klage(n) sind begründet, wenn sie gegen den richtigen Beklagten gerichtet sind, § 78 I Nr.1 VwGO, die NBen rechtswidrig sind, der Kläger in seinen Rechten verletzt ist und die Grund-VAe ohne die NBen rechtmäßigerweise fortbestehen können.

I. Passivlegitimation

Gemeinde immer selbst passiv legitimiert

Passivlegitimiert ist gem. § 78 I Ziff. 1 VwGO die Stadt W, da sie immer ihr eigener Rechtsträger ist.

II. Rechtmäßigkeit der ersten Nebenbestimmung

1. Formelle Rechtmäßigkeit

Die Nebenbestimmung ist laut Sachverhalt von der zuständigen Behörde erlassen worden. Verfahrensfehler sind nicht ersichtlich..

2. Materielle Rechtmäßigkeit

Ermächtigungsgrundlage für Auflage:

Da durch diese Auflage die Möglichkeit der Ausübung des Gaststättengewerbes eingeschränkt wird, ist hierfür nach dem Grundsatz des Vorbehalts des Gesetzes gem. Art. 20 III GG eine besondere Ermächtigungsgrundlage für die Behörde erforderlich.

§ 5 I Ziff. 3 GastG: schädliche Umwelteinwirkungen

a) Ermächtigungsgrundlage könnte hier § 5 I Ziff. 3 GastG sein, da danach gegen das Entstehen *schädlicher Umwelteinwirkungen* Auflagen erlassen werden können. Die laute Unterhaltung von Personen in der Zeit nach 22.00 Uhr in der Nähe der Gaststätte ist eine schädliche Umwelteinwirkung, weil damit erhebliche Belästigungen für die Nachbarschaft entstehen können. Es ist hier aber streitig, ob von den umherstehenden Personen tatsächlich dieser Lärm verursacht wird. Die Behörde hat sich allein auf die Aussagen der Nachbarn verlassen; nach den Polizeiberichten ergeben sich aber Bedenken, ob diese Angaben zutreffen.

keine ausreichenden Ermittlungen durch Behörde

Bevor nun die Behörde eine Auflage nach § 5 I GastG erlassen darf, muß sie ausreichend Ermittlungen anstellen, insbesondere Lärmmessungen und ähnliches durchführen, weil die Nachbarn oftmals nur subjektive Empfindungen wiedergeben.

Da solche ausreichenden Ermittlungen über die Tatbestandsvoraussetzungen des § 5 I Ziff. 3 GastG nicht vorliegen, ist die Auflage – allein auf die Angaben der Nachbarn gestützt – rechtswidrig.

Ermessenfehler möglich, jedoch nur eingeschränkte gerichtliche Überprüfbarkeit

b) Die Auflage könnte aber auch deshalb rechtswidrig sein, weil die Behörde das ihr nach § 5 I Ziff. 3 GastG *eingeräumte Ermessen* entsprechend § 40 VwVfG nicht fehlerfrei ausgeübt hat. Da die Ermessensnorm der Verwaltung einen Zweckmäßigkeitsspielraum einräumt, können die Gerichte Ermessensentscheidungen nur eingeschränkt überprüfen. Das Gericht überprüft gem. § 114 VwGO die Ermessensentscheidung nur auf ihre Rechtmäßigkeit. Es darf auf keinen Fall seine eigenen Zweckmäßigkeitserwägungen an die Stelle der Überlegungen der Verwaltung stellen.

345

> **"HEMMER-METHODE":** Bevor geprüft werden kann, ob die Entscheidung ermessensfehlerfrei war, ist zunächst das Vorliegen der tatbestandlichen Voraussetzungen der Norm festzustellen. Ist der Tatbestand schon nicht erfüllt, so ist der Raum für eine Ermessensentscheidung gar nicht eröffnet: Die Behörde hatte kein Ermessen. Es liegt ein Subsumtionsfehler, kein Ermessensfehler vor. Die Entscheidung ist schon deshalb rechtswidrig.

Nach § 114 VwGO sind Entscheidungen dann ermessensfehlerhaft, wenn die gesetzlichen Grenzen des Ermessens überschritten sind oder von dem Ermessen in einer dem Zweck der Ermächtigung widersprechenden Weise Gebrauch gemacht worden ist.

überprüfbare Ermessensfehler:

Hieraus lassen sich folgende Ermessensfehler herleiten:

346

– Ermessensüberschreitung

aa) Zum einen gibt es die *Ermessensüberschreitung*. Hierunter versteht man, daß die Behörde die äußere Grenze des Ermessens überschreitet, insbesondere eine in der konkreten Ermessensnorm nicht vorgesehene Rechtsfolge wählt. In diesem Fall ist das *Ergebnis der Ermessensbetätigung fehlerhaft*.

–Ermessensunterschreitung

bb) Bei der *Ermessensunterschreitung* macht die Behörde von dem ihr zustehenden Ermessen keinen Gebrauch (Bsp.: Behörde verneint fälschlich die Voraussetzungen einer Ermessensnorm; Behörde hält sich fälschlicherweise für gebunden). Auch hier ist das *Ergebnis der "Ermessensbetätigung" fehlerhaft*.

–Ermessensfehlgebrauch

cc) Zum anderen kann ein *Ermessensfehlgebrauch* vorliegen. Ein Ermessensfehlgebrauch liegt vor, wenn sich die Behörde nicht ausschließlich vom Zweck der Ermessensnorm leiten läßt. Der Fehler beruht hier also auf der *Art und Weise, wie die Behörde zu ihrer Entscheidung gelangt ist*.

hier: Ermessensunterschreitung

Im vorliegenden Fall könnte ein Ermessensfehlgebrauch vorliegen. Bei der Frage, ob die Behörde von einer Auflage nach § 5 I Ziff. 3 GastG Gebrauch macht, ist ihr nach dieser Vorschrift ein Ermessen eingeräumt. Die Behörde hat jedoch diesen Ermessensspielraum nicht erkannt, sondern ist von einer gebundenen Entscheidung ausgegangen. Dies stellt den Ermessensfehler der Ermessensunterschreitung dar.

Soweit A jedoch davon ausgeht, daß er als Gastwirt sich den Lärm seiner Gaststätte nicht zurechnen lassen muß, ist diese Ansicht nicht zutreffend. Ausgangspunkt des potentiellen Lärms wäre seine Gaststätte, so daß er als Zweckveranlasser behandelt werden muß. Der VA wäre also an den richtigen Adressaten gerichtet.

Zwischenergebnis: Die Auflage (1) ist rechtswidrig.

III. Rechtmäßigkeit der zweiten Nebenbestimmung

1. Formelle Rechtmäßigkeit

Hier ergeben sich keine Unterschiede zur ersten NB, von der formellen Rechtmäßigkeit ist auszugehen.

347

2. Materielle Rechtmäßigkeit

Ermächtigungsgrundlage: § 5 I Nr. 1 GastG

Die Ermächtigungsgrundlage für diese Auflage könnte in § 5 I Nr.1 GastG zu sehen sein.

348

tatbestandliche Voraussetzungen

Die tatbestandlichen Voraussetzungen des § 5 I Nr.1 GastG liegen vor und werden von A auch nicht bestritten. Da die derzeitigen Belüftungsmöglichkeiten nur unzureichend sind, sind die Gäste insbesondere durch Rauch einer Gesundheitsgefährdung ausgesetzt; durch die Einrichtung eines weiteren Ventilators werden die Luftverhältnisse in der Gaststätte des A erheblich verbessert und dadurch der Schutz der Gäste sichergestellt.

Verhältnismäßigkeit

Die Auflage müßte weiterhin auch verhältnismäßig sein. Dadurch, daß die Kosten für einen weiteren Ventilator geringer sind als für den Einbau eines weiteren Fensters, ist die Auflage auch verhältnismäßig. Ermessensfehler sind somit nicht ersichtlich.

Zwischenergebnis: Die Auflage (2) ist rechtmäßig.

IV. Rechtsverletzung des Klägers

Soweit die erste Auflage rechtswidrig ist, wird der Kläger hierdurch auch in seiner Berufsfreiheit aus Art. 12 I GG verletzt, da A keine rechtswidrigen Einschränkungen seines Anspruchs auf Erteilung einer Gaststättenerlaubnis hinnehmen muß.

349

Die gaststättenrechtliche Genehmigung kann auch ohne den "Zusatz Nr.1" rechtmäßig weiterbestehen.

350

V. Ergebnis

Die Klage(n) gegen die Nebenbestimmungen haben nur hinsichtlich der ersten Auflage Erfolg.

RÜCKNAHME UND WIDERRUF

§ 9 RÜCKNAHME UND WIDERRUF NACH §§ 48, 49 VWVFG

A. Während die Aufhebung eines VA durch das Gericht in § 113 VwGO geregelt ist, befassen sich die §§ 48, 49 VwVfG mit der Aufhebung *durch die Behörde.* Aufhebung ist der Oberbegriff zu Rücknahme und Widerruf. Eine Aufhebung liegt dann vor, wenn die Behörde

  I. ausdrücklich oder

  II. konkludent zu erkennen gibt, daß sie die durch einen VA herbeigeführte Rechtsfolge nicht mehr gelten lassen will.

B. *Rechtsgrundlagen* für die Aufhebung: In erster Linie müssen Spezialvorschriften aus dem besonderen VerwR herangezogen werden, da sie dem VwVfG aufgrund der Subsidiaritätsklausel des § 1 Bundes- bzw. Landes-VwVfG vorgehen.

Beispiele: §§ 4 StVG, 15 b StVZO; § 15 GaststättenG. Subsidiär kommen die §§ 48, 49 VwVfG zur Anwendung.

C. Bei der Aufhebung eines VA ist streng zu trennen zwischen dem *aufzuhebenden VA (Erst-VA)* und dem *aufhebenden VA,* der als Rücknahme oder Widerruf bezeichnet wird. Die Rechtmäßigkeit des aufzuhebenden VA bestimmt sich nach den allgemeinen und besonderen Regeln des jeweils betroffenen Sachgebietes.

D. Rücknahme des VA gemäß § 48 VwVfG

  I. Aufzuhebender VA = rechtswidrig

  II. Differenzierung nach begünstigenden und belastenden VAen

  1. VA = begünstigend: § 48 I 2, II-IV Bundes- bzw. Landes-VwVfG

    a) Bei einem VA, der eine *Geld- oder Sachleistung gewährt oder hierfür Voraussetzung ist,* ist die Rücknahme ausgeschlossen, wenn auf Seiten des Betroffenen schutzwürdiges Vertrauen entgegensteht (Abs. 2).

    b) *Bei sonstigen VAen:* Rücknahme nach h.M. ohne besondere Einschränkungen möglich (nach a.A. ist auch hier ein Bestandsschutz über eine Ermessensreduktion auf Null möglich). Der Betroffene hat allerdings einen Anspruch auf Ersatz der durch die Rücknahme bewirkten Vermögensnachteile, wenn schutzwürdiges Vertrauen (+) (Abs. 3).

    c) Liegen die Voraussetzungen einer Rücknahme vor, so steht es grds. *im Ermessen der Behörde,* ob, in welchem Umfang und mit welcher zeitlichen Wirkung der VA zurückgenommen wird.

  2. VA = belastend: § 48 I 1 Bundes- bzw. Landes-VwVfG

    Rücknahme ist ohne weiteres möglich, es sind lediglich die allgemeinen Grds. einer fehlerfreien Ermessensausübung zu beachten.

E. Widerruf des VA gemäß § 49 Bundes- bzw. Landes-VwVfG

  I. Aufzuhebender VA = rechtmäßig

  II. Differenzierung nach begünstigenden und belastenden VAen

1. **VA = begünstigend: § 49 II Bundes- bzw. Landes-VwVfG**

   a) Voraussetzung für die Rechtmäßigkeit des Widerrufs ist, daß einer der in § 49 II Bundes- bzw. Landes-VwVfG aufgeführten fünf Widerrufsgründe vorliegt (beachte auch § 49 III !).

   b) Ist dies der Fall, so entscheidet die Behörde nach Ermessen, ob, in welchem Umfang und zu welchem Zeitpunkt sie den Widerruf erklärt.

   c) <u>MERKE</u>: Die h.M. wendet den § 49 II Bundes- bzw. Landes-VwVfG auf rechtswidrige (!) begünstigende VA entsprechend an, da ein rechtswidriger VA in seinem Bestand nicht weitergehend geschützt sein könne als ein rechtmäßiger VA (a.A.: Regelungslücke (-); verschiedenartige Interessenlage).

2. **VA = belastend: § 49 I Bundes- bzw. Landes-VwVfG**

Der Widerruf steht im Ermessen der Behörde. Ein gebundener VA, dessen Voraussetzungen erfüllt sind, darf allerdings nicht widerrufen werden. Eine Unzulässigkeit aus anderen Gründen (i.S.d. § 49 I VwVfG) kann vor allem bei einem Verstoß gegen Art. 3 I GG gegeben sein.

EIN UNMORALISCHER PREIS

SACHVERHALT:

Zur Förderung erhaltenswerter Fassaden vergibt die Stadt W alljährlich einen Geldpreis für die am besten gelungene Restaurierung. Diesen Preis erhält für das Jahr 1995 der Hauseigentümer A.

Nachdem im Stadtrat bekannt wird, daß A absichtlich andere in seinem Eigentum stehende Häuser verfallen läßt, um den vorwiegend ausländischen Mietern zu kündigen und anschließend die Häuser z.T. für neu zu errichtende Geschäftsbauten abzureißen oder aber zu Luxuswohnungen mit überhöhten Mieten umzubauen, wird ihm der Preis rückwirkend entzogen.

A hält dieses Vorgehen der Stadt für unerhört und will dagegen vorgehen. Er erhebt nach erfolglos eingelegtem Widerspruch Klage beim VG in W.

Bearbeitervermerk:

Die Erfolgsaussichten der Klage sind in einem Gutachten zu erörtern.

LÖSUNG:

Die Klage ist erfolgreich, wenn sie zulässig und begründet ist.

A. Verwaltungsrechtsweg

öffentlich-rechtliche Streitigkeit:

Der Verwaltungsrechtsweg ist nach § 40 I VwGO eröffnet, wenn die Streitigkeit dem öffentlichen Recht zuzuordnen ist.

sog. actus contrarius Theorie

Die Rücknahme des Preises ist dem gleichen Normenkomplex wie auch die Verleihung des Geldpreises zuzuordnen (actus contrarius Theorie).

entscheidend, ob Verleihung öffentlich-rechtlich

Entscheidend für die Beurteilung, ob der Verwaltungsrechtsweg eröffnet ist, ist mithin die Frage, ob die Verleihung öffentlich-rechtlicher Natur war.

öffentlich-rechtlicher Funktionszusammenhang

Da der Erhalt der Fassaden das Stadtbild und mithin städtische Interessen und Aufgaben betrifft, liegt hinsichtlich der Verleihung ein öffentlich-rechtlicher Funktionszusammenhang vor.

Bei der Vergabe des Förderpreises handelt es sich also um eine öffentlich-rechtliche Streitigkeit. Die Rücknahme des Preises ist demzufolge ebenfalls öffentlich-rechtlichen Charakters. Der Verwaltungsrechtsweg ist somit eröffnet.

Die Streitigkeit ist nicht verfassungsrechtlich, da eine doppelte Verfassungsunmittelbarkeit nicht gegeben ist.

Eine abdrängende Sonderzuweisung liegt nicht vor.

B. Zulässigkeit

I. Klageart

Klagebegehren: Aufhebung der Entziehung

1. Das Klagebegehren des A ist auf "Wiederherstellung der Preisverleihung" gerichtet. Hierzu genügt die Aufhebung der Entziehung, denn dadurch würde die alte Position wieder aufleben, vgl. § 43 II Landes-VwVfG.

A muß sich also gegen die Entziehung wenden.

Entziehung = VA i.S.d. § 35 VwVfG, wenn schon Vergabe VA war

2. Richtige Klageart dafür könnte die Anfechtungsklage gem. § 42 I 1.Alt. VwGO sein, wenn die Entziehung ein VA i.S.d. § 35 S.1 VwVfG ist. Die Entziehung ist nur dann ein VA, wenn auch die Verleihung des Preises bereits ein VA war (actus-contrarius-Theorie).

> **"HEMMER-METHODE":** Sie sehen, daß Sie die actus-contrarius- Theorie sowohl im Rahmen des Verwaltungsrechtsweges wie auch der Klageart heranziehen können, um jeweils den "Blick" auf den aufzuhebenden VA zu lenken! Dann erst folgt die Prüfung, ob eine öffentlich-rechtliche Streitigkeit bzw. ein VA gegeben ist.

EIN UNMORALISCHER PREIS

Die Vergabe des Preises stellt eine Maßnahme der Behörde auf dem Gebiet des öffentlichen Rechts zur rechtsfolgenbegründenden Regelung dar. Ferner betrifft diese Maßnahme nur die Person des A (Einzelfallregelung) und greift über den verwaltungsinternen Bereich hinaus (Außenwirkung). Die Verleihung und somit auch die Rücknahme sind VAe nach § 35 S.1 VwVfG.

> **"HEMMER-METHODE"**: Gegen die Aufhebung eines VA ist dabei grundsätzlich die Anfechtungsklage statthaft, nicht aber die Verpflichtungsklage, da es genügt, den Aufhebungsakt zu beseitigen. Mit Beseitigung des Aufhebungsaktes lebt der ursprüngliche VA wieder auf (§ 43 II Landes-VwVfG). Ein neuer (Ausgangs-)VA ist nicht erforderlich; der Verpflichtungsklage fehlt damit das Rechtsschutzbedürfnis.

Die Anfechtungsklage ist somit die richtige Klageart.

II. Klagebefugnis

Weiterhin müßte A gem. § 42 II VwGO klagebefugt sein.

mögliche Rechtsverletzung aufgrund Adressatenstellung

Dies ist immer dann der Fall, wenn der Kläger geltend machen kann, durch den VA in eigenen Rechten verletzt zu sein. Art. 2 I GG, der die allgemeine Handlungsfreiheit umfassend garantiert, schützt vor allen unrechtmäßigen Eingriffen in Rechte von Bürgern.

Da dem A der Preis wieder entzogen wurde und dies ein belastender VA ist, ist A als Adressat auch klagebefugt.

III. Vorverfahren

Nach § 68 I 1 VwGO muß grundsätzlich ein erfolgloses Vorverfahren durchgeführt werden. Dies hat A, wie aus dem Sachverhalt zu entnehmen ist, getan.

IV. Frist

Außerdem müßte A die Klage fristgerecht eingelegt haben. Da der Sachverhalt insoweit keine Anhaltspunkte enthält, kann davon ausgegangen werden, daß die Frist eingehalten wurde.

V. Zwischenergebnis

Die Klage ist zulässig.

C. Begründetheit

Die Klage ist begründet, wenn sie gegen den richtigen Beklagten gerichtet ist, § 78 I Nr.1 VwGO, und wenn die Preisentziehung rechtswidrig und der A dadurch in seinen Rechten verletzt ist, § 113 I 1 VwGO.

I. Passivlegitimation

Da der Preis durch den Stadtrat der Stadt W entzogen wurde, ist richtiger Beklagter die Stadt W, denn ihre Behörde hat gem. § 78 I 1 Nr.1 VwGO gehandelt.

> **"HEMMER-METHODE"**: Wenn die Behörde einer Gemeinde gehandelt hat, ist die Klage immer gegen die Gemeinde zu richten. Dies auch dann, wenn die Behörde Staatsaufgaben wahrnimmt. Denn wegen § 78 I Nr.1 VwGO ist die Gemeinde immer ihr eigener Rechtsträger.

II. Ermächtigungsgrundlage für die Aufhebung

Ermächtigungsgrundlage: §§ 48, 49 VwVfG

Als Ermächtigungsgrundlage kommen die §§ 48, 49 Landes-VwVfG in Betracht. Die Abgrenzung richtet sich danach, ob der Ausgangs-VA rechtmäßig oder rechtswidrig war. Dies ist zunächst zu prüfen.

entscheidend: Rechtmäßigkeit des Ausgangsbescheides

1. Rechtsgrundlage für die Erteilung des Geldpreises war die Vergaberegelung der Stadt W. Eine Ermächtigungsgrundlage im engeren Sinne ist nicht nötig, da es sich um Leistungsverwaltung handelt. Bei dieser gilt nur der Vorrang des Gesetzes, nicht aber der Vorbehalt des Gesetzes.

2. Formelle Rechtmäßigkeit der Preisverleihung

Von der formellen Rechtmäßigkeit kann ausgegangen werden.

3. Materielle Rechtmäßigkeit der Preisverleihung

Voraussetzung für die Preisverleihung war, daß die von der Stadt aufgestellten Vergaberichtlinien erfüllt wurden. Als Kriterium kommt hier nur die denkmalschützerische Qualität und Schönheit der Restauration in Betracht. Unstreitig hat die im Eigentum des A stehende Fassade die Vergabevoraussetzungen am besten erfüllt, so daß dem A zu Recht der Preis verliehen wurde.

Etwas anderes könnte sich nur daraus ergeben, daß sich A zugleich als Bodenspekulant betätigt. Dieses Verhalten macht die Preisverleihung aber noch nicht rechtswidrig, denn es gehört nicht zu den Vergaberichtlinien der Stadt, daß der Preisgewinner auch bei anderen Hausobjekten ein vorbildliches Verhalten als Grundeigentümer zeigt.

da Ausgangs-VA rechtmäßig, Rechtsgrundlage § 49 VwVfG

Die Preisverleihung war somit rechtmäßig. Infolgedessen kommt als Ermächtigungsgrundlage für die Aufhebung nur § 49 Landes-VwFfG in Betracht.

III. Formelle Rechtmäßigkeit des Widerrufs nach § 49 Landes-VwVfG

Zuständigkeit

1. Die Stadt W war für den Widerruf ihres eigenen Preises zuständig. Etwas anderes ergibt sich vorliegend auch keinesfalls aus § 49 IV Landes-VwVfG.

EIN UNMORALISCHER PREIS

Verfahren

2. Fall A vor dem Widerruf nicht gem. § 38 I Landes-VwVfG angehört wurde, so ist dieser Verfahrensfehler doch durch das mögliche Vorbringen von Einwendungen im Widerspruchsverfahren nach § 45 I Nr.3 Landes-VwVfG geheilt worden.

Form

3. Von der Einhaltung der Form ist auszugehen.

IV. Materielle Rechtmäßigkeit des Widerrufs nach § 49 Landes-VwVfG

Unterscheidung belastender/begünstigender Ausgangs-VA

Hier wird zwischen belastenden und begünstigenden VA unterschieden. Handelt es sich um einen belastenden VA, so kann der Widerruf nur nach § 49 I Landes-VwVfG erfolgen. Dagegen kann ein rechtmäßiger begünstigender VA nur nach § 49 II Landes-VwVfG zurückgenommen werden (soweit nicht der Sonderfall des § 49 III Landes-VwVfG einschlägig ist). Da es sich bei der Preisverleihung um einen begünstigenden VA handelt, kann der Widerruf nur nach § 49 II Landes-VwVfG erfolgen.

361

Widerrufsgrund i.S.d. § 49 II VwVfG:

Voraussetzung ist jedoch, daß einer der Widerrufsgründe des § 49 II Landes-VwVfG vorliegt.

362

– kein Widerrufsvorbehalt i.S.d. Nr. 1

Die Behörde müßte sich dann den Widerruf gem. § 49 II Nr.1 VwVfG vorbehalten haben, wenn eine Änderung der sachlichen oder rechtlichen Verhältnisse vorhersehbar war. Dies hat die Stadt laut Sachverhalt nicht getan, so daß ein Widerruf nach § 49 II Nr.1 Landes-VwVfG nicht möglich ist.

> **"HEMMER-METHODE":** Es ist streitig, ob ein rechtswidriger Widerrufsvorbehalt Grundlage eines Widerrufs sein kann. Das wird z.T. bejaht, weil auch der rechtswidrige Widerrufsvorbehalt wirksam sei; die Bestandskraft des VA umfasse auch den Widerrufsvorbehalt. Der Begünstigte habe es ja in der Hand, gegen den Widerrufsvorbehalt vorzugehen (Stichwort: isolierte Anfechtung).
> Allerdings ist der Widerruf Ermessensentscheidung. Er muß durch sachliche Gründe gerechtfertigt sein. Die bloße Berufung auf den Vorbehalt genügt nicht. Hatte der Widerrufsvorbehalt keine rechtliche Grundlage, wird ein auf ihn gestützter Widerruf in der Regel ermessensfehlerhaft sein.

– keine Auflage i.S.d. Nr. 2

Der Widerruf könnte aber nach § 49 II Nr.2 Landes-VwVfG erfolgt sein. Dann müßte A eine Auflage nicht erfüllt haben. Die Preisvergabe war nicht mit einer Auflage verbunden, so daß § 49 II Nr.2 Landes-VwVfG ebenfalls nicht eingreift.

– nachträgliche Änderung der Sach- oder Rechtslage i.S.d. Nr.3

Möglich wäre aber ein Widerruf nach § 49 II Nr.3 Landes-VwVfG, wenn eine Änderung der Sach- oder Rechtslage eingetreten ist und die Behörde aufgrund dieser berechtigt wäre, den VA nicht zu erlassen und hierdurch ohne den Widerruf das öffentliche Interesse gefährdet würde.

Gleichstellung von nachträglich eingetretenen und nachträglich bekanntgewordenen Tatsachen

Den in § 49 II Nr.3 Landes-VwVfG aufgeführten nachträglich eingetretenen Tatsachen sind auch die nachträglich bekanntgewordenen Tatsachen gleichzustellen, denn das Bedürfnis für einen Widerruf ist in beiden Fällen gleich.

Zwar handelt es sich bei der Tätigkeit des A um eine nachträglich bekanntgewordene Tatsache, doch hätte die Kenntnis der Tatsache zum Vergabezeitpunkt den Anspruch des A auf den Preis nicht verhindern können. Hier gilt das oben Gesagte entsprechend. Da die nunmehr bekanntgewordenen Tatsachen keine sachlichen Kriterien für die Preisvergabe darstellen, hätten sie diese nicht verhindern können.

> **"HEMMER-METHODE"**: Im Rahmen der Prüfung des § 49 II Nr.3 VwVfG müssen Sie nur sauber subsumieren. Achten Sie vor allem darauf, daß bei einer Bejahung der eben diskutierten Berechtigung, den VA zu erlassen, zusätzlich (!) eine Gefährdung des öffentlichen Interesses untersucht werden müßte!
> Schließlich müßte die Behörde auch noch ihr Ermessen (vgl. "darf") richtig ausgeübt haben.

Die Preisentziehung ist daher auch nicht durch § 49 II VwVfG gedeckt und somit rechtswidrig.

IV. Rechtsverletzung des A

Da die Rücknahme rechtswidrig ist, ist der Kläger zumindest in Art. 2 I GG verletzt.

V. Ergebnis

Die zulässige Klage ist auch begründet und daher erfolgreich.

STICHWORTVERZEICHNIS

Die Zahlen verweisen auf die Randnummern des Skripts

abstrakte Normenkontrolle
- Antragsberechtigung — 232
- Antragsgrund — 233
- Form — 235
- Frist — 235
- objektives Klarstellungsinteresse — 234
- Prüfungsgegenstand — 231
- Prüfungsmaßstab — 235

Abwägungslehre — 63

Adressatentheorie — 267

Akt der öffentlichen Gewalt — 9

allgemeine Handlungsfreiheit
- Auffanggrundrecht — 140, 160
- Eingriff — 161
- Schrankentrias — 97
- Schutzbereich — 161
- subjektive Abwehrfunktion — 160
- verfassungsmäßige Ordnung — 161
- verfassungsrechtliche Rechtfertigung — 161

allgemeines Gesetz
- Abwägungslehre — 63, 79
- Sonderrechtslehre — 63, 79

Anfechtungsklage
- Klagebefugnis — 267, 336
- Klagefrist — 272
- Passivlegitimation — 274
- Rechtsverletzung — 281, 349
- Vorverfahren — 271, 337

Angemessenheit — 58

Anhörung — 277

Anordnungsanspruch — 177

Anordnungsgrund — 178

Antragsberechtigung — 3

Auffanggrundrecht — 140

Aufwandssteuern — 309

Ausschließliche Gesetzgebungskompetenz — 237

Berufsfreiheit
- Begriff des Berufes — 116, 196
- Berufsausübungsfreiheit — 116, 126
- Berufsausübungsregel — 202
- Berufswahlfreiheit — 116
- Drei-Stufen-Theorie — 125
- Eingriff — 117, 197
- einheitliches Grundrecht — 119
- objektive Zulassungsvoraussetzung — 128
- Schutzbereich — 116, 159, 196
- subjektive Zulassungsvoraussetzung — 127
- Teilhaberecht — 159
- verfassungsrechtliche Rechtfertigung — 118, 198
- Verhältnismäßigkeitsgrundsatz — 136

Beschwerdebefugnis
- Betroffenheit — 12, 37, 71, 112, 149, 191
- gegenwärtig — 151
- Grundrechtsrüge — 11, 70, 111, 68
- unmittelbar — 154
- Grundrechtsrüge — 36

Beschwerdeberechtigung
- Antragsberechtigung — 142
- Beteiligtenfähigkeit — 69
- Prozeßfähigkeit — 69
- Verfahrensfähigkeit — 145

Beschwerdefähigkeit — 108

Beschwerdegegenstand — 9, 35, 70, 109, 146

Bestimmtheitsgrundsatz — 122

Betroffenheit
- gegenwärtig — 13, 71
- selbst — 12, 38, 71
- unmittelbar — 14, 72

Bundeskompetenz kraft Natur der Sache — 244

Bundeskompetenz kraft Sachzusammenhangs — 243

Bürgerrechte — 3

Drei-Stufen-Theorie — 125

Eigentum
- enteignungsgleicher Eingriff — 217
- Grundwasser — 226
- Inhalts- und Schrankenbestimmung — 217, 222, 225
- Junktimklausel — 221
- materielle Abgrenzung — 222
- Schutzbereich — 205
- Schweretheorie — 223
- Sonderopfer — 217, 223
- Sozialbindung — 217

Einstweilige Anordnung
- Anordnungsanspruch — 177
- Anordnungsgrund — 178
- Antragsberechtigung — 172
- Form — 175
- Frist — 175
- Interessenabwägung — 179
- Rechtsschutzinteresse — 174
- Statthaftigkeit — 171

Vorwegnahme der Hauptsache	173
elterliches Erziehungsrecht	
Abwägung	46
Eingriff	43
Schutzbereich	42
verfassungsrechtliche Rechtfertigung	44
Enteignung	
Administrativenteignung	224
Kriterium der Finalität	224
Legalenteignung	224
enteignungsgleicher Eingriff	**217**
Erledigung	**313**
Ermessen	**345**
Ermessensentscheidung	**278**
Ermessensfehler	
Ermessensfehlgebrauch	346
Ermessensüberschreitung	346
Ermessensunterschreitung	346
Fortsetzungsfeststellungsklage	
Besonderes Feststellungsinteresse	314
Erledigung des VA	313
Klagebefugnis	315
Klagefrist	317
Passivlegitimation	319
Vorverfahren	316
Wiederholungsgefahr	314
Generalklauseln	**75**
Gesetzgebungskompetenz	
Ausschließliche Gesetzgebungskompetenz	237
Bundeskompetenz kraft Natur der Sache	244
Konkurrierende Gesetzgebungskompetenz	238
Länderkompetenz	236
Rahmengesetzgebungskompetenz	239
ungeschriebene Kompetenzen	242
Gewerbe	**292, 325**
Glaubensfreiheit	
Abwägung	30
Eingriff	22
einheitliches Grundrecht	20
Schrankenübertragung	26
Schutzbereich	19
verfassungsrechtliche Rechtfertigung	23
Gleichheitsgrundsatz	
allgemeines Willkürverbot	66
Chancengleichheit politischer Parteien,	66
Rechtfertigung	169
Rechtsanwendungsgleichheit	167
sachlicher Grund	67, 169, 208
Schutzbereich	60
ungerechtfertigte Gleichbehandlung	207
Ungleichbehandlung	207
Vergleichspaar	208
Willkürverbot	207
Grundrechte	
Anspruch auf das Existenzminimum	155
objektiv-rechtliche Seite	156
Schutz- und Fürsorgeansprüche	155
sozialstaatliche Neuinterpretation	156
subjektiv einklagbares Recht des Bürgers	157
Verfassungsziele	158
Grundrechtsfähigkeit	**5**
Grundrechtsfähigkeit Minderjähriger	**5**
Grundrechtsmündigkeit	**5**
Grundrechtsrüge	**11, 36, 111**
Grundwasser	**226**
Güterabwägung	**58**
Homesitter-Agentur	**139**
Inhalts- und Schrankenbestimmung	**217, 222, 225**
Inhaltsbestimmung	**332**
Junktimklausel	**221**
Kanzlerprinzip	**245**
Klagebefugnis	
Adressatentheorie	267
aus Grundrechten	269
Möglichkeitstheorie	268
Schutznormtheorie	270
Klagebegehren	**329**
Klagefrist	**272, 287, 317**
konkrete Normenkontrolle	
Entscheidungserheblichkeit	213, 218
Prüfungsgegenstand	216
Überzeugung von der Verfassungswidrigkeit	212
Vorlageberechtigung	211, 215
Konkurrierende Gesetzgebungskompetenz	**238**
Kreisverwaltungsbehörde	**321**
Kunstfreiheit	
Begriff der Kunst	89
Eingriff	89
formaler Kunstbegriff	90
materieller Kunstbegriff	90

STICHWORTVERZEICHNIS

offener Kunstbegriff	90
Schrankenübertragung	96
Schutzbereich	89
verfassungsimmanente Schranken	98
verfassungsrechtliche Rechtfertigung	95
Verhältnis zur Meinungsfreiheit	104
Werkbereich	93
Wirkbereich	93

Meinungsfreiheit

allgemeines Gesetz	63, 78
Eingriff	77
Interessenabwägung	80
Meinungsäußerungsfreiheit	76
Schutzbereich	59, 76, 104
verfassungsrechtliche Rechtfertigung	75
Verhältnismäßigkeitsgrundsatz	81
Wechselwirkungstheorie	81
Wesensgehaltstheorie	81

Menschenwürde

Abwägung	103
Objektformel	100
Schutzbereich	100

mittelbare Drittwirkung	75
modifizierte Gewährung	333
Möglichkeitstheorie	267
Nachtbackverbot	201

Nebenbestimmung

Anfechtungsklage	330
Auflage	334
Bedingung	334
Faustformel	331
Teilbarkeit des VA	330, 335
Verhältnismäßigkeit	348
Verpflichtungsklage	329

Normenkontrolle

abstrakte	230
konkrete	209

Objektformel	**100**
Objektives Klarstellungsinteresse	**234**

Organstreitverfahren

Antragsbefugnis	183, 254
Form	184, 255
Frist	184, 255
Parteifähigkeit	180, 250
Streitgegenstand	182, 253

Parteien

Beteiligte eines Organstreitverfahrens	180
Grundrechtsfähigkeit	49
Parteienprivileg	194
Rechtsnatur	150
Verfassungswidrigkeit	194

Passivlegitimation	**274, 290, 319, 341, 358**
praktische Konkordanz	**47, 103**
Prozeßfähigkeit	**6**

Prüfungsrecht des Bundespräsidenten

politisches Prüfungsrecht	256
rechtliches Prüfungsrecht	258

Rahmengesetzgebungskompetenz	**239**
Rechtsbehelfsbelehrung	**338**
Rechtsschutzbedürfnis	**288**
Rechtssicherheit	**163, 164**
Rechtswegerschöpfung	**15, 39, 155, 192**
Ressortprinzip	**247**

Richtlinie

formelle Anforderungen	246
materielle Anforderungen	247

Richtlinienkompetenz

Einzelentscheidungen	248
Leitentscheidung	248

Rücknahme

actus contrarius Theorie	351
Auflage	362
begünstigender AusgangsVA	361
belastender AusgangsVA	361
nachträgliche Änderung der Sach- oder Rechtslage	362
Rechtmäßigkeit des AusgangsVA	359
Widerrufsgründe	362
Widerrufsvorbehalt	362

Rückwirkungsverbot

echte Rückwirkung	162
Rückbewirkung von Rechtsfolgen	163
tatbestandlicher Rückanknüpfung	163
Übergangsregelung	166
unechte Rückwirkung	162

sachlicher Grund	**67**
schädliche Umwelteinwirkungen	**344**
Schaukeltheorie	**81**
Schranken-Schranke	**200**
Schrankenübertragung	**26, 96**

STICHWORTVERZEICHNIS

Schulorganisationsgewalt des Staates	
Schulpflicht	32
staatlicher Erziehungsauftrag	32, 17
Schutznormtheorie.	**270**
Schweretheorie	**223**
Selbstverwaltungsrecht der Gemeinden	**307**
Sonderopfer	**217, 223**
Sonderrechtslehre	**63**
Sonderrechtstheorie	**262, 283**
Sozialbindung	**217**
Spezialitätsgrundsatz	**61**
Steuerschuld	**294**
Subsidarität	**15, 39, 156**
Superrevisionsinstanz	**86**
Teilhaberecht	**159**
Ungeschriebene Kompetenzen	**242**
Untätigkeitsklage	**339**
Unzuverlässigkeit i.S.d. Gewerberechts	**294**
Verbrauchssteuer	**305**
Verfahrensfähigkeit	
Geschäftsfähigkeit	8
Grundrechtsmündigkeit	8
Verfassungsbeschwerde	
Beschwerdebefugnis	10, 70, 110, 148, 189
Beschwerdeberechtigung	12, 107, 143, 187
Beschwerdefähigkeit	6, 108, 187
Beschwerdegegenstand	9, 109, 146, 188
Form	17, 114, 157
Frist	17, 114, 157
Grundrechtsfähigkeit von Parteien	49
Prüfungsumfang	85
Rechtswegerschöpfung	15, 39, 155, 92
Subsidiarität	5, 39, 113, 156
Superrevisionsinstanz	86
verfassungsimmanente Schranken	**28, 98**
Verhältnismäßigkeitsgrundsatz	**59, 81, 123, 136, 200, 228**
Verpflichtungsklage	
Klagebefugnis	285
Klagebegehren	284
Klagefrist	287
Passivlegitimation	290
Rechtsschutzbedürfnis	288
Widerspruchsverfahren	286
Versammlungsfreiheit	
Begriff der Versammlung	53
Eingriff	54
Schranken	55
Schutzbereich	49
Vertrauensschutz	**161, 228**
Verwaltungsakt	
Anhörung	322
Außenwirkung	297
Begründung	278, 323
Einzelfall	297
Regelung	297
Verwaltungsrechtsweg	
abdrängende Sonderzuweisung	264
aufdrängende Sonderzuweisung	260
doppelte Verfassungsunmittelbarkeit	263
nichtverfassungsrechtlicher Art	263
öffentlich-rechtliche Streitigkeit	262, 283, 310
Sonderrechtstheorie	262, 283
Vorverfahren	**271, 316, 337, 355**
Wechselwirkungstheorie	**81**
Weisungsbefugnis des Bundeskanzlers	
allgemeine	249
aus Richtlinienkompetenz	245
Wesensgehalt	**81, 204**
Widerspruchsverfahren	
Form	299
Frist	300
Statthaftigkeit	297
Verwaltungsrechtsweg § 40 I VwGO analog	296
Widerspruchsbefugnis	298
Widerspruchsbefugnis	**298**
Wiederholungsgefahr	**314**
Willkürverbot	**207**
Zugangsfiktion	**287, 300**
Zulassung zum Rechtsanwalt	**121**

Seite 163

INFO '97

"Wer den Hafen nicht kennt, für den ist kein Wind günstig."
(Seneca)

Der Wind war günstig.

*** Examensergebnisse Januar 1997 ***
*** z.B: Kursteilnehmer München ***
*** in einem Termin! ***

2x sehr gut: *14,04; 14,00*
14x gut: *13,41; 13,40; 13,30; 13,10; 13,00; 13,00; 12,80; 12,56; 12,50; 12,04; 11,70; 11,56; 11,56; 11,50*
20x vollbefriedigend: *11,12; 10,93; 10,83; 10,80; 10,66; 10,62; 10,45; 10,45; 10,30; 10,10; 10,00*
9,93; 9,90; 9,87; 9,81; 9,70; 9,54; 9,50; 9,10; 9,10

*** insgesamt also 36x über 9 Punkte! ***

**Der Wind war nur günstig,
weil der Hafen bekannt war!**

examenstypisch • anspruchsvoll • umfassend

Juristisches Repetitorium
hemmer

hemmer/wüst
Verlagsgesellschaft

Unsere Skripten

hemmer! Die Skripten

.mini-basics

BGB für Einsteiger

.Basics

Basics

Assessor-Basics

.Zivilrecht

BGB-AT/SchR-AT

Schadensersatzrecht I–III

Schuldrecht-BT I/II

Gewährleistungsrecht

Bereicherungsrecht

Deliktsrecht I–II

Sachenrecht I–III

Kreditsicherungsrecht

Erb-/Familienrecht

ZPO I/II

Handels-/Gesellschaftsrecht

Arbeitsrecht

Rückgriffs-/
Herausgabeansprüche

IPR

Privatrecht für BWL'er, WiWis &
Steuerberater

Überblick

EXAMENSTYPISCH · ANSPRUCHSVOLL · UMFASSEND

auf einen Blick

hemmer! Die Skripten

.Strafrecht

 Strafrecht AT I/II

 Strafrecht BT I/II

 StPO

 Kriminologie, Jugendstrafrecht und Strafvollzug

.Öffentliches Recht

 Verwaltungsrecht I–III

 Staatsrecht I–II

 Europarecht

 Völkerrecht

 Baurecht

 Polizeirecht

 Kommunalrecht

 Steuererklärung leicht gemacht

.Classics

 Classics

.Fallsammlungen

 Musterklausuren für die Scheine

 Musterklausuren für's Examen

EXAMENSTYPISCH · ANSPRUCHSVOLL · UMFASSEND

Überblick

Neues Lernen mit der Hemmer-Methode

Der Aufbau

hemmer! Die Skripten

Unsere Skriptenreihe ist logisch und durchdacht aufgebaut:

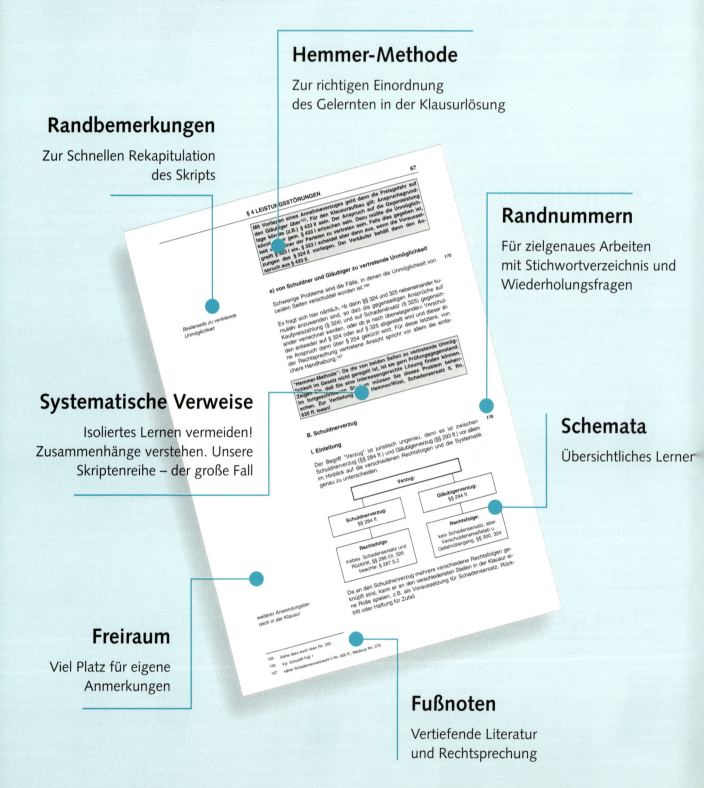

Hemmer-Methode
Zur richtigen Einordnung des Gelernten in der Klausurlösung

Randbemerkungen
Zur Schnellen Rekapitulation des Skripts

Randnummern
Für zielgenaues Arbeiten mit Stichwortverzeichnis und Wiederholungsfragen

Systematische Verweise
Isoliertes Lernen vermeiden! Zusammenhänge verstehen. Unsere Skriptenreihe – der große Fall

Schemata
Übersichtliches Lernen

Freiraum
Viel Platz für eigene Anmerkungen

Fußnoten
Vertiefende Literatur und Rechtsprechung

EXAMENSTYPISCH · ANSPRUCHSVOLL · UMFASSEND

mini-basics
Basics

Neues Lernen mit der Hemmer-Methode

hemmer! Die Skripten

Das Wichtigste in möglichst knapper Form leicht verständlich und klausurtaktisch aufbereitet. Konkrete Hinweise und Hintergrundinformationen erleichtern den Einstieg. Nichts ist wichtiger als richtig zu lernen! Sie sparen Zeit und Nerven! Das Studium macht Ihnen mehr Spaß, wenn Sie schon in den ersten Semestern wissen, mit welchem Anforderungsprofil Sie in Prüfungen zu rechnen haben und wie Sie den Vorstellungen, Ideen und Denkweisen von Klausurerstellern und Korrektoren möglichst nahe kommen. Die Basics behandeln das absolut notwendige Grundwissen. Die Hemmer-Methode vermittelt Ihnen Hintergrundwissen und gibt Ihnen Tips, wie Sie möglichst sicher durch Klausur und Hausarbeit kommen. Stellen Sie die Weichen für ein erfolgreiches Studium mit der Hemmer-Methode frühzeitig richtig.

.BGB für Einsteiger

nur DM **14,80**

Jura leicht gelernt! Prüfungstypische Problemfelder des BGB im Westentaschenformat. Der ideale Einstieg ins Zivilrecht für Juristen, aber auch für BWL'er und WiWi's. Verschaffen Sie sich einen schnellen Überblick u.a. über BGB-AT, Schuldrecht, Bereicherungsrecht und Sachenrecht. Leicht und verständlich formuliert und mit vielen kleinen Beispielen. Und Jura macht Spaß!

.Basics Zivilrecht

nur DM **19,90**

Vom Vertragsschluß bis zum EBV zeigt Ihnen dieses Skript, worauf es im Zivilrecht ankommt. Die wichtigsten Problemfelder des BGB werden mit der Hemmer-Methode kommentiert und zusätzlich anhand von Grafiken veranschaulicht. Dieses Skript ist sowohl für den Studienanfänger als auch für Endsemester ein unverzichtbares Hilfsmittel zur Prüfungsvorbereitung!

.Basics Strafrecht

nur DM **19,90**

Alle klausurwichtigen Probleme und Fragestellungen des materiellen Strafrechts auf einen Blick: Vom StGB-AT bis hin zum StGB-BT finden Sie all das dargestellt, was als Grundlagenwissen im Strafrecht angesehen werden muß. Außerdem werden die wichtigsten Aufbaufragen mit der Hemmer-Methode einfach und leicht nachvollziehbar erläutert.

.Basics Öffentliches Recht

nur DM **19,90**

Materielles und prozessuales Verfassungsrecht, ebenso wie Grundfragen des allgemeinen und besonderen Verwaltungsrechts, bilden zusammen mit wichtigen Problemstellungen des Staatshaftungsrechts die Grundlage für dieses Skript. Öffentliches Recht setzt Basiswissen voraus. Nur wenn Sie darin sicher sind, schreiben Sie die gute Klausur. Mit der Hemmer-Methode vermeiden Sie die typischen Fehler.

EXAMENSTYPISCH · ANSPRUCHSVOLL · UMFASSEND

Basics

Neues Lernen mit der Hemmer-Methode

BGB-AT Schuldrecht-AT

Die Aufteilung der Unwirksamkeitsgründe nach den verschiedenen Büchern des BGB (z.B. BGB-AT, Schuldrecht) entspricht nicht der Struktur des Examensfalls. Unsere Skripten Primäranspruch I–III unterscheiden entsprechend der Fallfrage in Klausur, Hausarbeit und Examen zwischen wirksamen und unwirksamen Verträgen. Die Skripten Primäranspruch I–III sind als großer Fall gedacht und dienen auch als Checkliste für Ihre Prüfung.

.BGB-AT/SchR-AT

nur DM 19,90

BGB-AT · Der Primäranspruch I: Besteht der Vertrag, so kann der Anspruchsteller Erfüllung, z.B. Übereignung, Überlassung der Mietsache verlangen. Dies setzt unter anderem Rechtsfähigkeit der Vertragspartner, eine wirksame Willenserklärung, Zugang und ggf. Bevollmächtigung voraus. Nur wenn ein wirksamer Vertrag vorliegt, entsteht die Leistungspflicht des Schuldners und deren Folgeproblematik wie Wandelung und Schadensersatz.

BGB-AT/SchR-AT · Der Primäranspruch II: Scheitert der Vertrag von vornherein, so entfallen Erfüllungsansprüche. Die Unwirksamkeitsgründe sind im Gesetz verstreut, wie z.B. § 125, § 134, § 2301 BGB. Als konsequentes Rechtsfolgenskriptum sind alle klausurtypischen rechtshindernden Einwendungen zusammengefaßt. Lernen Sie mit der Hemmer-Methode frühzeitig, die im BGB verstreuten Unwirksamkeitsgründe richtig einzuordnen.

BGB-AT/SchR-AT · Der Primäranspruch III: Der Primäranspruch (bzw. Leistungs- oder Erfüllungsanspruch) fällt nachträglich weg, wie z.B. durch Erfüllung, Aufrechnung, Anfechtung, Unmöglichkeit. Nur wer Unwirksamkeitsgründe im Kontext des gescheiterten Vertrags einordnet, lernt richtig. Die rechtshemmenden Einreden bewirken, daß der Berechtigte sein Recht nicht (mehr) geltend machen kann.

EXAMENSTYPISCH · ANSPRUCHSVOLL · UMFASSEND

Schuldrecht-AT/BT

Neues Lernen mit der Hemmer-Methode

Fast in jeder Prüfung werden Sie mit Schadensersatzansprüchen konfrontiert. Schadensersatz ist Ausgleich eines vom Schädiger erlittenen Nachteils, nicht Strafe. Die klausurtypischen Problemfelder des Schadensersatzes (wie u.a. Vermögens-/Nichtvermögensschaden; unmittelbarer/mittelbarer Schaden; Primär- und Sekundärschadensansprüche) werden grundlegend dargestellt. Dabei wird der Reihenfolge in der Klausur Rechnung getragen. Wiederum gilt: Schadensersatz I–III sind Checkliste zur Vorbereitung auf Klausur und Hausarbeit.

.Schadensersatzrecht

nur DM **19,90**

Schadensersatzrecht I: Unterschieden wird zwischen vertraglichem Primäranspruch auf Schadensersatz (z.B. selbständiger Garantievertrag), gesetzlicher Garantiehaftung (z.B. §§ 463 S.1, 538 I 1.Alt. BGB) verschuldensabhängigen Gewährleistungsansprüchen sowie Rechtsmängelhaftung. Wichtig ist, die verschuldensunabhängige Schadensersatzverpflichtung von der schuldhaften abzugrenzen.

Schadensersatzrecht II: Behandelt die Klassiker wie Unmöglichkeit, Verzug, pVV, c.i.c. Dabei wird insbesondere Wert gelegt auf die Nahtstellen zum Besonderen Schuldrecht. Das Skriptum will Verständnis schaffen auch für neue Tendenzen im Schadensersatzrecht, wie z.B. die immer weitergehende Billigkeitshaftung bei der c.i.c.

Schadensersatzrecht III: Befaßt sich schwerpunktmäßig mit dem Anspruchsinhalt, d.h. mit der Frage des Umfangs der Ersatzpflicht, also dem "wieviel" eines dem Grunde nach bereits bestehenden Anspruchs. Ein Schadensersatzanspruch setzt bekanntlicherweise voraus, daß sowohl Anspruchsgrund (Haftungstatbestand) als auch der Anspruchsinhalt (Rechtsfolge) gegeben ist.

.Schuldrecht-BT I/II

in Vorbereitung nur DM **19,90**

Schuldrecht-BT I: Kaufrecht, Tausch, Schenkung, Miete, VerbrKrG, HaustürWG.

Schuldrecht-BT II: Pacht, Leihe, Darlehen, Leasing und Factoring bis hin zu Schuldversprechen und Schuldanerkenntnis werden umfassend dargestellt. Auch die examenstypischen Problemkreise des Dienst- und Werkvertrags sowie des Reisevertrags dürfen nicht fehlen. Natürlich mit der Hemmer-Methode kommentiert. Ein "Muß" für jeden Juristen.

Erscheinungstermin voraussichtlich Mai 1998

EXAMENSTYPISCH · ANSPRUCHSVOLL · UMFASSEND

Neues Lernen mit der Hemmer-Methode

Schuldrecht-BT

Gewährleistungsrecht, Bereicherungsrecht und Deliktsrecht sind die "Klassiker" jedes Examens. Genaue Kenntnisse der Zusammenhänge innerhalb der einzelnen Rechtsgebiete sowie deren Konkurrenzverhältnis sind absolut unerläßlich. Die Hemmer-Methode schärft Ihr Problembewußtsein.

.Gewährleistungsrecht

nur DM 19,90

Im Vordergrund des Gewährleistungsrechts steht die Störung des Äquivalenzinteresses: Leistung und Gegenleistung sind nicht gleichwertig. Nur wer die Möglichkeiten des Gläubigers wie Erfüllung/Nachlieferung/Nachbesserung/Wandelung/Minderung/Schadensersatz im Verhältnis zu den allgemeinen Bestimmungen (z.B. §§ 119 II; 320 ff. BGB; pVV) verstanden hat, hat klausurtypisch gelernt. Die Hemmer-Methode dient der Orientierung und erleichtert es, das Gewährleistungsrecht als Ganzes einzuordnen und zu verstehen.

.Bereicherungsrecht

nur DM 19,90

Die §§ 812 ff. BGB sind regelmäßig die Folge unwirksamer Verträge. Abgrenzungsprobleme gibt es u.a. zum Wegfall der Geschäftsgrundlage (z.B. Rückabwicklung bei der nichtehelichen Lebensgemeinschaft) und §§ 987 ff. BGB. Die Hemmer-Methode versteht sich als Gebrauchsanweisung für die erfolgreiche Bewältigung des anspruchsvollen Rechtsgebiets Bereicherungsrecht. Ohne Verständnis für dieses Rechtsgebiet bleibt der Zusammenhang im Zivilrecht im Dunkeln.

.Deliktsrecht

nur DM 19,90

Deliktsrecht I: Sämtliche klausurrelevanten Problemfelder der §§ 823 ff. werden umfassend behandelt. § 823 I BGB ist als elementarer, strafrechtsähnlicher Grundtatbestand leicht erlernbar. Die typischen Klausurprobleme wie Kausalität wurden besonders mit der Hemmer-Methode kommentiert. So vermeiden Sie häufig vorkommende Fehler. Auch bei § 831 BGB sollte nicht zu oberflächlich gelernt werden. Keinesfalls darf man sich zu früh auf den sog. "Entlastungsbeweis" stürzen.

Deliktsrecht II: Bei der Gefährdungshaftung steht im Vordergrund nicht die Tat, sondern die Zurechnung für einen geschaffenen Gefahrenkreis. Aus diesem Grund entfällt z.B. die Adäquanz bei § 833 S. 1 BGB im Rahmen der Kausalitätsprüfung. Klausurrelevant sind auch die Haftung nach StVG und ProdHaftG.

EXAMENSTYPISCH · ANSPRUCHSVOLL · UMFASSEND

Sachenrecht

Neues Lernen mit der Hemmer-Methode

Sachenrecht ist durch immer wiederkehrende examenstypische Problemfelder gut ausrechenbar. Anders als das Schuldrecht ist es ein klar strukturiertes Rechtsgebiet. In der Regel besteht deswegen eine feste Vorstellung, wie der Fall zu lösen ist. Deshalb gilt es gerade hier, mit der Hemmer-Methode den Ersteller der Klausur als imaginären Gegner zu erfassen. Es gilt, Begriffe wie Widerspruch und Vormerkung in ihrer rechtlichen Wirkung zu begreifen und in den Kontext der Klausur einzuordnen.

.Sachenrecht
nur DM 19,90

Sachenrecht I: Die allgemeinen Lehren des Sachenrechts wie z.B. Abstraktionsprinzip, Publizität, numerus clausus sind für den Einstieg und ein grundlegendes Verständnis der Materie unabdingbar. Die Hemmer-Methode vermittelt den ständigen Fallbezug, "trockenes" Lernen wird vermieden. Im Vordergrund stehen Be-sitzrecht und das examenstypische Eigentümer-Besitzer-Verhältnis. Schließlich lernen Sie auch den Beseitigungsanspruch aus § 1004 BGB kennen.

Sachenrecht II behandelt den Erwerb dinglicher Rechte an beweglichen Sachen. Neben dem Erwerb kraft Gesetzes ist Schwerpunkt der rechtsgeschäftliche Erwerb des Eigentums. Daneben geht es um die klausurrelevanten Probleme beim Pfandrecht, der Sicherungsübereignung und dem Anwartschaftsrecht des Vorbehaltsverkäufers. Zahlreiche Beispiele und Hinweise in der Hemmer-Methode ermöglichen ein anschauliches Lernen und stellen die nötigen Querverbindungen her.

Sachenrecht III gibt einen umfassenden Überblick über die examensrelevanten Gebiete des Grundstücksrechts. Lernen Sie die klassischen im Examen immer wiederkehrenden Probleme gutgläubiger Erst- und Zweiterwerb der Vormerkung, Mitreißtheorie beim gutgläubigen Erwerb einer Hypothek etc., richtig einzuordnen.

.Kreditsicherungsrecht
nur DM 19,90

Der Clou! "Wettlauf der Sicherungsgeber", "Verhältnis Hypothek zur Grundschuld", "Verlängerter Eigentumsvorbehalt und Globalzession/Faktoring" sind häufig Prüfungsgegenstand. Lernen Sie das, was zusammen gehört, als zusammengehörend zu betrachten: Wie sichere ich neben dem bestehenden Rückzahlungsanspruch einen Kredit? Unterschieden werden Personalsicherheiten (Bürgschaft, Schuldbeitritt, Schuldmitübernahme und Garantievertrag), Mobiliarsicherheiten (Sicherungsübereignung, Sicherungsabtretung, Eigentumsvorbehalt und Pfandrecht) sowie Immobiliarsicherheiten (Grundschuld und Hypothek). Nur wer die Unterscheidung zwischen akzessorischen und nichtakzessorischen Sicherungsmitteln verstanden hat, geht unbesorgt in die Prüfung.

EXAMENSTYPISCH · ANSPRUCHSVOLL · UMFASSEND

Neues Lernen mit der Hemmer-Methode

Erbrecht Familienrecht

Grundlegendes zum Erb- und Familienrecht gehört schon fast zum "Allgemein-Wissen". Das Gesetz selbst ist klar strukturiert. Es geht hier um Nachvollziehbarkeit und Berechenbarkeit. Für den Ersteller der Klausur ist Erb-/Familienrecht eine dankbare Fundgrube für Prüfungsfälle (u.a.: im Erbrecht die gesetzliche oder die gewillkürte Erbfolge, Widerruf, Anfechtung, gemeinschaftliches Testament, Vermächtnis; u.a. im Familienrecht: Ehestörungsklage, Zugewinnausgleich, nichteheliche Lebensgemeinschaft, Kindschaftsrecht).

.Erbrecht

nur DM 19,90

"Erben werden geboren, nicht gekoren" oder "Erben werden gezeugt, nicht geschrieben" deuten auf germanischen Einfluß mit seinem Sippengedanken. Das Prinzip der Universalsukzession und die Testamentsidee sind römisch-rechtliche Tradition. Die Spannung zwischen individualistischem (der Erbe steht im Vordergrund) und kollektivistischem Ansatz (die Sippe ist privilegiert) ist auch für die Klausur von großer praktischer Relevanz, z.B. gesetzliche oder gewillkürte Erbfolge, Formwirksamkeit des Testaments (auch gemeinschaftliches Testament und Erbvertrag), Widerruf und Anfechtung, Bestimmung durch Dritte, Vor- und Nach- sowie Ersatzerbschaft, Vermächtnis, Pflichtteilsrecht, Erbschaftsbesitz, Miterben, Erbschein. Auch die dingliche Surrogation, z.B. bei § 2019 BGB, und das Verhältnis Erbrecht zum Gesellschaftsrecht sollten als prüfungsrelevant bekannt sein.

.Familienrecht

nur DM 19,90

Das Familienrecht wird häufig in Verbindung mit anderen Rechtsgebieten geprüft. So sind z.B. §§ 1357, 1365, 1369 BGB Schnittstelle zum BGB-AT und nur in diesem Kontext verständlich. Die sog. "Ehestörungsklage" hat ihre Bedeutung bei §§ 823 und 1004 BGB. Da nur der geschädigte Ehegatte einen eigenen Schadensersatzanspruch gegen den Schädiger hat, stellen sich Probleme der Vorteilsanrechnung, vgl. § 843 IV BGB und Fragen beim Regreß. Von Bedeutung sind bei der "Nichtehelichen Lebensgemeinschaft" Bereicherungsrecht und, wie bei Eheleuten auch, familienrechtliche Bestimmungen sowie das Recht der BGB-Gesellschaft. Die typischen Problemkreise des Familienrechts sind berechenbar und damit leicht erlernbar.

EXAMENSTYPISCH · ANSPRUCHSVOLL · UMFASSEND

ZPO · HGB · ArbR

Neues Lernen mit der Hemmer-Methode

hemmer! Die Skripten

ZPO, HGB und Arbeitsrecht werden auch im Ersten Examen immer beliebter. Grund dafür ist die überragende Bedeutung dieser Rechtsgebiete in der Praxis. Nur wer rechtzeitig prozessuale, handelsrechtliche und arbeitsrechtliche Fragestellungen beherrscht, meistert dann auch die verkürzte Referendarzeit.

.Zivilprozeßrecht I/II

nur DM 19,90

Versäumnisurteil, Erledigung, Streitverkündung, Berufung (ZPO I, sog. Erkenntnisverfahren) sowie Drittwiderspruchsklage, Erinnerung (ZPO II, sog. Vollstreckungsverfahren) sind mit der Hemmer-Methode leicht verständlich für die Klausuranwendung aufbereitet. Von den vielen Bestimmungen der ZPO sind insbesondere diejenigen, die mit materiellrechtlichen Problemen verknüpft werden können, klausurrelevant. ZPO-Probleme werden nur dann richtig erfaßt und damit auch für die Klausur handhabbar, wenn man den praktischen Hintergrund verstanden hat. Dies erleichtert Ihnen die Hemmer-Methode.

.Handels-/Gesellschaftsrecht

nur DM 19,90

Handelsrecht ermöglicht den Klausurerstellern bestehende BGB-Probleme durch Sonderbestimmungen (z.B. § 15 HGB, Prokura) und/oder Handelsbrauch zu verlängern. Fragen des Gesellschaftsrechts, insbesondere die Haftungsproblematik, sind schwerpunktmäßig mit der Hemmer-Methode für die Klausurbearbeitung aufbereitet. Dabei gilt: Richtig gelernt ist häufig mehr! Mit Kenntnis der angesprochenen Problemkreise gehen Sie sicher in die (Examens-)klausur.

.Arbeitsrecht

nur DM 19,90

Arbeitsrecht ist stark von Richterrecht geprägt und hat sich auch, wie z.B. im Streikrecht, praeter legem entwickelt. Gerade aus diesen Gründen ist die Arbeitsrechtsklausur im Regelfall standardisiert: Kündigungsschutz (Feststellungsklage) und Lohnzahlung (Leistungsklage) bilden häufig das Grundgerüst. Eingestreut sind regelmäßig Probleme wie z.B. Gratifikationen, Urlaubsabgeltungsanspruch, faktische Bindung und Anwendbarkeit der Grundrechte. Das Skript ist klausurorientiert aufgebaut und wird mit der Hemmer-Methode zur idealen Gebrauchsanweisung für Ihre Arbeitsrechtsklausur.

EXAMENSTYPISCH · ANSPRUCHSVOLL · UMFASSEND

Neues Lernen mit der Hemmer-Methode

Sonderskripten

hemmer! Die Skripten

Über 20 Jahre Erfahrung in der Juristenausbildung kommen jetzt auch BWL'ern, WiWi's und Steuerberatern zugute. Gerade nicht verwissenschaftlicht kommt Jura 'rüber.
Wegen der ständig zunehmenden Verflechtung der internationalen Beziehungen gewinnt das IPR immer mehr an Bedeutung. Fälle mit Auslandsberührung sind inzwischen alles andere als eine Seltenheit.

.Herausgabeansprüche

nur DM **19,90**

Der Band setzt das konsequente Rechtsfolgesystem der bisherigen Skripten fort. Ansprüche auf Herausgabe sind in Klausur (klassisches Examensproblem) und Praxis von wesentlicher Bedeutung. Die Anspruchsgrundlagen sind in verschiedenen Rechtsgebieten verstreut. Verschaffen Sie sich frühzeitig einen Überblick.

.Rückgriffsansprüche

nur DM **19,90**

Der Regeß ist examenstypisch. Dreiecksbeziehungen sind nicht nur im wirklichen Leben problematisch, sondern auch im Recht. Der Band gibt unsere Erfahrungen mit den verschiedenen Examenskonstellationen wieder. Beispielshaft ist die Begleichung einer Schuld durch einen Dritten und der Regreß beim Schuldner. In Betracht kommen häufig GoA, Gesamtschuld und Bereicherungsrecht.

.Internationales Privatrecht

nur DM **19,90**

In der Praxis wird der Jurist von morgen nicht darum herumkommen, sich mit IPR zu beschäftigen. Internationale Verflechtungen gewinnen an Bedeutung. Es wird auch den nationalen "Scheuklappen" entgegen gewirkt. Das Skript ist fallorientiert und ermöglicht den leichten Einstieg.

.Privatrecht für BWL'er, WiWis & Steuerberater

nur DM **19,90**

Schneller – leichter – effektiver! Denken macht Spaß und Jura wird leicht. Gerade für "Nichtjuristen" ist wichtig, was und wie Sie Jura lernen sollen, wie Gelerntes in der Klausur angewendet wird. Wir geben Ihnen gezielte Tips und verraten typische Denkmuster von Klausurerstellern. Viele Fallbeispiele erleichtern das Verstehen.

EXAMENSTYPISCH · ANSPRUCHSVOLL · UMFASSEND

Strafrecht
Strafprozeßrecht
Kriminologie

Neues Lernen mit der Hemmer-Methode

hemmer! Die Skripten

Eine zweistellige Punktezahl ist im Strafrecht immer im Bereich des Möglichen. Gerade im Strafrecht ist es wichtig, die Klassiker genau zu kennen. Im Strafrecht/Strafprozeßrecht wird Ihre Belastbarkeit getestet: Innerhalb relativ kurzer Zeit müssen viele Problemkreise "abgehakt" werden.

.Strafrecht-AT I/II
nur DM 19,90

Im Strafrecht-AT I finden Sie u.a. allgemeine Hinweise zum Aufbau von Klausur und Hausarbeit, das vorsätzliche Begehungs- wie auch Unterlassungsdelikt sowie das Fahrlässigkeitsdelikt. Anwendungsorientiert werden Ihnen im AT II z.B. die Problemkreise Versuch (insbesondere Rücktritt vom Versuch), Täterschaft und Teilnahme (z.B. "Täter hinter dem Täter"), die Irrtumslehre (z.B. "aberratio ictus") usw. vermittelt.

.Strafrecht-BT I/II
nur DM 19,90

Bei den Klassikern wie u.a. Diebstahl, Betrug einschließlich Computerbetrug, Erpressung, Hehlerei, Untreue (BT I) und Totschlag, Mord, Körperverletzungsdelikten, Aussagedelikten, Urkundsdelikten, Straßenverkehrsgefährdungsdelikten (BT II) sollte man sich keine Fehltritte leisten. Mit der Hemmer-Methode wird der verständnisvolle Umgang mit Fällen, die im Grenzbereich eines oder mehrerer Tatbestände liegen, eingeübt. Auf klausurtypische Fallkonstellationen wird hingewiesen.

.StPO
nur DM 19,90

Strafprozeßrecht hat durch die Verkürzung der Referendarzeit auch im Ersten Juristischen Staatsexamen an Bedeutung gewonnen: Begriffe wie Legalitätsprinzip, Opportunitätsprinzip, Akkusationsprinzip dürfen dann keine Fremdworte mehr sein. Lernen Sie spielerisch die Abgrenzung von strafprozessualem und materiellem Tatbegriff. Finden Sie stets den richtigen Kontext mit der Hemmer-Methode.

.Kriminologie, Jugendstrafrecht und Strafvollzug
nur DM 19,90

Kriminologie ist eine interdisziplinäre Erfahrungswissenschaft und umfaßt im wesentlichen Aspekte des Strafrechts, der Soziologie, der Psychologie und der Psychatrie. Erscheinungsformen und Ursachen von Kriminalität, der Täter, aber auch das Opfer und Kontrolle und Behandlung des Straftäters stehen im Mittelpunkt. Nicht nur ideal für die Wahlfachgruppe.

EXAMENSTYPISCH · ANSPRUCHSVOLL · UMFASSEND

Strafrecht · Strafprozeßrecht · Kriminologie

Neues Lernen mit der Hemmer-Methode

Verwaltungsrecht

Auch die Verwaltungsrechtsskripten sind klausur- und hausarbeitsorientiert und damit als großer Fall zu verstehen. Trainieren Sie Verwaltungsrecht mit uns so, wie Sie es in der Klausur brauchen. Lesen Sie die Skripten wie ein großes Schema. Lernen Sie mit der Hemmer-Methode die richtige Einordnung. Im öffentlichen Recht gilt: Wenig Dogmatik – viel Gesetz. Gehen Sie deshalb mit dem sicheren Gefühl in die Prüfung, die Dogmatik genau zu kennen und zu wissen, wo Sie was wie zu prüfen haben. Wie Sie mit der Dogmatik in Klausur und Hausarbeit richtig umgehen, vermittelt Ihnen die Hemmer-Methode.

.Verwaltungsrecht

nur DM **19,90**

Verwaltungsrecht I: Die zentrale Klageart in der VwGO ist die Anfechtungsklage. Wie ein großer Fall sind im Verwaltungsrecht I die klausurtypischen Probleme sowohl der Zulässigkeit (z.B. Vorliegen eines VA, Probleme der Klagebefugnis, Vorverfahren) als auch der Begründetheit (z.B. Ermächtigungsgrundlage, formelle Rechtmäßigkeit des VA, Rücknahme und Widerruf von VAen) entsprechend der Reihenfolge in der Klausur grundlegend dargestellt.

Verwaltungsrecht II: Auch hier wird die richtige Einordnung der Prüfungspunkte im Rahmen der Zulässigkeit und Begründetheit von Verpflichtungsklage, Fortsetzungsfeststellungsklage, Leistungsklage, Feststellungsklage, Normenkontrolle eingeübt. Die gleichzeitige Darstellung typischer Fragestellungen der Begründetheit der einzelnen Klagearten, macht dieses Skript zu einem unentbehrlichen Hilfsmittel für die Vorbereitung auf Zwischenprüfungen und Examina.

Verwaltungsrecht III: Widerspruchsverfahren, vorbeugender und vorläufiger Rechtsschutz (insbesondere §§ 80 V, 123 VwGO), Rechtsmittel (Berufung und Revision) sowie Sonderprobleme des Verwaltungsprozeß- und allgemeinen Verwaltungsrechts sind danach für Sie keine "Fremdwörter" mehr. Profitieren Sie von unseren gezielten Tips! Wir sind als Repetitoren Sachkenner von Prüfungsfällen.

.Steuererklärung leicht gemacht

nur DM **19,90**

Das Skript gibt alle erforderlichen Anleitungen und geldwerte Tips für die selbständige Erstellung der Einkommensteuererklärung. Zur Verdeutlichung sind Beispielsfälle eingebaut, deren Lösungen als Grundlage für die eigene Steuererklärung verwendet werden können.

EXAMENSTYPISCH · ANSPRUCHSVOLL · UMFASSEND

Staatsrecht
Europarecht
Völkerrecht

Neues Lernen mit der Hemmer-Methode

Stoffauswahl und Schwerpunktbildung von Verfassungsrecht (Staatsrecht I) und Staatsorganisationsrecht (Staatsrecht II) orientieren sich am praktischen Bedürfnis von Klausur und Hausarbeit. Da in diesem Bereich häufig nach dem Prinzip "terra incognita" gelernt wurde, gilt es Lücken zu schließen. Wer Staatsrecht richtig gelernt hat, kann sich jedem Fall stellen. Lernen Sie mit der Hemmer-Methode, sich Ihres Verstandes zu bedienen. Es gilt der Wahlspruch der Aufklärung: "sapere aude" (Wage Dich Deines Verstandes zu bedienen); Kant, auf ihn Bezug nehmend Karl Popper (Beck'sche Reihe "Große Denker").

.Staatsrecht — nur DM 19,90

Staatsrecht I: Die Grundrechte sind das Herzstück der Verfassung. Zulässigkeit und Begründetheit der Verfassungsbeschwerde geben jedem Klausurersteller die Möglichkeit, Grundrechtsverständnis abzuprüfen. Die einzelnen Grundrechte werden im Rahmen der Begründetheit der Verfassungsbeschwerde umfassend erklärt. Lernen Sie mit der Hemmer-Methode den richtigen Fallaufbau, auf den gerade im öffentlichen Recht besonders viel Wert gelegt wird.

Staatsrecht II: Speziell hier gilt: Die wenigen Klassiker, die immer wieder in der Klausur eingebaut sind, muß man kennen. Dies sind im Prozeßrecht: Organstreitigkeiten, abstrakte und konkrete Normenkontrolle, föderale Streitigkeiten (Bund-/Länderstreitigkeiten); im materiellen Recht: Staatszielbestimmungen (Art. 20 GG), Finanzverfassung, oberste Staatsorgane, Gesetzgebungskompetenz und -verfahren, Verwaltungsorganisation, politische Parteien, auswärtige Gewalt.

.Europarecht — nur DM 19,90

In Zeiten unüberschaubarer Normenflut (jetzt auch noch Prüfunggegenstand EG-Recht!) ermöglicht dieses Skript die zum Verständnis notwendige Orientierung und Vereinfachung. Die klausurtypische Darstellung stellt die Weichen für Ihren Lernprozeß. Das Skriptum erfreut sich großer Beliebtheit bei Studenten und Referendaren. Verständlich und klar strukturiert erspart es Zeit und dient dem Allgemeinverständnis für dieses in Zukunft immer wichtiger werdende Prüfungsgebiet.

.Völkerrecht — nur DM 19,90

Die Probleme im Völkerrecht sind begrenzt. Der Band vermittelt den Einstieg in die Rechtsmaterie und stellt die wichtigsten Probleme des Völkerrechts dar. Ergänzt durch Beispielsfälle und die Judikatur des IGH ist dieses Skript ein unverzichtbares Hilfsmittel.

EXAMENSTYPISCH · ANSPRUCHSVOLL · UMFASSEND

hemmer! Die Skripten

Landesrechtliche Skripten

Neues Lernen mit der Hemmer-Methode

Das besondere Verwaltungsrecht ist schwerpunktmäßig in den jeweiligen Ländergesetzen geregelt. Erfolgreiche und examenstypische Vorbereitung ist daher nur mit solchen Materialien möglich, in denen die landesspezifischen Besonderheiten dargestellt werden. Auch die Praxis kann nur mit den jeweils einschlägigen landesrechtlichen Vorschriften arbeiten – und die gilt es in Lehrbüchern erst einmal zu finden. Für solche hochspezialisierten Anforderungen wurde unsere landesrechtliche Reihe konzipiert – jedes Skript mit Hemmer-Methode zum günstigen Einzelpreis von 19,90 DM!

.Baurecht

nur DM **19,90**

Bauplanungs- und Bauordnungsrecht werden in klausurtypischer Aufarbeitung so dargestellt, daß selbst der Anfänger innerhalb kürzester Zeit die Systematik des Baurechts erlernt. Vertieft dargestellt werden darüber hinaus alle wichtigen Spezialprobleme des Baurechts wie gemeindliches Einvernehmen, Vorbescheid, Erlaß von Bebauungsplänen etc. – ein Muß für jeden Examenskandidaten!

Bislang für folgende Länder*
Bayern, Thüringen, Sachsen-Anhalt, NRW, Rheinland-Pfalz, Saarland

.Polizeirecht

Gerade das Polizei- und/oder Sicherheitsrecht stellt sich von Bundesland zu Bundesland unterschiedlich dar: Hier kommt die Stärke der landesrechtlichen Skripten voll zur Geltung! Lernen Sie im jeweils regionalen Kontext die Begriffe Primär- und Sekundärmaßnahme, Konnexität, Anscheins- und Putativgefahr usw. Der Aufbau des Skripts orientiert sich an der typischen Systematik der Polizeirechtsklausur.

Bislang für folgende Länder*
Bayern, Thüringen

.Kommunalrecht

In vielen Bundesländern ist Kommunalrecht das Herz der verwaltungsrechtlichen Klausur, da es sich mit den meisten anderen Bereichen des Verwaltungsrecht-BTs hervorragend verbinden läßt: Begriffe wie eigener und übertragener Wirkungskreis, Kommunalaufsicht, Verbands- und Organkompetenz, Befangenheit von Gemeinderäten, Kommunale Verfassungsstreitigkeit, gemeindliche Geschäftsordnung und vieles mehr, werden in gewohnt fallspezifischer Art dargestellt und erklärt.

Bislang für folgende Länder*
Bayern, NRW

* Weitere Skripten in Vorbereitung

EXAMENSTYPISCH · ANSPRUCHSVOLL · UMFASSEND

Classics
Fallsammlungen

Neues Lernen
mit der
Hemmer-Methode

hemmer! Die Skripten

Die Classics-Skripten fassen die examenstypischen Entscheidungen der Obergerichte zusammen. Wir nehmen Ihnen die Auswahl und die Aufbereitung der Urteile ab. Leicht ablesbar und immer auf den "sound" bedacht, machen Originalentscheidungen plötzlich Spaß. Die Fallsammlungen sind die Musterklausuren für die Scheine und das Examen. Was kommt immer wieder dran? Aufbau und Sprache werden inzident mitgeschult. Mit den Musterklausuren sind Sie fit für die Prüfung!

.Classics

Rechtskultur und Verständnis des Gesetzes werden in weiten Teilen von der Rechtsprechung geprägt. Die wegweisenden Entscheidungen müssen Student, Referendar und Anwalt bekannt sein. Auf leicht erfaßbare, knappe, präzise Darstellung wird Wert gelegt. Die Hemmer-Methode sichert den für Klausur und Hausarbeit notwendigen "background" ab.

.Fallsammlungen

"Exempla docent – beispielhaft lernen". Für kleine/große Scheine und das Examen gilt: Wer den Hafen nicht kennt, für den ist kein Wind günstig. Profitieren Sie von unserer langjährigen Erfahrungen als Repetitoren. Musterklausuren, kommentiert durch die Hemmer-Methode, vermitteln technisches know how, nämlich wie man eine Klausur schreibt, und inhaltliche Beschreibung, was überhaupt als Prüfungsthema typisch ist.

Classics · Fallsammlungen

EXAMENSTYPISCH · ANSPRUCHSVOLL · UMFASSEND

Assessor-Basics

Neues Lernen mit der Hemmer-Methode

Die neue Reihe mit der Hemmer-Methode

Ergänzend zur großen Skriptenreihe nun auch unsere Assessor-Basics: Die Gebrauchsanweisung für das Assessorexamen! Als Einstieg in die Referendarzeit oder zur kompakten Wiederholung der wichtigsten Probleme. Klausurtechnik und -taktik dargestellt am "Großen Fall".

.Klausuren-Training Zivilprozeß — nur DM 24,90

Drittwiderklage · "Baumbach'sche Formel" · Versäumnisurteil · Klagerücknahme nach VU · Einseitige Erledigungserklärung · Streitverkündung · Parteiwechsel · gewillkürte Prozeßstandschaft · einverständliche Teilerledigung · unselbständige Anschlußberufung · einstweilige Verfügung · Vollstreckungsabwehrklage · Vollstreckungsbescheid und und und ...

Das Hilfsmittel zur erfolgreichen Bewältigung der Referendarstation!

.Klausuren-Training Arbeitsrecht — nur DM 24,90

Streitgegenstandstheorie · verhaltensbedingte Kündigung · betriebsbedingte Kündigung · personenbedingte Kündigung · Änderungskündigung · befristeter Arbeitsvertrag · Aufhebungsvertrag · Weiterbeschäftigungsanspruch · Gläubigerverzug · EntgeltFG · innerbetrieblicher Schadensausgleich · Karenzentschädigungen gemäß §§ 74 ff. HGB.

Klausurtypische Darstellung der wichtigsten arbeitsrechtlichen Problemstellungen!

.Klausuren-Training Strafprozeß — nur DM 24,90

Abschlußverfügungen · Plädoyer des Staatsanwalts · Strafurteil · Revisionsrecht (Gutachten und Revisionsbegründung).

Eine Zusammenfassung der wichtigsten Probleme des Strafprozeßrechts unter besonderer Berücksichtigung typischer Verknüpfungen mit dem materiellen Strafrecht.

EXAMENSTYPISCH · ANSPRUCHSVOLL · UMFASSEND

Juristisches Repetitorium hemmer

gegründet 1976 in Würzburg

Profitieren Sie von unserer sog. "Integrierten Lösung"!

12 Skripten Ihrer Wahl kostenfrei

In folgenden Städten erhalten Sie mit Beginn des Haupkurses 12 Skripten kostenfrei:

- Würzburg
- Passau
- Konstanz
- Tübingen
- Gießen
- Dresden
- Leipzig
- Rostock
- Erlangen
- Augsburg
- Mainz
- Münster
- Potsdam
- Marburg
- Saarbrücken
- Greifswald
- Regensburg
- Frankfurt/M.
- Berlin
- Hamburg
- Hannover
- Trier
- Bremen
- Frankfurt/O.
- München
- Bochum
- Göttingen
- Osnabrück
- Kiel
- Jena
- Halle
- Bielefeld
- Köln
- Bonn

Unsere Empfehlung:

EXAMENSTYPISCH · ANSPRUCHSVOLL · UMFASSEND

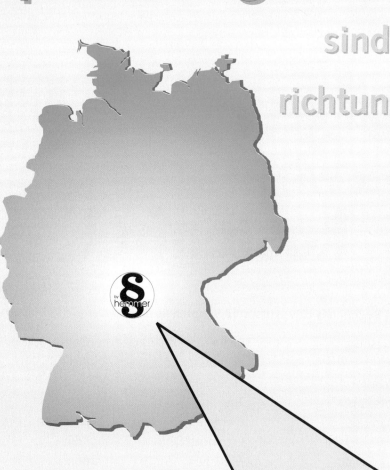

hemmer

Qualität

aus Würzburg

für ganz

Deutschland

Die Ergebnisse der Würzburger Zentrale und die Mitarbeiterstruktur sind Garant für die gleichbleibend hohe Qualität des Juristischen Repetitoriums und der hemmer-Skripten.

In den 6 Terminen (Ergebnisse) 1995/96/97 erreichten in der Zentrale unsere Kursteilnehmer 5x Platz 1 – alle spätere Mitarbeiter – und mehrfach Platzziffer 2! Ergebnis Januar 1995 die sechs Besten – alle Freischützen – Schnitt 13,39.

Zusammenfassung 1991–1997:

15,08 · 14,3* · 14,08 (alle 3 Landesbeste ihres Termins) · 14,08* (Bester des Termins in Würzburg 96 I) 14,04* (Bester des Termins 94 II) · 13,87 · 13,8* 13,7 (Siebt-Semester, Bester des Termins in Würzburg 95 II) · 13,7 (Siebt-Semester) · 13,66* (Bester des Termins 97 I, 7. Semester) · 13,6* · 13,54* 13,41* · 13,3* (Bester des Termins 95 I in Würzburg) 13,3* (Beste des Termins 93 I in Würzburg) 13,29* · 13,02* (Bester des Termins 95 I in Würzburg) · 13,0 · 13,0 · 12,91* · 12,87* (Siebt-Semesterin) · 12,8* · 12,75* · 12,62 · 12,6 · 12,6 12,58* · 12,58* · 12,54* · 12,5* · 12,5* · 12,37 (Siebt-Semester) · 12,3* · 12,2 · 12,2 · 12,2* · 12,2 12,08 · 12,18* · 12,12 · 12,08* · 12,0 · 12,0* · 12,0 12,0* · 12,0* · 11,8 · 11,8 · 11,75* · 11,75* · 11,58* 11,5 …

* hemmer-Mitarbeiter bzw. ehemalige hemmer-Mitarbeiter

… der Erfolg gibt uns Recht

hemmer – die Zeitschrift ...

... warum erst jetzt

„kairos" (griech.) – Der rechte Zeitpunkt, das richtige Team! Nach jahrelanger Erfahrung (Repetitorium in Würzburg seit 1976) in der Examensausbildung, wissen wir, was für das Examen wichtig ist. Und wie es optimal aufbereitet wird. Repetitorium, Skriptenreihe und die neue Zeitschrift sind aufeinander abgestimmt. Die Zeitschrift, die ideale Ergänzung zu unserem Programm, ermöglicht dem Leser, aktuelle Rechtsprechung *hemmer*-typisch zu interpretieren.

... warum überhaupt

Bestehende Ausbildungszeitschriften werden dem Examen nicht gerecht und gehen damit größtenteils an den Bedürfnissen der Leser vorbei. Häufig steht bei Aufsätzen und Rezensionen die eigene Karriere und nicht die des Lesers im Vordergrund.

Außerdem fehlt die Einbindung der Einzelentscheidung in die Gesamtdogmatik. Vielfach wird die Entscheidung nur eingescannt und ist so für Sie unbrauchbar. Wer sich stundenlang durch umfangreiche Sachverhalte und BGH-Sätze gequält hat, weiß worüber wir reden. Die Rechtsprechung hat das Gesetz und „billige" Lösung im Auge, nicht das Examen. Außerdem gilt für die Rechtsprechung anders als für den Ersteller einer Examensklausur: „Probleme wegschaffen, nicht schaffen. Der BGH kann es sich auf Grund seiner Machtposition leisten, sich über Literatur und manchmal auch über das Gesetz hinwegzusetzen. Gefährlich kann es für den Examenskandidaten werden, wenn er sich unreflektiert dem BGH anschließt.

Die Zeitschrift schult Ihre Aufmerksamkeit so, daß Sie zweckrational im Hinblick auf das Examen mit der Rechtsprechung umgehen. Sie verstehen, wie diese Rechtsprechung in das examenstypische Spiel eingebaut wird. Der konkrete sprachliche Gebrauchszusammenhang wird erklärt. Die Rechtsprechung wird für Ihr Examen übersetzt, wir filtern heraus, was für Sie wichtig ist. Arbeit wird abgenommen, Lesen wird effizient, das Gelesene leichter abrufbar.

... warum hemmer

Examenstypischer Sprachgebrauch ist einzuüben. Lernen Sie mit unseren Spitzenjuristen (10 Juristen mit der Examensnote „sehr gut", viele mit „gut"). Wir sind weder Richter noch Professoren. Als Repetitoren ist es unsere alleinige Aufgabe, Sie gut durchs Examen zu bringen. Dementsprechend unterscheiden wir Examenswichtiges von Unnützem, setzen die Schwerpunkte für Ihr Examen richtig. Wir setzen richtungsweisende Maßstäbe auch mit der Zeitschrift.

... warum so

Die Entscheidung ist optisch modern aufbereitet. Leichte Lesbarkeit, gut erfaßbare Zwischenüberschriften und klare Gliederung sorgen für den schnellen Überblick:

- **schnell** der Überblick
- **knapp** der Leitsatz
- Der Sachverhalt ist auf das **Wesentliche** gekürzt
- **präzise** die Entscheidungsgründe
- **examenstypisch** die Aufbereitung
- **informativ** der background

Skripten Bestellformular

hemmer/wüst Verlagsgesellschaft mbH
Mergentheimer Str. 44 · 97082 Würzburg
Tel.: 0931/78 31 60 · Fax: 0931/78 15 35

hemmer! Die Skripten

Anz.	Titel		Anz.	Titel	
	(neu) BGB für Einsteiger · mini-basics	nur DM 14,80		StPO	
	Basics Zivilrecht · 2. Aufl.	je DM 19,90		(neu) Kriminologie, Jugendstrafecht und Strafvollzug	
	Basics Strafrecht · 2. Aufl.			Verwaltungsrecht I · 2. Aufl.*	
	Basics Öffentliches Recht · 3. Aufl.			Verwaltungsrecht II · 2. Aufl.*	
	BGB-AT · Der Primäranspruch I · 2. Aufl.*			Verwaltungsrecht III · 2. Aufl.*	
	BGB-AT/SchR-AT · Der Primäranspruch II · 2. Aufl.*			Steuererklärung leicht gemacht	
	BGB-AT/SchR-AT · Der Primäranspruch III · 2. Aufl.*		X	Staatsrecht I · 2. Aufl.*	
	Schadenersatzrecht I*		X	Staatsrecht II · 2. Aufl.*	
	Schadenersatzrecht II*			Europarecht · 2. Aufl.	
	Schadenersatzrecht III · 2. Aufl.*			Völkerrecht	
	(neu) Schuldrecht-BT I (ab Mai 1998)			Baurecht/Bayern	
	(neu) Schuldrecht-BT II (ab Mai 1998)			Baurecht/NRW	
	Gewährleistungsrecht*			Baurecht/RhPfz	
	Bereicherungsrecht*			Baurecht/Saarland	
	Deliktsrecht I*			Baurecht/Sachsen-Anhalt	
	Deliktsrecht II*			Baurecht/Thüringen	
	Sachenrecht I · 2. Aufl.*			Polizeirecht/Bayern · 2. Aufl.	
	Sachenrecht II · 2. Aufl.*			Polizeirecht/Thüringen	
	Sachenrecht III			Kommunalrecht/Bayern	
	Kreditsicherungsrecht*			Kommunalrecht/NRW	
	Erbrecht*		X	BGH-Classics Zivilrecht	
	Familienrecht*		X	BGH-Classics Strafrecht	
	Zivilprozeßrecht I*			(neu) Classics Ö-Recht	
	Zivilprozeßrecht II*			(neu) Basics Zivilrecht · Musterklausuren für die Scheine	
	Handelsrecht*			(neu) Basics Strafrecht · Musterklausuren für die Scheine	
	Gesellschaftsrecht*			(neu) Basics Öffentliches Recht · Musterklausuren f. d. Scheine	
	Arbeitsrecht · 3. Aufl.			(neu) Musterklausuren für's Examen · Zivilrecht	
	Herausgabeansprüche			(neu) Musterklausuren für's Examen · Strafrecht	
	Rückgriffsansprüche				
	Internationales Privatrecht			Superpaket (28 Stück · alle Skripten mit *)	444,-
	(neu) Privatrecht für BWL'er, WiWis & Steuerberater		**Assessorbasics:**		je DM 24,90
X	Strafrecht-AT I*			Klausurentraining Zivilprozeß · 2. Aufl.	
X	Strafrecht-AT II*			Klausurentraining Arbeitsrecht · 2. Aufl.	
X	Strafrecht-BT I*			Klausurentraining Strafprozeß · 2. Aufl.	
X	Strafrecht-BT II*				

Gesamtsumme (bitte eintragen):
zzgl. Versandkostenanteil: + 6,40 DM
Endsumme (bitte eintragen):

Ich weiß, daß meine Bestellung nur erledigt wird, wenn ich einen Verrechnungsscheck in Höhe meiner Bestellungs-Gesamtsumme zzgl. des Versandkostenanteils beilege oder zum Einzug ermächtige. Bestellungen auf Rechnung können leider nicht erledigt werden. Bei fehlerhaften Angaben wird eine Unkostenpauschale in Höhe von 30 DM fällig. Die Lieferung erfolgt unter Eigentumsvorbehalt.

Bitte alle Angaben deutlich in Druckschrift angeben!

Vorname, Name

Straße, Nr.

PLZ, Ort

Telefon, ggf. Kunden-Nr.

Buchen Sie die Endsumme von meinem Konto ab:

Kreditinstitut

BLZ, Konto-Nr.

Datum, Unterschrift

Bestellformular

Unsere Philosophy-Principles

Was den Erfolg der hemmer-Methode ausmacht

Es besteht eine allgemeine Übereinkunft: Juristische Methode kann nicht in derselben Weise erlernt werden wie Algebra; anders ausgedrückt: Es gibt in der Juristerei kein vollständiges System von Regeln, bei deren Befolgung man notwendigerweise zum richtigen Ergebnis gelangt.

kein schematisches Lernen

Von daher ist das zu schematische Lernen eine falsche, der Rechtsanwendung nicht entsprechende Lernmethode. Es besteht bei diesem, als träges Wissen bezeichnetem Lernen die Gefahr, daß abstrakte, anwendungsunspezifische Inhalte den Lernstoff bestimmen. Der Stoff wird dann in systematisch geordneter Weise dargestellt, das im Stoff enthaltene Wissen kann jedoch gerade für die in Frage stehenden Probleme nicht verwandt werden. Die unnatürlich klare Problemstellung läßt keine Fragen offen.

Über das schematische Lernen

Man kann sich irren, aber es lohnt sich nicht, sich selbst zu betrügen!

Das sogenannte *schematische Lernen* suggeriert eine Einfachheit, die weder der Komplexität des Lebens noch der des Examens gerecht wird. Schematisches Lernen verführt dazu, der eigentlich im Examen gestellten Aufgabe auszuweichen. Das schematische Lernen führt zwar zu einem *kurzfristigen* Erfolgserlebnis, löst aber nicht die gestellte Aufgabe. *Unterscheiden Sie* zwischen kurzfristigem und langfristigem Gewinn. Es geht – anders als teilweise in der Schule – *nicht mehr* darum, sich mit dem geringsten Widerstand durchzumogeln. Sie leben in einer Konkurrenzgesellschaft. Schöpfen Sie Ihre eigenen Ressourcen aus. Lernen Sie, spielerisch mit dem Examensfall umzugehen. Gefragt sind nämlich *eigene Verantwortung*, *richtiges Gewichten* und *Sich-Entscheiden-können*. Textverständnis für den Examensfall kann *nur so* entstehen und vertieft werden.

Assoziatives Lernen heißt: Problem erkannt, Gefahr gebannt

Die im Examen zu lösende Fallfrage ist in der Regel viel komplexer und nicht wohldefiniert. Im Gegenteil, man muß zunächst überhaupt erst einmal erkennen, daß ein Problem vorliegt. Fehlt das Gespür für das Aufstöbern des Problems, nützt dann auch das zum Problemfeld vorhandene Wissen nichts. Dieses entsprechende „feeling" für die Juristerei ist mit unserer Assoziationsmethode erlernbar.

Neben dem Fehlen von Problembewußtsein besteht ein weiteres Defizit des herkömmlichen Lernens in der Zersplitterung der Lerninhalte. Durch die künstliche Trennung von z.B. BGB-AT und Bereicherungsrecht wird der Anschein erweckt, die Inhalte hätten wenig miteinander zu tun. Schon bei den Scheinen, spätestens aber im Examen zeigt sich der Irrtum. So hat gerade der fehlgeschlagene Vertrag seine Bedeutung im Bereicherungsrecht; Minderjährigenprobleme stellen sich besonders hier (z.B. Entreicherung und verschärfte Haftung). Auch im Öffentlichen Recht und Strafrecht ist das Auseinanderhalten von AT und BT künstlich und entspricht nicht der Examensrealität. Durch die schematische Trennung besteht die Gefahr, daß das Wissen in verschiedenen Gedächtnisabteilungen abgespeichert wird, die nicht miteinander in Verbindung gebracht werden.

Diesem Gesichtspunkt trägt die HEMMER-METHODE Rechnung: Wissen wird von Anfang an unter Anwendungsgesichtspunkten erworben – das gilt sowohl für unsere Skripten als auch im verstärkten Maß für den Hauptkurs. Damit wird die Kompetenz der Wissensanwendung gefördert. Gezielte Tips, wie Sie sich Zeit und Arbeit ersparen, begleiten Sie schon ab dem ersten Semester. Wir setzen unsere Ausbildung dann in unserem Examenskurs fort, indem wir auf anspruchsvollem Niveau Examenstypik umfassend einüben.

Anders als im wirklichen Leben gilt für Klausuren und Hausarbeiten:

„Probleme schaffen, nicht wegschaffen".

Mit der von uns betriebenen Assoziationsmethode lernen Sie, richtig, nämlich problemorientiert, an den Examensfall heranzugehen. Sie lernen damit, „wie" Sie an einen Examensfall herangehen und „was" das nötige Rüstzeug ist. Mit Beendigung unseres Kurses ist in der Regel das entsprechende „feeling" für Examensfälle erlernt!

Die ersten beiden Stunden in der Klausur sind entscheidend: Diese üben wir mit Ihnen in unserem Kurs immer wieder ein. Wir lassen Sie bei dem oft mühevollen Schritt vom bloß abstrakten Wissen zur konkreten Examensanwendung nicht allein. Das häufig gehörte Argument, man müsse erst 200 Klausuren schreiben, – für Freischüßler ohnehin kaum praktikabel – wird überflüssig, wenn man unter Anleitung examenstypisch trainiert.

Training unter professioneller Anleitung

Erst das ständige Training unter professioneller Anleitung führt zur Sicherheit im Examen. In den Examensfällen geht es auch häufig nicht um ein

EXAMENSTYPISCH · ANSPRUCHSVOLL · UMFASSEND